42,

ENSAIOS DE SOCIOLOGIA DO MERCADO DE TRABALHO BRASILEIRO

ADALBERTO CARDOSO

ENSAIOS DE SOCIOLOGIA DO MERCADO DE TRABALHO BRASILEIRO

FGV
EDITORA

Copyright © 2013 Adalberto Cardoso
Direitos desta edição reservados à
EDITORA FGV
Rua Jornalista Orlando Dantas, 37
22231-010 — Rio de Janeiro, RJ — Brasil
Tels.: 0800-021-7777 — (21) 3799-4427
Fax: (21) 3799-4430
editora@fgv.br — pedidoseditora@fgv.br
www.fgv.br/editora

Impresso no Brasil / *Printed in Brazil*

Os conceitos emitidos neste livro são de inteira responsabilidade dos autores.

1ª edição, 2013.

Preparação de originais: Débora de Castro Barros
Editoração eletrônica: Ilustrarte Design e Produção Editorial
Revisão: Eduardo Monteiro e Fernanda Villa Nova de Mello
Capa: Humberto Nunes

Ficha catalográfica elaborada pela Biblioteca
Mario Henrique Simonsen/FGV

Cardoso, Adalberto Moreira
    Ensaios de sociologia do mercado de trabalho brasileiro / Adalberto Moreira Cardoso. — Rio de Janeiro : Editora FGV, 2013.
    264 p.

    Inclui bibliografia.
    ISBN: 978-85-225-1296-6.

    1. Mercado de trabalho — Brasil — Aspectos sociais. 2. Sociologia industrial — Brasil. 3. Sindicalismo — Brasil. 4. Discriminação no emprego — Brasil. I. Fundação Getulio Vargas. II. Título.

                                    CDD – 331.12

SUMÁRIO

AGRADECIMENTOS

ESTE LIVRO É DEDICADO aos colegas, amigos, alunos e funcionários do Iesp-Uerj, que, em tempo recorde, recolocaram nos trilhos a tradição de excelência que marcou a história do antigo Iuperj, de onde todos viemos. Meus sinceros agradecimentos aos mais de 230 membros da instituição, nova apenas no nome.

INTRODUÇÃO

NOS ÚLTIMOS ANOS, o Brasil parece ter consolidado sua posição de crível economia emergente no radar dos mercados mundiais, em razão da combinação pouco ortodoxa de altos níveis de crescimento do Produto Interno Bruto (ao menos até 2010), balança comercial favorável — levando ao acúmulo de grandes reservas internacionais —, criação de postos de trabalho — a ponto de alguns economistas qualificarem a situação de "pleno emprego" —, programas eficazes de redução da desigualdade e da pobreza, investimentos públicos em infraestrutura e políticas sociais, tudo isso secundado pela manutenção da espinha dorsal do pacote macroeconômico neoliberal: austeridade fiscal, metas de inflação, autonomia do Banco Central, câmbio livre e, muito especialmente, mercado livre de capitais, que garantiu fluxo constante da poupança mundial pelo mercado financeiro nacional, embora ao custo da transferência líquida e desregulada da riqueza aqui produzida para as mãos de grandes investidores e conglomerados financeiros, daqui e d'alhures, via taxas elevadas de juros.[1]

---

[1] Entre 1996 e 2011, o Brasil pagou a bagatela de R$ 2,8 trilhões em juros da dívida interna, em valores atualizados (dado do Banco Central disponível em: <www.BCB.org.br>, séries históricas, deflacionado pelo INPC). Esse montante equivalia, em dezembro de 2010, a duas vezes o PIB dos Países Baixos, e representou

É impossível deixar de reconhecer que as políticas sociais redistributivas e o crescimento econômico tiveram impacto profundo nas oportunidades de vida e trabalho atuais e futuras no Brasil. A redução da pobreza representa um primeiro e necessário passo no longo processo de retirada de milhões de pessoas do "reino da necessidade", o que pode, ao menos idealmente, abrir caminho para sua efetiva incorporação à cidadania. A criação de empregos regulados constrói o lastro de uma inscrição social ainda subordinada, já que o trabalhador continuará sob as ordens de outro, mas certamente menos instável do que os ambientes de regulação rarefeita, ou informais (discutidos no capítulo 1). No mundo em que vivemos, o acesso estável à renda (do trabalho ou das políticas públicas de transferência) amplia sobremaneira os horizontes de planejamento de indivíduos e famílias, para além das carências básicas de alimentação, saúde e moradia, com reconhecidos impactos duradouros sobre as relações familiares, a segurança socioeconômica e a "segurança ontológica", para usar um conceito cunhado por Anthony Giddens, hoje parte do senso comum.

Se isso é verdade, é preciso não levar longe demais a louvação do que já conseguimos. Meu objetivo neste livro é tomar as mudanças em curso *cum grano salis*. É verdade que, em resposta ao crescimento da economia, o mercado de trabalho passou por franco processo de reestruturação. De 2003 a pelo menos meados

---

R$ 1,1 trilhão a mais do que o país exportou em *commodities* no período. Em uma espécie de doença holandesa às avessas, a taxa de juros foi a principal *commodity* brasileira no pós-Real, que, em lugar de trazer riqueza, como no caso do gás natural holandês nos anos 1960, sugou parte expressiva da poupança nacional, transferindo-a para as mãos de grandes conglomerados produtivos e financeiros nacionais e internacionais, engordando também fundos de pensão e famílias de todo o planeta. Em julho de 2012, por exemplo, soube-se que os chamados "fundos Toshin", constituídos da poupança de famílias japonesas e aplicados mundo afora, havia retirado US$ 30 bilhões do país em um ano. Tinham investido aqui entre 2009 e meados de 2011 singelos US$ 103 bilhões. Ver *Valor Econômico*, p. C4, 4 jul. 2012.

de 2012 (momento em que escrevo esta introdução), assistiu-se a um processo contínuo de expansão do assalariamento regulado. A renda também cresceu em todos os segmentos do mercado de trabalho, enquanto foi reduzida a desigualdade de sua distribuição. Mas essas mudanças, medidas em termos médios, escondem grandes disparidades segundo a idade, o sexo, a cor, a classe social e a escolaridade das pessoas, e também segundo os setores econômicos e as regiões do país, apenas para nomear algumas dimensões estruturantes de desigualdades persistentes que serão analisadas aqui, todas ancoradas no mercado de trabalho. As consequências de mais de 20 anos de baixo crescimento econômico não são facilmente debeladas.[2]

Embora pequeno e recheado de dados empíricos, este livro tem pretensões teóricas ambiciosas. Os cinco capítulos testam hipóteses controversas e, espero, inovadoras de dimensões centrais do funcionamento do mercado de trabalho no Brasil. Concebido no momento de ápice da euforia internacional (e também doméstica) sobre o "Brasil emergente", o texto exercita certo ceticismo metodológico que, com o desenrolar da crise iniciada em 2008, ora instalada no coração da próspera Europa, revelou-se oportuno e, mesmo, adequado. Mesmerizados pelo brilho sedutor da "nova classe média", gestores públicos de diversa estirpe imaginaram possível, na crise pós-2008, sustentar um padrão de crescimento econômico baseado no aumento contínuo do consumo doméstico financiado pelo endividamento das famílias, isto é, um crescimento puxado pelos salários e pelo mercado interno, além de pelo investimento público. Brilho fugaz, o da "nova classe média" brasileira. Crédito

---

[2] O crescimento médio do PIB brasileiro foi de 1,6% ao ano, entre 1981 e 1990; 2,6%, entre 1991 e 2000; e 3,6%, de 2001 a 2010. *Per capita* houve queda de 0,4% ao ano, em média, na década de 1980, crescimento de 1% ao ano na década seguinte e de 2,5% ao ano nos anos 2000. Fonte: Banco Mundial. *World Development Indicators*.

de longo prazo não se sustenta se as condições de acesso à renda forem instáveis no tempo, e nosso mercado de trabalho está muito longe de assegurar estabilidade para a maior parte de seus ocupantes.[3] As análises apressadas do crescimento da "classe média" não levaram isso em conta, porque os paladinos da prosperidade emergente não se debruçaram sobre a estrutura ocupacional (espelho da estrutura econômica) e suas dinâmicas de médio e longo prazos. O olhar exclusivo sobre a renda e o consumo captura a superfície luzidia de movimentos estruturais submersos dotados de grande inércia demográfica, institucional e econômica, que ainda enclausuram parte substancial dos trabalhadores em posições muito precárias e instáveis, ainda que a renda *per capita* de suas famílias esteja acima da renda mediana do país, definição utilizada por Neri (2010) para demarcar o crescimento da classe média.

Não sou especialista em desenvolvimento industrial, mas os que o são não cansam de alertar para o fato de que o país talvez tenha levado tempo demais para adotar medidas macro e microeconômicas de salvaguarda do investimento produtivo, solapando, com isso, parte da riqueza e da diversidade da malha industrial.[4] Há forte indicação de que a taxa de câmbio ficou apreciada por

---

[3] Em julho de 2012, o Banco Itaú-Unibanco anunciou a expectativa de perdas de R$ 18 bilhões com a inadimplência dos tomadores de empréstimos (*O Globo*, p. 27, 4 jul. 2012).

[4] Para visões convergentes sobre o tema vindas de especialistas de tendências teóricas muito diferentes, ver Oreiro e Feijó (2010), Carvalho e Kupfer (2011), Bruno et al. (2011) e Giambiagi e Castelar (2012). Ao longo da década de 2000, intensificou-se o debate, entre economistas, sobre se o Brasil estaria ou não sofrendo de uma nova espécie de "doença holandesa", isto é, processo de desindustrialização decorrente da apreciação cambial provocada pelo aumento da participação das *commodities* na pauta de exportação, em um momento de *boom* de seu preço internacional. A controvérsia tem calorosos defensores de ambos os lados (vivemos e não vivemos os efeitos da doença), como pode ser constatado por duas teses de doutorado que, empregando metodologia semelhante, chegam a conclusões opostas. São elas: Souza (2009), negando a doença, e Veríssimo (2010), afirmando o contrário.

tempo demais, bem como a taxa de juros,[5] aspectos obviamente relacionados, já que juros altos (em termos relativos internacionais) foram, por mais de uma década, importante atrativo para a entrada de capitais, especulativos ou não, o que ajudou a pressionar o câmbio para longe da taxa demandada por acadêmicos e por parte do empresariado industrial.[6] Contudo, malgrado a habitual lamentação empresarial pelo que, para essa classe, aparece como inóspito ambiente de negócios, já não há controvérsia sobre o fato de que o cipoal tributário é demasiado intricado e que a infraestrutura (em especial as de transportes — incluindo portos — e energia) carece de investimentos pesados.[7]

Não pretendo me deter nesses entraves estruturais ao desenvolvimento econômico sustentado, mas eles constituem o pano de fundo da análise do mercado de trabalho que apresento aqui. Nela,

---

[5] Para uma tentativa interessante de inserir a taxa de câmbio no coração de uma teoria estruturalista do desenvolvimento, ver Bresser-Pereira (2011). Bresser, aliás, vem argumentando, há tempos, que o Brasil vive os males da doença holandesa, agravados com a apreciação cambial posterior a 2003.

[6] Quando o governo federal passou a adotar medidas críveis (do ponto de vista dos especuladores) de redução da dívida pública que permitisse reduzir juros, e em seguida sua redução agressiva; e medidas também críveis de controle do câmbio, tentando trazê-lo a taxas mais próximas do que se imagina ser a de "equilíbrio" (em torno de R$ 2,00 por dólar), os investidores de curto prazo e especuladores em geral começaram a "abandonar" o país. As aspas vão por conta da ilusão, comungada pelos eufóricos de plantão, de que o capital especulativo tinha especial carinho pelo Brasil e ficaria por aqui mesmo sob condições menos atrativas, como se especuladores nutrissem afeição por outra coisa que não ganhos rápidos e altos. A percepção de que não será mais esse o caso do Brasil resultou em alguma evasão de capitais, tanto da bolsa paulista quanto dos fundos de investimento, e por todo o primeiro semestre de 2012 ouviu-se da elite letrada a platitude de que o país já não é o "queridinho" do mundo. Mas as chances são altas de que voltaremos a sê-lo nos anos vindouros.

[7] Em junho de 2012, Jorge Gerdau, coordenador da Câmara de Gestão e Planejamento do governo federal, ligado diretamente à presidente Dilma Rousseff, declarou que a reforma tributária é prioridade da presidente. Disponível em: <www.istoedinheiro.com.br/noticias/85958_DILMA+NAO+VAI+AUMENTAR+A+CARGA+TRIBUTARIA>. Acesso em: jun. 2012.

pretendo mostrar que gerações inteiras sonharam seus projetos e viveram suas vidas em condições muito precárias de existência. Proporção relevante dos brasileiros já passou da idade de se beneficiar, de forma sustentada e abrangente, das mudanças em curso. Eles e elas não estão demandando e não demandarão um trabalho assalariado formal na economia em crescimento, principalmente porque são "velhos" demais ou permaneceram tempo demais em posições por conta própria ou assalariadas informais, o que os "selecionou" para fora da competição por novos (ou velhos) empregos formais. Esse é o mundo do trabalho não regulado, ocupado por pessoas em situação, por vezes, de alta vulnerabilidade, pelo que se deve entender instabilidade dos vínculos ocupacionais, condições precárias de trabalho, baixa renda e perspectivas incertas de segurança socioeconômica no futuro.

Isso quer dizer que o Brasil precisará se haver, ainda por décadas, com considerável inércia social, econômica e demográfica resultante do longo período de instabilidade econômica, inflação alta, desorganização da estrutura produtiva, baixo crescimento e, principalmente, baixa qualificação da força de trabalho, que afetou gerações sucessivas nos últimos 30 ou 40 anos, criando um novo tipo de dualidade no mercado de trabalho que não costuma ser levado em conta nas análises ou no debate público corrente. Parte substancial dos 40% da população informalmente empregada em 2010 (segundo dados do Censo Demográfico analisados nos capítulos 2 e 3) *não é empregável* no mercado formal de trabalho.[8] Ademais, aspecto em certa medida complementar a esse está relacionado com o fato de que o crescimento do mercado formal não tem sido suficiente para acomodar as novas gerações de trabalhadores, que ainda precisam passar por longos períodos de desemprego ou em precárias ocupações não reguladas antes de serem consideradas

---

[8] A abordagem é compartilhada também por Baltar et al. (2010).

"aptas" a uma posição formal. E essa posição, uma vez conseguida, é instável para boa parte deles, representando períodos de relações formais de trabalho intercaladas com informalidade, desemprego ou desalento.

As coisas estão muito melhores hoje do que costumavam ser. Para parte substancial da força de trabalho, porém, a estabilidade e a sustentabilidade, caso se provem no futuro, não são garantia de melhor posição no mercado de trabalho, nem para as gerações mais velhas nem para os jovens que entram constantemente nesse mercado; as primeiras, porque queimaram as pontes com o mundo das relações formais de emprego. Isso significa, por um lado, que essas gerações dependerão crescentemente da circulação da riqueza produzida em outras plagas, da qual retirarão seu quinhão via serviços que prestarem ou os produtos que transformarem ou venderem como trabalhadores por conta própria; e, por outro lado, à medida que envelhecerem, dependerão crescentemente das políticas públicas redistributivas e compensatórias, além do suporte das famílias. Essa inércia demográfica e social deve ser levada em conta em qualquer discussão sobre o futuro do país. No caso dos mais jovens, a baixa educação formal média esconde desigualdades importantes de acesso ao sistema educacional, que parece pouco equipado para gerar, na proporção necessária, os profissionais hoje demandados por segmentos inteiros do mercado de trabalho. As transformações recentes, pois, precisam se haver com pesadas heranças do passado, aspecto analisado detidamente no capítulo 2.

Herança persistente das décadas de baixo crescimento, a "economia informal" é escrutinada no capítulo 1. Nele, apresento um pequeno ensaio sobre a mudança da natureza daquela "economia" (sempre entre aspas, por motivos discutidos ali) no capitalismo dominado pelas finanças. Mostro que essa herança de nosso desenvolvimento econômico desigual, que nunca universalizou a regulação pública da atividade econômica, está, hoje, inteiramente integrada nos circuitos da valorização do capital. O camelô da esquina vende produtos de má qualidade (ou não) que são a parte mais visível de cadeias de valor muito complexas, com vários elos operando com alta tecnologia. Seu negócio é sustentado por assalariados cuja renda é uma das diversas materializações da riqueza financeira global, assim como o é o serviço prestado pela manicure ou pela empregada doméstica. Ainda assim, mostro, com base em dados empíricos, que esse mundo de regulação rarefeita é sustentado por relações sociais, pela confiança ancorada nas redes sociais e familiares e em outros valores não imediatamente econômicos que, se não estão ausentes dos ambientes "formais", ou densamente coordenados pelo mercado e pelo Estado, ganham estatuto de principal meio de coordenação da atividade econômica na "informalidade". O capítulo, então, se configura como uma teoria da informalidade, ou das zonas de regulação rarefeita.

Outra herança do passado que insiste em assombrar o presente é a persistente desigualdade racial brasileira, que resiste a políticas públicas de todo tipo, em parte porque decisões tomadas há décadas por indivíduos, famílias e governos ainda cobram seu preço, pesando nas oportunidades atuais de vida das populações não brancas. O capítulo 3 rastreia o efeito independente da cor da pele nas chances de acesso a posições de classe desde 1960 e mostra que a urbanização crescente anulou o efeito, antes importante, de morar na cidade, ter um emprego com carteira ou morar no Sudeste e no Sul do país sobre aquelas chances, enquanto cresceu (muito) a importância da educação formal e da experiência no mercado de trabalho, expressões de mudanças profundas nas estruturas demográfica, social e econômica do país. Essas mudanças, contudo, não foram suficientes para anular ou reverter o efeito, independentemente de ser negro, pardo ou indígena, da redução das oportunidades ocupacionais.

Esses três primeiros capítulos, então, se debruçam sobre configurações estruturais da dinâmica do mercado de trabalho dotadas de grande inércia, que limitam as oportunidades ocupacionais de proporção significativa dos brasileiros, ao mesmo tempo que abrem espaços de atuação e de exercício de projetos e aspirações a outras parcelas também significativas da população. Embora nenhum dos capítulos confronte diretamente os argumentos correntes sobre a "nova classe média", os três trazem elementos para a tessitura de uma teoria empiricamente informada do mercado de trabalho no país, que procura integrar os setores mais e menos regulados, de relações econômicas e sociais mais e menos formalizadas, a partir, sobretudo, da ideia de que as pessoas circulam com grande desenvoltura pelas posições econômicas existentes, em sua busca de melhores condições de existência. Nesse movimento, encontram condições por vezes muito fugazes de obtenção de renda, já que estão em posições sociais sujeitas a transformações profundas em curto espaço de tempo (como uma crise econômica ou o processo corrente de especialização precoce da indústria brasileira, como querem Carvalho e Kupfer, 2011), que em nada se assemelham à noção mais aceita de "classe média".

A ideia da *circulação* das pessoas pelos espaços socioeconômicos do país está por trás também do capítulo 4. Ele explora vereda analítica muito pouco trilhada no Brasil, qual seja, a possível existência de mercados de trabalho intermetropolitanos. Sabe-se que os brasileiros sempre circularam intensamente pelo território nacional, alimentando correntes migratórias de diversos tipos: interestaduais, intermunicipais, internamente às metrópoles e aos estados, pendulares (de ida e vinda entre estados, cidades e metrópoles) etc. Sabe-se, ainda, que a grande maioria (sobretudo dos homens) migra por motivos profissionais (Oliveira e Jannuzzi, 2005). E sabe-se, enfim, que as regiões metropolitanas estão fortemente conectadas por densas redes de relações econômicas (IBGE, 2008).

No caso das regiões metropolitanas de São Paulo e Rio de Janeiro, por exemplo, essas relações fazem de cada metrópole a principal parceira industrial da outra (IBGE, 2008). Esse conjunto de arrazoados, em conexão com a existência de eficientes meios de transporte entre ambas, torna ao menos plausível imaginar que as duas metrópoles estejam ligadas, em alguma medida, também por seus mercados de trabalho. No entanto, apesar da existência de bases de dados que permitem a inquirição, não há estudos sobre a possível existência de um mercado de trabalho intermetropolitano. Aqui, proponho um arcabouço analítico capaz de apreender esse possível fenômeno e testo a hipótese da existência de circulação de força de trabalho entre os dois territórios, bem como de sua dimensão. Mostro que há mais coisas ocorrendo entre Rio e São Paulo do que os 2 ou 3 milhões de pessoas que cruzam o espaço aéreo comum a cada ano.

O livro termina com uma análise da filiação sindical no Brasil. O tema é desviante em relação aos demais, mas resolvi trazer a público, atualizando trabalho produzido para o Congresso da Latin American Studies Association (Lasa) em 2006. Grande demais para uma revista acadêmica, o capítulo ficou na gaveta aguardando melhor oportunidade, aberta por esta publicação. É verdade que, para alguns, o estudo da filiação a sindicatos parecerá alheio à dinâmica do mercado de trabalho. As teorias econômicas neoclássicas sobre este, por exemplo, costumam tratar as instituições como empecilhos a seu funcionamento adequado. Deixados a si mesmos, os agentes econômicos encontrariam o equilíbrio ótimo entre oferta e demanda de trabalho, e entre lucro e salários, sendo o termo "ótimo", aqui, sinônimo de alocação mais eficiente dos recursos socialmente disponíveis ou resultantes da própria relação de mercado. Sindicatos, legislação trabalhista, Justiça do Trabalho, tudo isso é tratado como elemento alheio que reduz a eficiência de mercado. Mas Polanyi (1944) mostrou que as relações econômicas estão imbricadas nas relações sociais e não podem ser explicadas ou compreendidas a partir de modelos que coloquem em suspenso a sociedade. O equilíbrio ótimo entre recursos efetivamente existentes pode produzir, em situação de abundância de oferta de trabalho (como sempre foi o caso brasileiro), situações socialmente desastrosas, como salários abaixo do mínimo de subsistência, trabalho infantil ou escravo, longas jornadas de trabalho etc. A regulação dos mercados de trabalho, antes de introduzir ruídos em sua dinâmica ideal, "forma" esses mercados como tais e também como elementos civilizatórios da inscrição social e econômica das pessoas na sociedade capitalista.

A presença dos sindicatos é aspecto definidor dos mercados formais de trabalho no Brasil. Ao conseguir um emprego formal, o trabalhador penetra em um ambiente de direitos que inclui o de ser representado por seu sindicato em negociações coletivas, bem como o de participar da vida sindical como militante, eleitor ou simplesmente consumidor de seus serviços, para o que é preciso que seja filiado. Já demonstrei outras vezes que a filiação não é um bom indicador do poder sindical no país, uma vez que, filiados ou não, os trabalhadores são representados por seus sindicatos, pagam compulsoriamente o imposto sindical e beneficiam-se dos resultados das negociações coletivas.[9] A filiação é, ademais, um ônus, porque, além do imposto compulsório, os associados cotizam voluntária e adicionalmente, em geral em base mensal. Apesar disso, houve, em média, nas últimas décadas, mais de 20% de sindicalizados na população assalariada total. A taxa sobre a população assalariada com carteira já chegou a 30% nos anos 1980 e 1990, estando em torno de 25% em anos mais recentes. Como explicar essa propensão a aderir a sindicatos, em um país em que a adesão é, segundo certa leitura possível, pouco racional? O ca-

---

[9] O tema é longamente analisado em Cardoso (1999a, 2003).

pítulo 5 investiga as respostas tradicionalmente apresentadas pela literatura internacional, algo jamais feito no Brasil sobre esse tema específico, e procura construir um modelo explicativo testando argumentos de racionalidade individual, de solidariedade (e contexto), ou afeitos à trajetória individual e de grupo dos trabalhadores. Com base nos dados da Pnad em dois períodos, sugiro que o racionalismo individualista não parece importante na explicação da filiação sindical, sendo mais relevantes dimensões que denotam o funcionamento de redes de sociabilidade, solidariedade de classe e dinâmicas contextuais mais gerais, condicionantes das trajetórias de indivíduos e coletividades. Aspectos, pois, presentes na explicação da dinâmica da "economia informal" analisada no capítulo 1 e que estão também no pano de fundo da explicação dos fluxos entre São Paulo e Rio de Janeiro, no capítulo 4. São esses aspectos, aliás, que justificam a necessidade, sempre renovada, mas hoje pouco praticada, de uma sociologia do mercado de trabalho.

1 RELAÇÕES ECONÔMICAS COMO RELAÇÕES SOCIAIS, OU UMA VISITA À "INFORMALIDADE"

A GALÁXIA FINANCEIRA E "O INFORMAL"

Permita-me o leitor propor uma imagem: a ordem econômica capitalista atual, dominada pelas finanças, pode ser pensada como uma galáxia em espiral com um buraco negro no centro. O buraco negro é o que confere identidade à galáxia: sua dimensão, sua forma, sua dinâmica (seu movimento). O movimento depende também da massa (*quantum* de matéria) e da densidade (proximidade relativa entre os elementos) da galáxia. Muito próximas do buraco negro estão as estruturas mais coesas e densas, que respondem mais prontamente às "demandas" do centro.

A galáxia tem zonas de densidade variável. O centro coeso é fortemente regulado pelos mecanismos principais de coordenação da galáxia: o mercado (dinheiro e contratos, isto é, mercado e Estado), o Estado (as leis e instituições que as validam, muito especialmente a polícia e os exércitos), a informação (e suas redes materiais e virtuais de sustentação) e a *sociabilidade* extensa nas redes sociais. O buraco negro, assim como toda a galáxia, é constituído do amálgama inextricável desses quatro elementos.

No núcleo do buraco negro está o Tesouro norte-americano. O dinheiro circula pela espiral da galáxia, dos mais longínquos aos mais próximos de seus elementos na qualidade de informação lastreada em ativos nem sempre reais (que configuram o mercado financeiro, a energia que alimenta e mantém coeso todo o sistema e que é também fonte de seu possível colapso), e cedo ou tarde será convertido em títulos do Tesouro norte-americano. Basta uma crise, um susto, uma bancarrota de algum país em qualquer lugar da espiral galáctica. Parte do dinheiro vira investimento produtivo — pois, é claro, as pessoas precisam comer, vestir-se, habitar, deslocar-se no espaço, ir ao cinema —, mas apenas para, uma vez realizado no mercado, voltar a circular como riqueza financeira.

A imagem do buraco negro é e não é boa, porque esse centro tem mesmo capacidade de atrair a massa global da galáxia, mantendo-a una mesmo que os elementos mais distantes sintam apenas longinquamente a força de atração do centro. Mas este, além de sugar para si e de modo crescente a "produção" da galáxia, por outro lado alimenta-a com sua energia, transferindo para seus elementos os recursos materiais de que eles necessitam para gerar a energia que o centro atrairá novamente para si.

A experiência soviética mostrou que o Estado pode existir sem o mercado, mas este não existe sem o Estado, menos ainda sem a informação. Se o dinheiro é o principal sinalizador das ações no capitalismo fetichizado, ele não circula sem informação. Ele, na verdade, *se apresenta, no mundo dominado pelas finanças*, como informação e pelos meios de informação. Do mesmo modo, boa parte das transações do capitalismo global *parece* indiferente à sociabilidade, ocorrendo quase sempre num ambiente virtual em que o único elemento relevante é o preço (das ações, das mercadorias, do dinheiro, no caso dos empréstimos regulados pelas taxas de juros). Ainda são pessoas que tomam decisões, mas elas quase sempre podem operar com uma noção estereotipada e inteiramente abstrata do "outro", pensado como uma razão (investidora) sem corpo ou alma maximizadora da utilidade de seus clientes ou de si mesma. Mas, como pretendo mostrar, algumas operações, e principalmente algumas regiões da galáxia, têm na sociabilidade o principal mecanismo de coordenação de sua dinâmica geral, e então descobriremos que a sociabilidade esteve pressuposta no estereótipo do autômato racional maximizador da utilidade de agentes abstratos ou intangíveis, porque escondidos sob o magma dos fluxos informacionais.

Quanto mais distantes do centro da galáxia, menor a força de atração do buraco negro, mais rarefeitos alguns de seus mecanismos de coordenação, sobretudo a institucionalidade estatal. Mas o mercado e a informação também são mais rarefeitos. É menos denso o conjunto de instituições, o montante de recursos circulando, a qualidade da informação disponível aos agentes. Mas esses três elementos estão ali. Isso quer dizer que esses lugares distantes são parte da galáxia, sofrem a influência do centro, têm seu movimento e sua densidade determinados, justamente, pela distância em relação ao centro e, portanto, definem-se por essa relação distante. Esse ambiente costuma ser denominado, na sociologia ou na economia, "informal". É o lugar da economia informal, do mercado de trabalho informal, do "setor informal", o que quer que isso signifique por ora. Quero apenas registrar que esse termo (informal) é amplamente insatisfatório para dar conta da relação entre esse ambiente e o centro da galáxia.

Nele, parte dos mecanismos de coordenação está rarefeita, mas não ausente. A informação é provavelmente inadequada ou insuficiente segundo os parâmetros do centro, mas as pessoas trocam mercadorias por dinheiro, e vice-versa. As relações muitas vezes são baseadas na confiança, não nos contratos, mas a confiança é um mecanismo importante de coordenação da ação em sociedade, ainda que estando em posição hierárquica aparentemente inferior em relação aos outros três já mencionados. Isso porque a quebra de confiança não tem as mesmas consequências da quebra de um contrato ou do desrespeito à lei, como o risco de ser sancionado pelo Estado. A confiança *parece* não ser necessária nas relações formais de mercado (parcerias entre empresas, governança em cadeias de valor e mesmo uma simples compra e venda de um apartamento podem ocorrer sem envolver confiança), mas ela quase sempre está presente como parte das expectativas racionais e valorativas dos agentes. Na rarefação institucional típica das regiões fronteiriças da galáxia, a confiança pode assumir papel central, substituindo o Estado como elemento de coordenação das ações de mercado, e o mercado na coordenação das relações sociais. Ela *socializa* as relações contratuais em um sentido mais radical do termo, já que transfere às pessoas o ônus e o risco das transações, que mais próximo ao centro são assumidos pelo Estado, pelas companhias de seguro (que são parte do mercado financeiro e têm seu lastro garantido pelo Estado) etc.

O mercado regulado pelo Estado é um mecanismo de socialização *à larga* do risco das transações, enquanto nos ambientes mais rarefeitos essa socialização é mais restrita, mas nem por isso inexistente. Daí a importância estratégica da confiança como elemento de socialização. Ela quase nunca é inteiramente privada, já que se baseia em informação precária sobre os outros, e, por isso, no ambiente rarefeito da fronteira, a confiança se plasma nas relações comunitárias: a família, a vizinhança, as "comunidades imaginadas" pelos agentes como dignas de confiança ou capazes de referendar ações e atitudes de um de seus membros etc. (a máfia é um tipo de institucionalização de relações de confiança).

Chamar de informais relações baseadas sobretudo na confiança é conferir papel onipresente aos mecanismos codificados de coordenação e desprezar *a sociabilidade* como elemento de sustentação do capitalismo em momentos e lugares rarefeitos de sua compleição. Mas já vou sugerir que ela também está no centro das operações "do centro".

De fato, é ingenuidade imaginar que o camelô da esquina não participa do circuito do capital. Ele não pede empréstimos e talvez não tenha conta em banco. Suas transações podem ser todas em dinheiro. Mas ele compra suas mercadorias de um sacoleiro que as trouxe do Paraguai, e elas chegaram ali de navio vindas da China, um dos muitos ambientes de materialização dos recursos financeiros disponíveis em empreendimentos produtivos. O navio que transportou a "muamba" é um cargueiro de aço movido por um possante motor produzido na Inglaterra. O caminhãozinho de plástico que o camelô vende tem rodas de borracha e eixos de metal. O plástico foi beneficiado a partir do petróleo, extraído das profundezas do oceano por plataformas marítimas de última geração produzidas no Brasil ou na própria China. A borracha é de má qualidade, mas também é sintetizada do petróleo. As cores da carroceria e da caçamba foram sintetizadas em um laboratório da Bayer com filial na China, e o ferro usado nos eixos do caminhãozinho veio de algum lugar da África ou do Brasil. O mimo vendido pelo camelô mobiliza cadeias de valor com vários elementos de altíssima tecnologia extensos em muitos territórios do planeta, e se ele é vendido a R$ 2, o é como exemplar de uma produção em massa que pode atingir centenas de milhões de unidades.

A pessoa que desembolsou os R$ 2 para adquirir o caminhãozinho provavelmente é um assalariado. Suponhamos que seja um operário de fábrica. Seu salário é o que lhe coube como parte da riqueza social produzida por seu trabalho e pelo de milhões, na verdade bilhões de trabalhadores mundo afora, já que na economia globalizada os elementos fixo e variável do capital devem ser pensados em escala planetária (há uma produção mundial de massa de mais-valia, cujo fluxo escapa de maneira importante ao poder regulatório da maioria dos Estados-nação). O salário de nosso operário exemplar precisou ser desembolsado pelo capitalista, e, se este é um representante de um grande empregador global (por exemplo, o presidente de uma sucursal da Ford no Brasil), muito provavelmente utiliza-se de empréstimos bancários para fazer frente à sua folha de pagamento. O salário cuja parte vira caminhãozinho é a materialização de uma operação financeira cujos juros são determinados pelo montante da dívida pública brasileira, cujos títulos estão em mãos de investidores do mundo inteiro. Esses investidores se beneficiam do fato de que nosso operário recebeu seu salário e gastou parte dele em um camelô da esquina, porque o salário gera uma remuneração ao investidor mundial anônimo na forma de juro bancário lastreado na dívida pública brasileira. Esse investidor, em um momento de crise qualquer, transformará seus ativos em títulos do Tesouro norte-americano, buraco negro do sistema.

É fácil demonstrar que os R$ 2 recebidos pelo camelô (ou ao menos parte deles) também terão o mesmo destino, cedo ou tarde. Ao fechar sua birosca, no fim do dia, ele talvez passe no bar da esquina e compre um maço de cigarros fabricado por uma multinacional norte-americana, ou tome uma cerveja fabricada pela Ambev, multinacional de bebidas. O dono do bar sabe que precisará repor seu estoque, então parte do dinheiro irá direto para o distribuidor de cigarros ou de bebidas, enquanto outra parte engordará sua poupança, porque ele é um homem previdente. Os R$ 2 do camelô agora estão divididos em realização de capital de uma multinacional e dinheiro a juros lastreado na dívida pública brasileira. A multinacional é uma grande investidora, por sua vez. Não coloca todo o capital em seu empreendimento produtivo. Aplica em fundos de renda fixa nos países que oferecem melhores taxas de juros, por exemplo. E corre para o Tesouro norte-americano assim que desconfia da solvência do país onde mantinha parte de seu tesouro. Lá se foi o dinheiro que passou pelas mãos do camelô, por vias mais indiretas, para o centro do sistema.

A financeirização informacional do capitalismo tornou inteiramente inadequado o campo conceitual derivado da ideia de informalidade. Ele impede que se compreendam as conexões que se estabelecem entre os vários elementos do sistema, além de conferir a sua periferia *status* inferior ao centro, que seria "formal". O centro se alimenta de muitas maneiras da circulação de mercadorias por sua periferia, por mais baratas e de má qualidade que sejam, e por piores que sejam as relações de trabalho que sustentam a produção. No ponto de partida de qualquer cadeia de valor estará um recurso natural extraído ou transformado com altíssima tecnologia. Em seus entremeios haverá serviços de apoio à indústria que mobilizam as tecnologias mais avançadas de informação, transporte, armazenamento e financiamento. E o destino final de parte (mesmo que infinitesimal) do capital realizado será, sempre, o centro do sistema, mesmo depois de transcorrido muito tempo e de muitas transações materiais e financeiras. A financeirização do capital, assentada nas tecnologias de informação, *tornou muito mais rápido* um processo, como já indicara Karl Marx, inexorável. Permitiu ao capitalismo queimar etapas, por assim dizer, na apropriação dos recursos gerados em seus lugares mais longínquos.

Esses lugares, e este é o ponto central aqui, não são isentos de elementos de coordenação. São, na verdade, densamente coordenados, mas não necessariamente por mecanismos *públicos*, como a lei ou o Estado. Leis e instituições são mecanismos de redução de custos de transação, porque, entre outras coisas, reduzem a incerteza e a complexidade dos encontros entre os agentes, dos contratos que firmam e de suas relações no longo prazo. Ali onde esses elementos são rarefeitos essa redução também ocorre, ou a vida em sociedade seria insuportável e as trocas econômicas, impossíveis. O que distingue os ambientes é a forma do amálgama dos mecanismos de coordenação. Na periferia, ganham centralidade os elementos típicos da sociabilidade (as relações face a face, as expectativas em relação ao outro, a confiança, a inveja), sem que os demais (o Estado, o mercado e a informação) estejam ausentes.

O camelô espera que o sujeito que se aproxima para comprar algo não o roubará ou o denunciará ao policial em seguida. E o policial é o rosto do Estado nessa transação, assim como o temor do assalto (que não pode ser denunciado ao policial) fecha a operação em um sistema complexo de tácitas lealdades recíprocas. O comprador que se aproxima espera encontrar mercadoria a preço justo, conta não ser assaltado pelo camelô, sabe que, se a mercadoria estiver com defeito, encontrará o camelô no mesmo lugar amanhã e conta poder trocá-la por outra em bom estado. Há uma complexa gama de expectativas recíprocas que traz com ela a sociedade inteira na forma de noções bastante bem fundadas sobre o *outro*: seu lugar no ordenamento social, suas obrigações e responsabilidades, sua ação desejável e, mais que isso, provável. Ambos participam do acordo tácito que vela ao Estado a operação de compra e venda, feita sem nota fiscal, portanto ilegalmente. Esse acordo é mais propriamente um *contrato social*, já que *todos* sabem que é assim que a operação transcorrerá, isto é, sem que o Estado tire dela seu quinhão. O próprio Estado sabe disso, e sua ação (repressora ou leniente) resulta da resposta ao dilema de reprimir o ilícito ou permitir a sobrevivência de comunidades inteiras. Organizar camelódromos e legalizar a atividade, mesmo que a venda continue se dando sem nota fiscal, é resposta padrão em boa parte do Brasil e da América Latina.

O preço, como em qualquer mercado, é o elemento central de sinalização da transação. O operário comprará o caminhãozinho de R$ 2 porque é o que seu salário lhe permite. Se o objeto do desejo custar mais do que isso, ele escolherá outra coisa, frustrando suas expectativas e, talvez, a de seu filho. Ou tentará regatear com o camelô, eventualmente comprando a prazo. Tudo isso é *parte* desse elemento de coordenação que é o mercado, e a transação na periferia não se distingue em nada de outra realizada no centro, nesse particular. Por seu lado, se o operário procurou esse camelô e não outro é porque ele tinha a informação de que vendia caminhõezinhos. Um camelô vizinho vende produtos eletrônicos, outro vende CDs e DVDs piratas, outro vende material de pescaria. Nosso operário não queria nada disso, e sabia onde procurar. Nesse mercado, como em qualquer outro, a informação é elemento central de coordenação, sem o qual nada pode funcionar. Apenas, a informação está em outros lugares que não as redes informacionais virtuais, os anúncios públicos, os encartes em jornais ou revistas, os veículos de comunicação. Ela está *nas redes sociais* e é elemento central da sociabilidade que permite o encontro do comprador com o camelô que tem o que ele quer comprar. Logo, a sociabilidade é condição da transação comercial em foco. Escondida que estivera em uma transação como a compra de ativos financeiros no mundo virtual, aqui a sociabilidade assume papel de protagonista. E, com ela, o denso conjunto de expectativas morais, valorativas, racionais e materiais envolvidas na satisfação de um desejo fútil ou de uma necessidade premente.

É difícil aceitar que esse denso conjunto de elementos esteja ausente das transações financeiras no centro do sistema, nas compras virtuais realizadas pelos que têm acesso a cartões de crédito ou a contas bancárias, nas transações comerciais que ocorrem entre as grandes corporações que dominam o centro do sistema ou em uma grande operação de fusão entre corporações multinacionais. O capitalismo tem nesses movimentos seu destino mais saliente, mas o capital não é um ente, menos ainda racional. Ele depende de pessoas, portadoras ou suportes humanos que sintam e pensem por ele. Que tenham ganância, inveja, desejos fúteis de enriquecimento, sonhos de grandeza, de poder, de controle sobre outras pessoas. O capital não tem nada disso. Logo, por trás e antes de uma transação no centro do sistema haverá sempre pessoas tomando decisões com base em informações sobre o próprio sistema e as ações de outras pessoas. É uma sociabilidade diversa da que se sustenta por relações de confiança na periferia, mas é sociabilidade, e igualmente lastreada na confiança. Todos confiam nos "sistemas peritos" que garantem as transações, e por trás de qualquer um deles há sempre um humano.[10] Todos têm expectativas racionais quanto aos passos dos adversários, aliados e concorrentes, tendo em vista decisões que precisam ser tomadas. Estas são sempre decisões estratégicas que tomam o outro em consideração, e o outro não é uma coisa ou "o capital", mas alguém que também é seu portador ou suporte. Todos sabem que o outro agirá em seu próprio e melhor benefício, que maximizará os retornos financeiros de seus investimentos, que procurará sempre as melhores posições, que correrá riscos calculados, ainda que por vezes muito arriscados. Além disso, as decisões quase nunca são individuais, já que as empresas no centro sistêmico são grandes corporações dirigidas por coletivos mais ou menos complexos segundo o caso, e dinâmicas de grupo, conflitos, divergências, discussões acaloradas e muita tensão acompanham as tomadas de decisão.

Considerar "complexo" esse processo não deve levar a qualificar de "simples" a decisão de um camelô de comprar deste ou daquele "muambeiro" antes de expor sua mercadoria nas ruas. Estamos falando de ordens diversas de complexidade. Uma decisão executiva no centro pode vincular, eventualmente, milhares e mesmo milhões de pessoas, na forma, por exemplo, dos detentores de ações da empresa, seus credores, clientes, fornecedores etc. A decisão do camelô

---

[10] Boltanski e Chiapello (2005) argumentam que a confiança é um dos mecanismos centrais de sustentação do que eles chamam "cidade por projeto", estando, portanto, no coração da nova ideologia de legitimação do capitalismo (ver, por exemplo, p. 117 e ss.). Os "sistemas peritos" de Giddens (1999) são instituições complexas centrais à vida cotidiana na modernidade, estando no pano de fundo da ação, no qual as pessoas confiam "às cegas". Na verdade, não há vida em sociedade sem confiança, como mostrou, de forma pioneira, refinada e sistemática, Luhmann (1979). O tema ganhou certa relevância no debate nos anos 1990 e 2000. Ver, por exemplo, Fukuyama (1995), Seligman (1997) e, mais recentemente, Tilly (2005), entre muitos outros.

pode implicar menos elos, sendo a ponta extrema de cadeias de valor que já realizaram lucros muito antes de o caminhãozinho chegar a ele. Mas estratégia, julgamento das ações do outro, tensão, risco, tudo isso está presente na periferia do sistema. E com o aspecto adicional de precisar ser sustentado pela confiança, que no centro está quase sempre inscrita em instituições e leis, mas na periferia repousa na sociabilidade e nas redes sociais *locais*. Esse tipo de confiança, ao contrário daquela transferida aos "sistemas peritos" de Giddens, precisa ser construído diuturnamente, reafirmado a cada novo encontro entre compradores e vendedores, podendo até ser rotinizado, mas a rotina estará sempre entre parênteses, por assim dizer, porque pode ser rompida por qualquer dos lados por motivos quase nunca sob seu controle. No mundo da regulação rarefeita, por exemplo, o Estado será sempre uma ameaça, porque a rarefação da regulação se acompanha de rarefação de zelo pelo respeito à lei, que, quando é empregado, é na forma da repressão pura e simples, quase sempre violenta, o que pode impedir que um ou outro agente desse mundo rarefeito cumpra os "contratos".

As redes sociais estão, obviamente, implicadas na sustentabilidade do capitalismo financeiro global. Os centros decisórios de parte substancial das transações de vulto do sistema são em grande medida *desterritorializados*, mas no mundo virtualizado as redes não necessitam do território para se consolidar ou materializar. Quantas decisões importantes não são tomadas em reuniões de altos executivos ocorrendo em restaurantes, saguões de hotéis, aviões, navios, videoconferências, festas de casamento, recepções, banquetes em palácios e reuniões de presidentes em Davos ou Camp David? As migrações de grandes executivos entre países são uma forma saliente de operação de redes sociais nesse nível global, mas elas não são necessárias para que as redes funcionem e tenham longevidade. O capitalismo é muito mais enredado do que costumam imaginar os próprios agentes econômicos.

O alto executivo de uma multinacional talvez imagine que sua vida não tem nada a ver com a do camelô da esquina. Mas o fato de o dinheiro do camelô frequentar, cedo ou tarde, uma conta bancária que renderá juros que serão apropriados pelo executivo via aplicações na dívida pública do Brasil os aproxima de maneira irrecusável. O salário que o executivo paga a seu jardineiro ou motorista irriga o camelódromo do centro da cidade, e esse salário cumpre a mesma trajetória do salário do operário, nascendo como fração de uma transação financeira da empresa a que pertence e retornando ao mesmo mercado financeiro na forma de investimentos de vários tipos, agora de propriedade do executivo. Vendo as coisas por esse ângulo, esses dois agentes distinguem-se sobretudo por sua distância em relação ao centro do sistema, que se materializa, na prática, em montantes diversos de recursos mobilizados por eles, montantes que, por serem *muito* distintos, configuram diferenças qualitativas importantes. Os riscos que o executivo corre, ele *escolhe* correr, e estão relacionados com sua atividade de executivo, obrigado a fazer render o capital dos acionistas da empresa, de preferência render muito. O camelô vive uma vida vulnerável, sujeita a riscos que ele não pode evitar. Corre o risco de ser preso, agredido, não vender o suficiente para pagar suas contas, ser incapaz de sustentar seu negócio, passar fome, tudo isso configurando aspectos de seu entorno, do lugar que ocupa na divisão do trabalho, e, portanto, em grande medida fora de seu controle.

A ideia de informalidade supõe uma distinção clara e cabal entre um mundo "formal" e outro "informal". Trata-se de uma dicotomia inescapável, os dois termos se definem mutuamente. Logo, trata-se de uma categoria dual de apreensão do mundo. "Informal" é a categoria residual. Ela acolhe tudo o que não pode ser enquadrado como "formal", que, obviamente, tem primazia nesse modelo de apreensão do mundo. O olhar das ciências sociais está domesticado para encontrar normas, regras estáveis, leis, padrões. Encontrará o Estado antes que o mercado, o mercado antes que as trocas não mercantis. A sanha por encontrar normalidade no centro do sistema cegou o olhar douto para a corrupção, a ilegalidade, a inveja, a vendeta etc., que estão presentes em tudo o que se considera "formal". O mercado formal de trabalho no Brasil é pejado de empresas que não recolhem o FGTS de seus empregados ou não cumprem outras obrigações legais. Importadores fraudam notas fiscais para pagar menos impostos, empresas subfaturam suas mercadorias pela mesma razão, outras violam direitos de propriedade, fraudam o consumidor com propaganda enganosa, quando não com fraude pura e simples, mentindo, por exemplo, sobre o conteúdo transgênico dos alimentos ou sobre o peso real do que é vendido. Bancos de investimento fraudam seus correntistas (Lehman Brothers), grandes investidores inventam esquemas fraudulentos de extração da riqueza de investidores incautos (Maddoff). A crise de 2008, que vinha de pelo menos dois anos antes em fogo brando, explodiu quando os bancos deixaram de confiar em seus pares e nas empresas. Incapazes de saber com certeza qual a extensão do buraco aberto na instituição vizinha pela enorme fraude dos derivativos lastreados em ativos podres, fecharam a torneira a todos. Sem crédito, o sistema ficou asfixiado. Na base da asfixia estava a *desconfiança* generalizada. Nada mais, nada menos. E tudo isso *no centro* do sistema, lugar da formalidade, dos controles estatais, das leis, das sanções.

Não tenho pretensão de defender a imagem da galáxia como a melhor para descrever o capitalismo contemporâneo, mas ela é útil para dar a ideia desse sistema como um complexo globalmente integrado composto de ambientes cujos elementos de coordenação têm densidade variável, e para deixar claro que *nada* está fora do sistema nem isento de seus elementos de coordenação. A ideia de informalidade supõe mundos desintegrados, e, ao ser operacionalizada por formuladores de políticas públicas, vem acompanhada da ideia de que é necessário reintegrar seus elementos ao centro do sistema. Isso impede a apreensão da natureza do entrelaçamento de seus elementos de coordenação. Logo, de sua realidade tangível, de outro modo definida, sempre, na negativa.

Há, obviamente, regiões em que a massa e a densidade da galáxia são muito rarefeitas, compostas de gases e poeira de estrelas. É o caso de vastas regiões na África ou no interior do Brasil e de vários países da América Latina, onde a pobreza extrema das populações faz com que elas atuem muito residualmente para a manutenção do sistema. Economias de subsistência que tangenciam muito marginalmente o circuito do capital, para suprir, por exemplo, necessidades de vestimenta ou de remédios. Aqui, os mecanismos de coordenação operam de forma tênue, mas ainda assim uma Aspirina é produto Bayer, como o era a tinta do caminhãozinho do camelô. Mesmo que o remédio tenha de ser fornecido pelo governo, já que as populações são miseráveis, ainda assim, e por via do Estado, estão ligadas ao circuito do capital. As políticas públicas de combate à pobreza aproximam a institucionalidade estatal dessas populações; o amálgama de Estado e a sociabilidade, em primeiro plano, bem como o mercado e a informação, em segundo, coordenam suas expectativas e ações. Não há informalidade aqui. Há densidade variável dos mecanismos de coordenação do sistema.

Essa densidade variável denota, ademais, capacidades variáveis dos agentes que operam em cada uma das regiões do sistema. A qualidade diferencial do amálgama dos elementos de coordenação em seus diferentes ambientes expressa poder maior ou menor de os agentes, neles, interferirem nos fluxos de energia (no caso, informação, mercadorias e dinheiro) pelo próprio sistema. Não é indiferente operar no centro ou na periferia. O montante de energia mobilizada *faz diferença* para as oportunidades de vida das pessoas envolvidas, e uma população dependente da política pública estatal para ter acesso a remédios não tem as mesmas capacidades daqueles que expropriam, via mercado financeiro, os recursos desse mesmo Estado, obrigado a financiar sua dívida pública com taxas elevadas de juros. Recusar a dualidade formal/informal não é recusar as relações de poder que resultam do (e reproduzem o) modo de operação dos mecanismos de coordenação do sistema. É recusar, apenas, a dualidade.

O modo de participação nos fluxos de produção, distribuição e consumo dos recursos materiais e simbólicos que sustentam a vida coletiva delimita as possibilidades de autodeterminação da própria vida (individual, familiar, de grupo, de classe). E essas possibilidades são desiguais. O lugar ocupado pelas pessoas naqueles fluxos, que são regulados pelos mecanismos de coordenação do sistema, não é aleatório. Em termos médios, uma pessoa que nasce no Brasil não tem as mesmas chances de autodeterminar sua vida que têm um alemão ou um norte-americano. Em outros termos, nascer no Brasil ou nos Estados Unidos é um evento aleatório, mas, uma vez nascidas as pessoas, suas oportunidades de vida estão ancoradas no local de nascimento. Isso quer dizer que o território conta, e o território é um eufemismo, quase sempre, para o Estado-nação. Mas, dentro de um mesmo Estado-nação, não é indiferente nascer no Norte ou no Sul, em uma região rica em recursos naturais ou em outra árida ou inóspita, em uma região de agricultura ou em outra de indústria. Mesmo em uma cidade não é indiferente nascer em uma favela ou em berço de ouro, sendo um e outro a materialização, no território, do modo de estruturação dos fluxos de recursos materiais e simbólicos, condicionantes, portanto, *ex ante* de oportunidades de vida.

Isso dá mais consistência à metáfora da galáxia, já que é plausível falar em regiões que, amparando o nascimento das pessoas, condicionam de maneira importante suas possibilidades de vida. Os fluxos financeiros são desterritorializados, mas as pessoas nem tanto, ainda que as migrações fluidifiquem bastante (mas jamais inteiramente) os espaços geográficos mantidos a distância férrea do centro pelos elementos que dão a forma e o movimento da galáxia. Mas mesmo as migrações não estão abertas a todas as pessoas da mesma maneira. Os controles de fronteiras dificultam a entrada de africanos em toda parte, de latino-americanos nos Estados Unidos, de asiáticos na China, e assim por diante, mas não de todos os cidadãos desses continentes. Se você é um cientista premiado (ou apenas promissor), um alto executivo agressivo, um líder político ameaçado, uma atriz renomada, uma desportista laureada, uma arquiteta de renome, enfim, uma pessoa das ditas "classes criativas" ou um membro de uma comunidade virtual de poder, provavelmente será disputado em um mercado mundial cada vez mais competitivo e aberto aos melhores talentos ou à economia dos asilos políticos. Se você tem capital para investir, se quer apenas se aposentar depois de uma vida de luxo, se quer contribuir para a riqueza da nação onde almeja viver que não a sua, será também bem-vindo em qualquer parte. O mundo é muito mais fluido para os mais ricos e as fronteiras, muito mais abertas. Se você é um mineiro de Governador Valadares ou um mexicano de Sonora ou um somali de qualquer parte, dificilmente terá um visto de permanência em outro lugar que não seu próprio país. Pode ser que, com muito esforço e risco de morte, consiga entrar sorrateiramente em algum país, mas terá uma vida clandestina, mesmo que, e com toda a probabilidade, melhor em termos materiais do que a vida na origem.[11]

É crucial insistir na desigualdade de oportunidades de acesso aos fluxos de produção, circulação e consumo dos recursos materiais e simbólicos, sustentados pelos mecanismos de coordenação do sistema. A imagem da galáxia em espiral (e a espiral é, na verdade, multiespiralada) é útil também por sugerir que o acesso aos fluxos não é jamais absoluto, como não o é a exclusão dele. Não há, em verdade, exclusão. O sistema *inclui tudo e a todos*, fazendo-o, apenas, de maneira diferente, e certamente desigual. Mas a desigualdade não é um jogo de soma zero nem uma dualidade, nem mesmo uma

---

[11] Ver o excelente trabalho de Korzeniewicz e Moran (2009).

tríade. Trata-se mais propriamente de um contínuo. No extremo da espiral, ou das espirais que convergem para o mesmo buraco negro, estão os elementos rarefeitos, que vão se tornando menos rarefeitos quanto mais nos aproximamos do centro. Tudo se vai adensando, porque o capitalismo é o amálgama completo de recursos materiais e simbólicos coordenados pelos mecanismos mencionados. E como o sistema é capaz de gerar mais riqueza e mais recursos enquanto faz girar seus elementos constitutivos, é perfeitamente plausível imaginar situações em que haja sempre muitos ganhando sem que outros percam, ou muitos perdendo sem que outros ganhem etc. Nesse nível agregado, não há jogo, apenas fluxos sustentados por mecanismos de coordenação, mas como tudo isso está ancorado em ações e decisões racionais ou valorativas de *indivíduos e coletividades* reais, então é inescapável inferir que há pessoas e coletividades com maior ou menor capacidade de determinar suas vidas (e muito especialmente a vida dos outros), tendo em vista seu lugar na produção, na distribuição e no consumo dos recursos materiais e simbólicos do sistema, que lhes permite lançar mão de seus mecanismos de coordenação de maneira diversa.

Já se disse: a globalização financeira, ancorada nas tecnologias de informação, trouxe a periferia para perto do centro do sistema, não em termos espaciais, mas em termos do tempo transcorrido até a apropriação dos recursos que circulam pela própria periferia. Mais ainda, os recursos financeiros circulantes são, em grande parte, resultantes do transbordamento da riqueza do centro, sempre em busca de mais e melhores retornos. Como muitos desses recursos são traduzidos em investimentos produtivos (diretamente ou via bolsa de valores ou aquisições de empresas, ou mais indiretamente via o próprio mercado financeiro, por exemplo, com o financiamento do investimento público, as compras estatais etc.), parte dessa riqueza transbordada permanece e enriquece a periferia. Isso quer dizer que a periferia, mesmo a mais periférica, já não é indiferente para o centro. Certamente, este não se alimenta *essencialmente* daquela. As trocas intracapitalistas (dentro dos conglomerados econômicos) entre os países centrais (agora incluindo a China) ainda respondem pela maior parte da dinâmica do sistema. Mas seu segmento financeiro se alimenta cada vez mais das migalhas periféricas, como sugerido.

Com efeito, suprimir as atividades hoje enquadradas como "informais" dos circuitos do capital já não teria a forma de uma ineficaz dieta de calorias, como era o caso antes da globalização financeira. Os títulos *subprime* que alimentaram a bolha financeira estourada em 2008 mostraram isso. Os créditos "podres" em poder dos bancos eram lastreados em dívidas imobiliárias de pessoas que não tinham como garantir os empréstimos contraídos. Estavam lastreadas em promessas de pagamento, portanto na presunção "informal" de que o tomador do empréstimo honraria seus compromissos. Quanto da renda das pessoas que tomaram os empréstimos provinha de atividades que na periferia são nomeadas informais? Quantos encanadores, eletricistas, pedreiros, vendedores ambulantes, faxineiras, empregados domésticos de todo tipo e outras camadas subalternas, cuja atividade era invisível do ponto de vista do Estado, conseguiram ingressar no mercado imobiliário na base da "confiança"? A justiça norte-americana condenou Maddoff por ter fraudado um esquema piramidal de enriquecimento. Pois o mercado de *subprime*, na prática, foi exatamente isso. O sistema se alimentou da ilusão de que havia sempre novos entrantes no mercado de compra de imóveis; isso elevou os preços de todos os imóveis (e não apenas os de baixa gama), e com eles a ilusão de maior riqueza circulante, e com ela a gana consumista das classes médias e superiores do sistema, lastreada nos preços irreais assim conseguidos. Ao estourar, a bolha não puniu o topo, mas a base do mecanismo de valorização. Puniu os mais pobres, que, a rigor, transferiram riqueza para os de maior renda, para quem os aumentos nos juros bancários (que quebraram os mais pobres) foram indiferentes ou puderam ser renegociados, em detrimento de todos os outros. No melhor estilo "buraco negro". Tampouco há informalidade aqui. Há apenas a operação de uma das lógicas centrais do sistema: a de valorizar o capital, não importam os meios. Se a confiança em quem não pode pagar dá dinheiro, confiemos *em público e em atos*, mesmo desconfiando nos bastidores, na esperança de sermos os primeiros a sair do esquema quando a bolha ameaçar estourar.

Os bancos brasileiros e argentinos não foram diretamente afetados pela bolha, porque a legislação dos dois países proibia esse tipo de atividade de risco, mas algumas empresas foram. Necessitadas de recursos, apostaram na bolha e perderam. Se nosso camelô da esquina foi gastar em um supermercado os R$ 2 que ganhou com a venda do caminhãozinho e comprou algumas fatias de presunto Sadia, alimentou a sanha dessa empresa, que fora beber naquele mercado de derivativos para sustentar sua expansão, ou simplesmente ganhar mais produzindo menos. E lá estão os tostões de nosso "setor informal" na ciranda dos créditos podres norte-americanos, responsável pela perda de mais de R$ 750 milhões por parte da Sadia, como em um passe de mágica.[12] E o próprio valor de mercado da empresa desabou, chegando a 40% do que era antes do estouro da crise, dinheiro retirado por "estrangeiros" e cujo destino imediato, como sói acontecer, foi o Tesouro norte-americano.

Em suma: o capitalismo sob domínio das finanças é, no mundo informacional, mais integrado do que jamais foi. A ciranda financeira é capaz de sugar o excedente das atividades econômicas mais longínquas. Como o centro do sistema é composto do amálgama de capitais financeiros (que subsumiram os capitais comerciais) e produtivos, produtos e serviços praticados na mais distante periferia da galáxia são parte dos circuitos de valorização dos capitais do

---

[12] Ver: <http://exame.abril.com.br/negocios/empresas/noticias/m0168759>.

centro, via mercado financeiro. Além disso, a extensão das cadeias de valor no território planetário, resultante de profunda mundialização produtiva e comercial (ainda que não completa, já que há barreiras comercias e elas estão aumentando ao longo da crise iniciada em 2008), ligou o camelô da esquina às redes mundiais de produção e circulação de mercadorias de maneira também jamais vista. Nada disso nos deve cegar para o fato de que quanto mais longínqua a periferia, mais rarefeitos os mecanismos de coordenação e mais eles repousam na confiança tecida nas redes de sociabilidade. Isso quer dizer, simplesmente, que sem sociologia não se compreende a dinâmica dos ambientes hoje nomeados informais, menos ainda a dinâmica do capitalismo global.

Para sustentar essas ideias, lanço mão de pesquisas existentes no Brasil sobre economia informal e mercado de trabalho. No que se segue, uso os termos "informalidade" e "regulação rarefeita" das relações econômicas de forma intercambiável, mas insisto: o conceito de "economia informal" não denota segmentação ou dualidade na dinâmica do capitalismo, menos ainda do mercado de trabalho. Mostrarei que as pessoas circulam com desenvoltura pelos ambientes "formal" e "informal", em grande medida porque boa parte (talvez a maior parte) do que se entende por "economia formal", na periferia do sistema, é apenas levemente menos rarefeita do que o "informal".

COORDENAÇÃO RAREFEITA E MERCADO DE TRABALHO

Nas comparações entre países latino-americanos, a literatura sobre informalidade costuma utilizar a definição da Organização Internacional do Trabalho (OIT), que considera informais os empreendimentos com cinco ocupados ou menos.[13] Mesmo o IBGE,

---

[13] A discussão sobre informalidade na OIT é extensa e complexa (para um balanço, Bangasser, 2000), mas as estatísticas oficiais sobre informalidade, encon-

quando se pôs em campo para mensurar a informalidade urbana no Brasil, usou essa definição para a construção de sua amostra (IBGE, 1997). Há razões para afirmar (como veremos) que essa definição recobre *parte* do que devemos considerar economia de coordenação rarefeita,[14] mas ela certamente não dá conta da totalidade das relações econômicas, de trabalho e emprego que podem, tendo em mente a discussão precedente, ser consideradas informais.[15]

De fato, a Pesquisa sobre Economia Informal Urbana (Ecinf), realizada pelo IBGE em 1997 e 2003 com pretensão de oferecer um panorama abrangente da economia informal no Brasil, parte da definição de informalidade consolidada pela OIT em 1993, quando de sua 15ª Conferência de Estatísticos do Trabalho. Nas recomendações emanadas da conferência, a delimitação do âmbito do "setor informal" deveria levar em conta "a unidade econômica — entendida como unidade de produção — e não o trabalhador individual ou a ocupação por ele estabelecida" (IBGE, 1997:2). Ademais, as atividades produtivas de bens e serviços deveriam

---

tráveis em publicações como o Panorama Laboral (ver: <www.oitbrasil.org.br/content/panorama-laboral-2011>), terminam reduzidas às empresas com cinco empregados ou menos, não importa se são pequenos empreendimentos de alta tecnologia, como desenvolvedores de software, ou se são prestadores de serviços a pessoas ou famílias, como oficinas mecânicas ou pequenos mantenedores da construção civil.

[14] Khamis (2009) sugere que esse recorte (empreendimentos de cinco ocupados ou menos) é insuficiente para o caso mexicano, por misturar realidades muito diferentes e deixar de fora várias situações fronteiriças (como o caso de pessoas que são assalariadas e têm uma atividade por conta própria, por exemplo). Creio ser o caso também do Brasil, embora o IBGE tenha incluído na amostra atividades sobrepostas (assalariamento e ocupação por conta própria, por exemplo).

[15] Gasparini e Tornaroli (2009) operacionalizam diferentes definições de informalidade comparando mais de cem pesquisas domiciliares em países latino-americanos, e mostraram que, não importa a medida utilizada, as taxas não caíram de 1989 a 2005. Sua abordagem é interessante por mostrar o impacto de diferentes definições na mensuração da informalidade e por sugerir que nenhuma medida *única* é suficiente para dar conta do fenômeno.

ter como principal objetivo "gerar emprego e rendimento para as pessoas envolvidas", e "caracterizam-se pela produção em pequena escala, baixo nível de organização e pela quase inexistência de separação entre capital e trabalho, enquanto fatores de produção". A existência ou não de registro dos empreendimentos não seria relevante para a definição "do informal", porque dificultaria comparações internacionais ou históricas. Por fim, "a definição de uma unidade econômica como informal não depende do local onde é desenvolvida a atividade produtiva, da utilização de ativos fixos, da duração das atividades das empresas (permanente, sazonal ou ocasional) e do fato de tratar-se da atividade principal ou secundária do proprietário da empresa" (IBGE, 1997).

Ou seja, uma empresa da "economia informal" se define, na pesquisa do IBGE, por uma "unidade econômica" que desempenha um conjunto de "atividades produtivas ou de prestação de serviços" cuja principal característica é compor uma "unidade de trabalho e renda" em pequena escala. O fato de eleger como critério de definição a baixa ou inexistente separação entre capital e trabalho denota a ideia de que essa unidade estaria "fora" dos circuitos de reprodução do capital, servindo, sobretudo, para reproduzir não tanto a força de trabalho (para o capital), mas as pessoas como trabalhadoras para si próprias e por si próprias. Isso configuraria "uma economia" informal e "um setor" informal, portanto um segmento do qual "os indivíduos podem participar [...] seja através de seu trabalho principal, seja do secundário" (IBGE, 1997:3). A pesquisa, pois, opera com uma noção de "segmentação" entre "setores" que, como espero ter demonstrado, não faz mais sentido no capitalismo global. Isso, obviamente, limitou a captação do ambiente rarefeito que venho tentando conceituar aqui.

Além disso, essa delimitação de informalidade deixa de fora um conjunto extenso de relações sociais de regulação rarefeita, como é o caso do emprego doméstico e de outras formas "privadas" de contratação da compra e venda de força de trabalho, como o assalariamento não regulado pelo Estado ocorrendo em unidades com mais de cinco ocupados e as diversas formas de compra de serviços por parte de um terceiro (tarefas por empreitada na construção civil, serviços eventuais de consultoria nos ambientes rarefeitos ou nos mais densamente regulados, tarefas eventuais de manutenção doméstica e de equipamentos, apenas para nomear os talvez mais numerosos). Ainda assim, mesmo limitada em escopo, a Ecinf traz informações preciosas para a análise do modo de operação das relações econômicas ancoradas sobretudo na confiança e na sociabilidade, inscritas nas redes sociais.

CARACTERÍSTICAS BÁSICAS DA AMOSTRA DA ECINF/2003

Antes de descer aos detalhes que nos interessam mais de perto, é preciso descrever, muito rapidamente, as características gerais da amostra da Ecinf.[16] Aqui, analisarei a última pesquisa realizada, de 2003 (doravante Ecinf/2003). Os dados não são recentes, mas o interesse não é mostrar quão formal ou informal é o Brasil. E sim desvendar os mecanismos internos de funcionamento das regiões socioeconômicas nas quais a regulação é rarefeita.

A tabela 1 mostra que, em 2003, o IBGE encontrou pouco mais de 10 milhões de "empresas" do "setor informal" urbano (uso aspas porque emprego os termos da própria Ecinf), ou que tinham cinco ocupados ou menos e eram destinadas sobretudo à sobrevivência do empreendedor. Destas, 88% (ou 9,1 milhões) eram "empresas" de trabalhadores por conta própria, 96% das quais tinham um único proprietário. Doze por cento (ou 1,2 milhão) eram de propriedade de empregadores, e pouco mais de 85% delas tinham apenas um proprietário.

---

[16] Um dos poucos estudos baseados na pesquisa é o de Neri e Giovanini (2005).

TABELA 1 | Setores de atividade e número de proprietários
das empresas do "setor informal". Brasil, 2003

Número de proprietários e setor de atividade	Empresas do "setor informal"		
		Tipo de empresa	
	Total	Conta--própria	Empregador
Único proprietário	94,5	95,7	85,4
Dois proprietários ou mais	5,5	4,3	14,6
Indústrias de transformação e extrativa	15,8	15,8	15,3
Construção civil	17,5	18,0	13,8
Comércio e reparação	32,9	32,4	36,6
Serviços de alojamento e alimentação	7,0	6,7	9,0
Transporte, armazenagem e comunicações	8,0	8,5	4,4
Atividades imobiliárias, aluguéis e serviços prestados às empresas	6,3	6,1	8,4
Educação, saúde e serviços sociais	3,3	2,8	7,2
Outros serviços coletivos, sociais e pessoais	8,0	8,4	4,9
Outras atividades	0,3	0,3	0,4
Atividades maldefinidas	0,8	1,0	0,1
N	10.335.962	9.096.912	1.239.050

Fonte: IBGE, Diretoria de Pesquisas, Coordenação de Trabalho e Rendimento, Economia Informal Urbana, 2003.

A distribuição de empresas por conta própria e empregadoras entre os setores econômicos era semelhante em 2003. Nos dois casos havia concentração nos segmentos de comércio e reparação (com um terço ou um pouco mais dos casos), estando os empregadores levemente mais representados nos serviços de alojamento e alimentação, nas atividades imobiliárias e em serviços de educação, saúde e sociais, enquanto os conta-própria estão proporcionalmente mais na construção civil, nos serviços de transporte, comunicação e armazenagem, e em outros serviços pessoais e coletivos. Mas as diferenças não são pronunciadas.

A tabela não mostra, mas pela tabela 3 da publicação original do IBGE (de onde esses dados foram extraídos)[17] descobre-se que em 91% dos empreendimentos por conta própria as atividades eram desempenhadas *pela própria pessoa* e por ninguém mais. Também fora da tabela 1 está a informação de que quase metade *dos empregadores* tinha apenas um outro empregado/ocupado (metade dos quais eram familiares, boa parte não remunerada). Considerando o proprietário e mais dois ocupados, tínhamos 72% das empresas cujos proprietários se declararam empregadores. Logo, a grande maioria (80%) dos "empreendimentos" captados pela pesquisa era composta por apenas uma pessoa. Considerando o proprietário e mais um ocupado, chegava-se a 92,4% dos empreendimentos. Essa informação deixa claro que a Ecinf/2003 foi de fato desenhada para captar pequenos empreendimentos ou atividades de pessoas que faziam de seu "negócio" um meio de ganhar a vida com seu próprio trabalho. É, portanto, uma pesquisa que serve ao propósito de investigar relações econômicas e salariais "informais". Mas o universo da regulação rarefeita foi fortemente subestimado pela amostra.

De fato, a pesquisa encontrou 2,9 milhões de ocupados nos 10 milhões de estabelecimentos existentes. Desses, 46% (ou 1,33 milhão de pessoas) eram assalariados sem carteira. Mas, no mesmo ano de 2003, a Pnad encontrou 11 milhões de assalariados sem carteira no Brasil urbano (a Ecinf cobre apenas áreas urbanas), ou 8,2 vezes mais do que os assinalados pela Ecinf/2003. É claro que a unidade de análise desta última é a "unidade econômica" e não as pessoas, como no caso da Pnad. Em tese, porém, uma boa amostra das unidades "informais" existentes deveria chegar mais perto das relações contratuais privadas realmente existentes, ou não reguladas pelo Estado, que, supõe-se, seriam típicas das empresas do "setor informal", como é o caso do assalariamento sem carteira. Uma leitura apressada da

---

[17] As tabelas originais podem ser encontradas em: <www.ibge.gov.br/home/estatistica/economia/ecinf/2003/default.shtm>. Aqui, trabalho tanto com as tabelas publicadas quanto com os microdados da pesquisa.

discrepância poderia levar à conclusão de que a maioria dos assalariados sem carteira, como não está no "setor informal", encontra-se ocupada em empresas do "setor formal", quando, na verdade, estamos diante, apenas, de um viés da amostra da Ecinf/2003.

Outro indicador da subestimação do mundo de regulação rarefeita é o fato de que, ainda segundo a Pnad 2003, havia no Brasil 13,5 milhões de trabalhadores por conta própria nas cidades, ou perto de 50% a mais do que o encontrado pela Ecinf/2003. Nem mesmo no caso dos empregadores ela parece ter se aproximado do universo de empresas existentes. Segundo a Relação Anual de Informações Sociais (Rais), havia no Brasil, em 2003, 1,45 milhão de estabelecimentos com até quatro empregados. Se a Ecinf contou 1,24 milhão com até cinco ocupados, a grande maioria deles não tinha qualquer tipo de registro, como veremos. Portanto, provavelmente não declarava a Rais. A pesquisa de fato subestimou as relações de trabalho de regulação rarefeita.

O ambiente coberto pela Ecinf/2003, ademais, é bastante heterogêneo, tornando difícil tratar como igualmente "informais" maneiras muito distintas de inserção nos circuitos da economia inclusiva. Além da presença ou não de pessoal ocupado, empreendimentos por conta própria e de empregadores se distinguem (e muito) pela receita média de um ou outro. Os conta-própria receberam, em média, no mês de outubro de 2003, o equivalente a R$ 1,7 mil reais (em valores de junho de 2011, corrigidos pelo IPCA). Os empregadores, perto de R$ 9.000.[18] E as diferenças foram grandes em todos os setores, com destaque para a indústria de transformação, na qual os empregadores ganharam quase nove vezes mais do que os conta-própria. Diferenças intersetoriais de quatro vezes ou mais na receita média mensal dos empreendimentos denotam atividades

---

[18] Vale marcar que a diferença entre a renda média de empregadores e conta-própria do "setor informal" foi exatamente a mesma dos empregadores e conta-própria na população ocupada total, tal como medida pela Pnad 2003: 5,18 vezes em favor dos empregadores.

bem diversas em volume, conteúdo, clientela, valor dos produtos e serviços etc. Se a heterogeneidade setorial entre empregadores e conta-própria era baixa na Ecinf/2003, a natureza dos empreendimentos parece bem distinta. É preciso avaliar se a óbvia diferença de escala dos empreendimentos tem outros efeitos sobre suas práticas.

TABELA 2 | Valor médio da receita dos empreendimentos do "setor informal" que tiveram receita (valores de junho de 2011, deflacionando dados originais de outubro de 2003). Brasil, 2003

Grupos de atividade	Total (R$)	Tipo de empreendimento	
		Conta--própria (R$)	Empregador (R$)
Total	2.612	1.732	8.982
Indústrias de transformação e extrativa	2.013	1.060	9.063
Construção civil	1.039	776	3.490
Comércio e reparação	3.656	2.370	11.997
Serviços de alojamento e alimentação	2.460	1.591	7.167
Transporte, armazenagem e comunicações	2.918	2.418	9.938
Atividades imobiliárias, aluguéis e serviços prestados às empresas	3.983	2.960	9.289
Educação, saúde e serviços sociais	3.563	1.885	8.231
Outros serviços coletivos, sociais e pessoais	1.323	1.061	4.569
Outras atividades	4.909	3.716	14.507
Atividades maldefinidas	724	717	1.327

Fonte: IBGE, Diretoria de Pesquisas, Coordenação de Trabalho e Rendimento, Economia Informal Urbana, 2003.

Um aspecto talvez óbvio relacionado com a maior renda é o fato de a taxa de regularização dos empreendimentos empregadores ser muito superior à dos conta-própria. Entre os últimos, 79% não tinham constituição jurídica (CNPJ ou outro tipo de inscrição empresarial). Entre os empregadores, ao contrário, 64% o tinham. O curioso é que, perguntados sobre o tipo de dificuldade enfrentada para regularizar o empreendimento, 97% dos conta-própria em situação irregular disseram que simplesmente não tentaram fazê-lo. A totalidade dos empregadores irregulares (36%) tampouco tentou. No caso dos conta-própria cobertos pela Ecinf/2003, portanto, quatro quintos dos empreendimentos desenvolviam suas atividades de maneira *extrínseca* ao ambiente da regulação pública. Regularizar a situação era algo fora do horizonte de cálculo dos agentes que tocavam seu negócio por conta própria. A não regularização é, sem dúvida, um limite para o acesso a um conjunto de mecanismos próprios dos ambientes de regulação mais adensada, como o crédito bancário, a proteção previdenciária, os contratos juridicamente seguros com clientes e fornecedores etc. Em tese, esses ambientes estão abertos em maior proporção aos empregadores em situação regular, mecanismo distintivo importante no mundo da "informalidade". Volto a isso mais adiante.

RELAÇÕES ECONÔMICAS COMO RELAÇÕES SOCIAIS

Tudo sugere que a Ecinf/2003 subestima de forma substancial o ambiente econômico de regulação rarefeita, não podendo, por isso, ser tomada como *representativa* dele. Por outro lado, oferece informação preciosa sobre o ordenamento da parte *que ela recobre*. Para começar, mais da metade dos empreendimentos "informais" fizeram uso, para dar início aos negócios, de recursos próprios (tabela 3). Se incluirmos os empréstimos de parentes e amigos, chega-se a 60% do total de casos. Os empregadores utilizam-se mais de recursos próprios do que os conta-própria. Incluindo-se empréstimos de amigos e parentes (que têm maior participação entre as mulheres), chega-se a 76% dos empregadores e 58% dos conta-própria. A diferença é compensada pelo fato de os conta-própria não terem necessitado de capital em maior proporção do que os empregadores (penúltima linha da tabela). Isto é, os conta-própria entram com recursos próprios em menor proporção porque parte substancial dos empreendimentos, em seu início, não demandou recurso algum.

TABELA 3 | Empreendimentos do "setor informal", por posição na ocupação e sexo dos proprietários, segundo a origem dos recursos utilizados para iniciar o negócio. Brasil, 2003

Origem dos recursos utilizados para iniciar o negócio	Total			Posição na ocupação e sexo dos proprietários					
				Conta-própria			Empregador		
	Total[1]	Homens	Mulheres	Total[1]	Homens	Mulheres	Total[1]	Homens	Mulheres
Total (N)	10.335.962	6.882.756	3.453.072	9.096.912	5.958.818	3.137.959	1.239.050	923.938	315.112
Indenização recebida	8,1	10,0	4,4	7,6	9,5	4,0	12,2	13,5	8,3
Herança	1,7	1,9	1,2	1,3	1,6	0,9	4,0	4,0	4,0
Poupança anterior ou venda de bens ou imóveis	6,6	7,0	5,6	5,7	6,2	4,8	12,7	12,3	13,9
Outros recursos próprios	36,2	35,7	37,1	35,9	35,2	37,3	38,2	39,3	35,0
Empréstimo de parentes ou amigos	7,6	6,3	10,3	7,5	6,1	10,1	8,7	7,6	12,2
Empréstimo bancário	1,7	1,7	1,8	1,5	1,6	1,4	3,3	2,7	4,9
Outras formas de empréstimo	1,5	1,1	2,2	1,5	1,2	2,2	1,3	1,1	1,8
Sócio tinha o capital	1,0	0,8	1,4	0,9	0,7	1,1	2,3	1,4	4,7
Outra	3,3	2,8	4,3	3,4	2,9	4,3	3,0	2,3	4,9
Não precisou de capital	32,0	32,4	31,3	34,5	35,0	33,4	14,0	15,4	10,1
Sem declaração	0,2	0,1	0,4	0,2	0,1	0,4	0,3	0,3	0,2

Fonte: IBGE, Diretoria de Pesquisas, Coordenação de Trabalho e Rendimento, Economia Informal Urbana, 2003.
(1) Inclusive os proprietários sem declaração de sexo.

É interessante notar que os empréstimos ocupam lugar marginal no início da vida dos empreendimentos da economia de regulação rarefeita (11% do total), atingindo pico de 19% entre as mulheres empregadoras, com prevalência, neste caso, do capital de parentes e amigos. E essa posição de marginalidade parece ser duradoura. A tabela não mostra, mas, perguntados se recorreram a algum tipo de crédito nos últimos três meses, 94% dos conta-própria e 87% dos empregadores declararam não haver utilizado crédito algum. Ou seja, os negócios têm início, sobretudo, com recursos próprios e são levados adiante da mesma forma. Ainda assim, os empregadores entrevistados pela Ecinf/2003 estavam inseridos nos circuitos de regulação adensada em maior proporção do que os conta-própria. Utilizaram um pouco mais os empréstimos de terceiros, recorreram a empréstimos bancários em proporção maior (em especial as mulheres) e tinham renda bem mais alta do que os conta-própria (como vimos na seção anterior).

As diferenças no tamanho e na racionalidade dos empreendimentos cobertos pela Ecinf/2003 se manifestam também na forma da contabilidade utilizada por seus proprietários. Max Weber listou a contabilidade racional entre os elementos definidores do sistema capitalista, ao lado do uso racional do trabalho e da separação entre os negócios e o local de moradia da família (Weber, 1974). A tabela 4 mostra que 57% dos conta-própria não faziam nenhum registro contábil, e outros 36% faziam o registro sozinhos. Essas duas categorias juntavam 56% dos empregadores, mas 43% tinham um contador, coisa rara entre os conta-própria. A tabela não mostra, mas entre os conta-própria da construção civil a proporção de não registro contábil chegava a 80% (55% entre os empregadores), sendo a contabilidade profissional mais comum em setores como educação, saúde e serviços sociais (64% entre os empregadores desses setores utilizavam contabilidade profissional).

TABELA 4 | Empresas do "setor informal" segundo o tipo de empresa e a forma de contabilidade

Tipo de empresa e forma de contabilidade	Total
Conta-própria	9.096.912
Não registra nada	56,9
Registra sozinho	36,3
Tem contador que faz o controle	6,3
Outra forma	0,3
Sem declaração	0,1
Empregador	1.239.050
Não registra nada	20,8
Registra sozinho	35,3
Tem contador que faz o controle	42,8
Outra forma	0,9
Sem declaração	0,1

Fonte: IBGE, Diretoria de Pesquisas, Coordenação de Trabalho e Rendimento, Economia Informal Urbana, 2003.

É claro que, como em qualquer atividade voltada para a sustentação da sobrevivência de seus praticantes e suas famílias, os empreendedores "informais" provavelmente nutrem o desejo ou o interesse em manter seu negócio no tempo. A ausência da contabilidade profissional não quer necessariamente dizer ausência de racionalidade contábil ou de capacidade (em especial dos conta-própria) de reproduzir o negócio. A tabela não mostra, mas 70% dos empreendimentos por conta própria e 82% dos empregadores apresentaram lucro no ano da pesquisa. A grande maioria (80% ou mais) funcionou pelos 12 meses do ano de referência. Mais ainda: 60% dos empreendedores por conta própria e 65% dos empregadores estavam no negócio há cinco anos ou mais. O ambiente de regulação rarefeita não é *majoritariamente instável*. Ele pode ser precário e inseguro, em especial no caso dos conta-própria (precariedade e insegurança, no caso, medida principalmente pela renda e ausência de registros), mas as "empresas" apresentam notável permanência no tempo.

ASPIRAÇÕES

Por muito tempo a sociologia brasileira tratou o ambiente de regulação rarefeita como uma *aspiração* de parte relevante da população assalariada, em especial os migrantes do campo.[19] As pessoas migrantes permaneceriam por um tempo empregadas na esperança de acumular um pecúlio para se estabelecer por conta própria. Contudo, se aquela aspiração pode ter sido real um dia (o que é controverso, ao menos quanto à possível universalidade dessa aspiração),[20] a crise do emprego nos anos 1990[21] parece ter feito crescer no imaginário popular o desejo de um emprego com carteira assinada, portanto com direitos trabalhistas e alguma segurança em um ambiente de grandes turbulências na economia. Deve ser lembrado que Vicente Paulo da Silva, diante do discurso de esquerda contra a exploração capitalista, chegou a dizer, no início dos anos 1990, que "os trabalhadores estão brigando para serem explorados", quer dizer, estavam "trocando qualquer coisa por um emprego", tendo em vista o enorme desemprego que se abatera na região do ABC em função da crise do setor automotivo (Cardoso,

---

[19] Entre os trabalhos clássicos nessa direção, destacam-se os de Lopes (1967, 1971a, 1971b) e Silva (1969). Ver também Prandi (1978). Touraine (1961) foi o primeiro a sugerir que a recusa ao trabalho assalariado industrial poderia ser expressão de um "não conformismo utópico" por parte de trabalhadores migrantes, que, ao nutrirem expectativas de ascensão social, depararam com empregos precários e mal remunerados, optando pela "informalidade", ou formas não assalariadas de obtenção de meios de vida.

[20] Lanço sérias dúvidas sobre essa crença da literatura convencional em Cardoso (2010).

[21] Ver Pochmann (2001).

2000). Tudo indica que, por trás da aspiração de se estabelecer por conta própria no passado mais distante, ou de buscar um emprego assalariado nos anos mais recentes, estaria algo maior: o desejo de segurança socioeconômica, substrato importante do que Giddens um dia denominou "segurança ontológica" na modernidade. Os meios para atingir esse objetivo podem variar segundo as conjunturas econômicas e as injunções decorrentes das trajetórias de vida das pessoas, como seus ativos e atributos pessoais (a inteligência, a cor da pele, o sexo, a escolaridade) e o ambiente social inclusivo (campo ou cidade, metrópole ou interior, regiões mais ou menos industrializadas etc.). Assalariamento ou empreendimento individual podem não ser *alternativas* excludentes, mas *recursos* disponíveis à inscrição social das pessoas, passíveis de ser mobilizados ou não segundo injunções nem sempre controláveis pelos próprios indivíduos e suas famílias.

Na verdade (e voltarei a isso em outros capítulos), o trânsito dos trabalhadores entre posições sociais ditas "formais" e "informais" é intenso no país. A estrutura econômica urbana nunca gerou posições assalariadas para todos os demandantes. Como as pessoas precisam viver, a construção de mecanismos não assalariados de obtenção de meios de vida foi e continua sendo, mais do que uma alternativa almejada, uma necessidade irrecorrível em situações de perda de emprego ou resultantes de tentativas frustradas de obtenção de ocupação.

A longevidade da maioria dos empreendimentos do ambiente de regulação rarefeita parece dar razão aos que argumentam que estes são a realização de uma aspiração persistente dos trabalhadores. A Ecinf/2003 traz outras evidências que parecem apontar na mesma direção. Ela perguntou aos que eram empreendedores "informais" há menos de cinco anos, e que tinham saído de uma ocupação anterior (2,7 milhões de pessoas), qual era a posição nessa ocupação. Pois 79% declararam que haviam sido "assalariados", taxa que superou os 80% no caso das mulheres, tanto conta-própria quanto empregadoras. Os homens empregadores tinham sido assalariados em menor proporção (75,7%), mas a taxa era, ainda assim, bastante alta. Note-se que apenas 17% haviam sido conta-própria na ocupação anterior (3% foram empregadores). Mais importante ainda: 65% dos conta-própria e 68% dos empregadores antes assalariados tinham tido carteira assinada. Isso poderia sugerir um desejo de independência ou uma recusa ao assalariamento. Isso parece ser apenas em parte verdadeiro.

De fato, a pesquisa perguntou pelo principal motivo que levou a pessoa a se dedicar ao negócio. Quarenta e cinco por cento dos que eram conta-própria e tinham tido um emprego anterior afirmaram que estavam no "informal *porque não tinham encontrado emprego*", motivo mencionado por 23% dos empregadores com emprego anterior.[22] A opção "queria ser independente" foi escolhida por apenas 14% dos conta-própria e 24% dos empregadores anteriormente ocupados. Isto é, ao menos no caso dos conta-própria antes ocupados, proporção significativa (quase metade) preferia estar em uma posição assalariada. Considerando-se o total da amostra que estava no "informal" há menos de cinco anos (anteriormente ocupados ou não), a proporção que preferia ser assalariada era de 33% entre os conta-própria, e o desejo de independência foi a opção escolhida por apenas 16% deles (tabela 5). Ou seja, ter uma ocupação anterior à "informalidade" atual está associada a maior desejo de um emprego assalariado. Isso sugere que, para parte não desprezível dessas pessoas, a posição por conta própria atual é *um resíduo*, não uma escolha. Está-se nela por falta de opção assalariada.

---

[22] Tabulações a partir dos microdados da Ecinf/2003.

TABELA 5 | Motivos que levaram a pessoa a se dedicar a uma ocupação na economia rarefeita. Brasil, 2003

Principal motivo que levou a se dedicar a esse negócio	Conta-própria	Empregador	Total
Não encontrou emprego	33%	15%	30%
Teve oportunidade de fazer sociedade	1%	7%	2%
Horário flexível	2%	1%	2%
Queria ser independente	16%	23%	17%
Tradição familiar	8%	13%	9%
Para complementar a renda familiar	19%	8%	17%
Tinha experiência que adquiriu em outro trabalho	8%	14%	9%
Achava o negócio vantajoso	7%	11%	8%
Esse era um trabalho secundário que se tornou principal	2%	3%	2%
Outro	6%	7%	6%
Total	100%	100%	100%

Fonte: Microdados da Ecinf/2003, IBGE.

Isso quer dizer, também, que 1/3 dos trabalhadores por conta própria há menos de cinco anos nessa condição deve ser considerado parte da reserva de força de trabalho do mundo do assalariamento regulado. Não me parece ser o caso de utilizar o clássico conceito de "exército *industrial* de reserva" para nomear a condição desses trabalhadores, por duas razões principais. Em primeiro lugar, porque, em 2003, segundo dados da Pnad, a indústria (incluindo transformação, extrativa e construção civil) ocupava pouco mais de 32% dos assalariados urbanos (com ou sem carteira) e 26% da força de trabalho urbana total. A oferta de força de trabalho não encontrava na indústria o principal empregador, e ela tampouco era o principal demandante. Isso porque, segundo dados da Relação Anual de Informações Sociais (Rais), ao longo de 2003 a indústria trocou cerca de 43% (ou 2,4 milhões) dos 5,6 milhões de assalariados formais empregados em dezembro de 2002, acrescentando 155 mil novos postos de trabalho ao longo do ano. Os demais setores da economia trocaram 10 milhões de trabalhadores, criando mais 700 mil empregos novos. Ou seja, a participação da indústria no total de empregos destruídos e gerados foi de menos de 20%.[23]

Em segundo lugar, a mesma Ecinf/2003 informa que apenas 18% dos empreendedores "informais" que tiveram uma ocupação anterior vinham da indústria. Por isso parece-me mais adequado afirmar que esse 1/3 de conta-própria que gostaria de um emprego assalariado não tinha a indústria como seu horizonte de desejo, não configurando propriamente um exército *industrial* de reserva. Mas ele era, sem dúvida, parte da reserva de força de trabalho passível de ser mobilizada pelo mercado regulado de trabalho, na eventualidade de o emprego formal crescer a ponto de permitir sua incorporação. Ainda assim, pelo menos 2/3 dos conta-própria não se enquadram inteiramente nessa categoria, ainda que os que disseram ter escolhido um empreendimento individual para ajudar no orçamento familiar possam abandonar essa posição em favor do assalariamento caso o emprego formal comece a crescer ou ofereça vantagens comparativas importantes.

Também nesse aspecto as diferenças entre empregadores e conta-própria são muito pronunciadas. Os empregadores enumeraram, entre os motivos que os levaram à sua atividade, questões mais relacionadas com o ambiente de negócios, como ter oportunidade de fazer sociedade (7%), achar o negócio vantajoso (11%), a família ter tradição de negócios (13%) ou a própria pessoa ter experiência (14%). Somando-se o desejo de ser independente, chegava-se a *mais de 2/3* dos empregadores. Essas alternativas

---

[23] Tabulações a partir dos microdados da Rais.

congregavam 39% dos conta-própria apenas. Essas duas categorias (empregadores e conta-própria "informais"), portanto, denotam realidades socioeconômicas dessemelhantes. Os empregadores cobertos pela Ecinf/2003 escolhem sua posição ou dão seguimento a trajetórias pessoais ou familiares em proporção muito maior do que os conta-própria e estão em uma posição bem mais próxima do mundo da regulação adensada. No *continuum* da espiral galáctica que vai da extrema rarefação ao buraco negro, os empregadores da Ecinf/2003 sofrem bem mais intensamente o efeito das forças impessoais de coordenação do sistema.

RELAÇÕES DE TRABALHO

Afirmei, na primeira seção deste capítulo, que as relações econômicas nas regiões de regulação rarefeita estavam assentadas sobretudo nas relações pessoais e nas redes de sociabilidade, nas quais a confiança tem papel central na coordenação das ações. A Ecinf/2003 permite investigar outros meandros desse ambiente. Segundo a pesquisa, 80% dos 2,9 milhões de ocupados nos empreendimentos "informais" conseguiram emprego por meio de "relações pessoais" (tabela 6). Menos de 5% fizeram uso de agência de recrutamento (1,3%), anúncio em jornais (2,3%) ou cartazes (0,7%), isto é, meios impessoais.[24]

Para se ter uma ideia do que isso representa, tomando-se a Pesquisa de Dimensões Sociais das Desigualdades (PDSD),[25] que, en-

---

[24] A quinta alternativa da pergunta em tela é "Outra forma", sem mais especificações, com 14% dos casos.

[25] A Pesquisa de Dimensões Sociais das Desigualdades (PDSD) é um *survey* representativo da população brasileira realizado em 2008 no âmbito do Instituto do Milênio "Dimensões Sociais da Desigualdade", financiado pelo CNPq e coordena-

tre outras coisas, perguntou como os entrevistados conseguiram seu emprego atual, 36% dos ocupados em 2008 tinham conseguido a ocupação por meio de consultas a amigos próximos ou a parentes, tendo sido a consulta a parentes mobilizada por 12% do total. Se somássemos a essas duas categorias a consulta a "conhecidos", chegava-se a 48% dos ocupados em 2008. Ou seja, as relações pessoais parecem decisivas para a obtenção de uma ocupação para boa parte dos brasileiros, independentemente se "formais" ou "informais". Mas se considerarmos que quase *metade* dos ocupados no "setor informal" da Ecinf/2003 compunha-se de *membros da família do proprietário do negócio*, e que 80% mobilizaram relações pessoais para se ocupar, então teremos um quadro de construção de relações contratuais de trabalho, nessa esfera do mundo rarefeito na periferia do sistema, fortemente ancorada em laços *familiares* e nas *redes de relações pessoais*, bem mais do que nos outros ambientes por onde circula a força de trabalho.[26]

Ainda assim, as altas taxas de pessoalidade encontradas nos outros ambientes são outro indicador importante da impropriedade de usar, em sentido forte, o termo "segmentação" de mercado para tratar das diferenças entre o "formal" e o "informal". Para as pessoas que buscam emprego em um mercado de trabalho precário e instável, as relações pessoais são recurso comum, generalizado e, muitas

---

do por Nelson do Valle Silva e Carlos Antônio Costa Ribeiro. Também participei da pesquisa e da elaboração do questionário do *survey*.

[26] Pela Pnad 2003 sabemos que, dos cerca de 24 milhões de brasileiros que procuraram emprego até setembro daquele ano, 10% consultaram agência de emprego ou sindicato, enquanto 48% consultaram diretamente os empregadores. Embora a Pnad não pergunte se a pessoa tinha relações pessoais com os empregadores que procurou, ainda assim a taxa é muito inferior à encontrada pela Ecinf/2003, se considerarmos que "relações pessoais" denota conhecimento do empregador procurado. É verdade que cerca de 26% dos desempregados da Pnad consultaram parentes, amigos ou colegas, que podem ser enquadrados em "relações pessoais".

vezes, eficiente de acesso a mecanismos de obtenção de meios de vida. A diferença, como sugerido na primeira seção deste capítulo e comprovado por esses dados, é que, na periferia rarefeita, as relações pessoais e familiares se mostraram mais densas do que nos outros ambientes. Elas, por exemplo, são *o principal* elemento de coordenação entre oferta e demanda de força de trabalho. Isso reduz a importância de um elemento central da dinâmica do mercado de trabalho densamente regulado: a informação impessoal que circula nos mecanismos de intermediação de mão de obra, nos anúncios em jornal, nos sindicatos, nas tabuletas das empresas etc.

TABELA 6 | Pessoas ocupadas nas empresas do "setor informal" e proporção das que entraram por relações pessoais, segundo características selecionadas (exclui proprietários). Brasil, 2003

Características selecionadas	Total (N)	Proporção das que entraram no negócio por relações pessoais (%)
Total	2.895.367	80,7
Sexo		
Homens	1.607.492	80,7
Mulheres	1.280.890	81,2
Sem declaração	6.986	0,8
Grupos de idade		
Menos de 10 anos	1.523	83,0
10 a 17 anos	339.164	87,1
18 a 24 anos	951.057	79,0
25 a 39 anos	1.053.587	78,8
40 a 59 anos	479.755	83,7
60 anos ou mais	58.522	95,1
Sem declaração	11.758	8,4
Tempo no negócio		
Menos de 1 ano	987.433	75,8
De 1 a 3 anos	1.142.023	83,0
Mais de 3 a 5 anos	336.251	84,0
Mais de 5 anos	418.546	85,1
Sem declaração	11.115	16,0

→

Características selecionadas	Total (N)	Proporção das que entraram no negócio por relações pessoais (%)
Dias de trabalho no mês		
Menos de 15 dias	312.247	88,3
De 15 a 20 dias	636.214	80,5
De 21 a 30 dias	1.939.287	79,8
Sem declaração	7.620	1,2
Horas de trabalho por semana		
Até 20 horas	434.715	87,8
Mais de 20 a 40 horas	952.575	79,5
Mais de 40 a 60 horas	1.277.312	79,0
Mais de 60 horas	223.189	84,4
Sem declaração	7.576	0,6

Fonte: IBGE, Diretoria de Pesquisas, Coordenação de Trabalho e Rendimento, Economia Informal Urbana, 2003.

É mesmo difícil denominar "força de trabalho" pessoas que são recrutadas para o negócio porque são membros da família ou amigos próximos. O conceito de força de trabalho denota impessoalidade, disponibilidade para a competição com outros trabalhadores em um ambiente em que a circulação da informação é também impessoal, expectativas racionais quanto ao emprego que se quer (por parte do ofertante), julgamentos racionais por parte do demandante sobre a adequação entre qualificação pretendida e qualificação oferecida etc., isto é, elementos das teorias convencionais sobre o funcionamento dos mercados de trabalho que, tudo indica, estão ausentes ou têm influência diminuta na periferia rarefeita.[27] Aqui, parecem mais importantes: julgamen-

---

[27] Em linha com o que venho construindo aqui, Williams e Windebank (2001) argumentam, com base em um *survey* junto a moradores de 400 domicílios em bairros pobres da Inglaterra, que as trocas entre compradores e vendedores de força de trabalho, no que eles também denominam "setor informal", não obedecem a uma lógica típica dos mercados de trabalho regulados. Entre outras coisas, a maioria das trocas informais entre ofertantes e demandantes não é guiada pela maximização de lucros, sendo conduzidas, sobretudo, por lógicas redistributivas ancoradas na sociabilidade.

tos morais sobre a responsabilidade da família em relação a membros vulneráveis ao desemprego ou à subocupação; considerações sobre a lealdade e a coesão almejada dos grupos familiares; argumentos e ação de racionalidade econômica "impura", já que, ainda que voltados para a sobrevivência dos empreendimentos, procurarão maximizar a unidade ou a felicidade doméstica e os laços de amizade que sustentam as redes de sociabilidade. Alguma noção de responsabilidade perante a pessoa que se está empregando e desta com relação à família que a emprega deve explicar ao menos parte do fato de que 45% dos ocupados (em sua maioria chegados ao emprego por relações pessoais) tinham até 24 anos de idade, sobretudo quando se sabe que jovens dessa idade eram apenas 18% do total de ocupados nas cidades em 2003, segundo a Pnad. O ambiente de regulação rarefeita parece ser uma importante porta de entrada dos jovens no mercado de trabalho, pela via das relações familiares e pessoais.

As relações pessoais como meio de acesso às ocupações nesse ambiente são igualmente relevantes para homens e mulheres (diferença de meio ponto percentual em favor delas, isto é, 81,2% contra 80,7% dos homens). Mas aquelas relações são mais fortes no caso dos ocupados muito jovens ou já idosos. No caso dos ocupados de 10 a 17 anos (em sua maioria membros da família do proprietário), 87% foram "contratados" por meio de relações pessoais. Na outra ponta, entre os que tinham 60 anos ou mais, a proporção foi de 95%. A impessoalidade na contratação foi um pouco mais acentuada entre os jovens de 18 a 39 anos, mas ainda assim as relações pessoais foram mobilizadas por quase 80% deles. E a impessoalidade também esteve associada a um pouco mais de dias trabalhados por mês e um pouco mais de horas trabalhadas por semana, sugerindo que os conhecidos e familiares tinham mais flexibilidade do que os outros. Ou seja, quando houve variação na pessoalidade dos contratos de trabalho, ela se deu segundo a idade e outros aspectos que reforçam a importância das lógicas de sobrevivência familiar (como o emprego flexível de adolescentes e idosos) e das relações pessoais, e não o contrário. Mas a regra é: variação muito pequena em torno de uma média muito alta de relações pessoais e familiares como substrato dos contratos de trabalho.

Os "contratos", aliás, e como era de esperar, são em sua maioria um arranjo privado. Pessoas que fazem uso de relações pessoais para se ocupar, boa parte das quais jovens e membros da família, apenas raramente têm carteira assinada. Setenta por cento dos ocupados eram assalariados sem carteira ou não remunerados (46% e 24%, respectivamente). Entre as mulheres ocupadas, 35% eram não remuneradas. Ou seja, 1/4 dos ocupados e mais de 1/3 das ocupadas eram "trabalhadores(as) voluntários(as)" ou "auxiliares de família sem remuneração". E não devemos esquecer que: (i) na maior parte dos casos, havia apenas um ocupado além do proprietário do empreendimento; (ii) a maioria dos ocupados estava em empreendimentos *de empregadores*. Ao que tudo indica, a rarefação da regulação formal das relações de trabalho é substituída pelo adensamento da regulação por valores como lealdade, responsabilidade (em relação a jovens e idosos), confiança e também subordinação familiar e dependência econômica dos membros mais vulneráveis ou em processo de formação educacional.

No ambiente de regulação rarefeita, as relações econômicas, na maior parte das vezes, não podem ser distinguidas de mecanismos pessoais de subordinação, dominação ou lealdade construídos na família ou nas redes de sociabilidade. A tabela 7 foi montada para reforçar o ponto. Com base nos microdados da Ecinf/2003, criei um índice de formalização dos empreendimentos "informais" a partir de cinco indicadores: se o empreendimento tem constituição jurídica de algum tipo; se tem Cadastro

Nacional de Pessoa Jurídica (CNPJ); se tem registro de microempresa; se declarou imposto de renda pelo formulário de pessoa jurídica; se tem contador. O índice varia de 0 (regularização zero) a 5 (alta regularização) e tem um Alpha de Crombach de 0,94, sendo, portanto, estatisticamente muito robusto. A tabela não mostra, mas 90% dos conta-própria e 44% dos empregadores não tinham nenhum desses indicadores de regularização. Com regularização alta (todos os cinco itens), havia 4,4% dos primeiros e 30% dos últimos, outro indicador da enorme heterogeneidade dessas duas condições "informais".

O que é importante reter desses dados é a forte associação linear, no caso dos conta-própria, entre o índice de regularização e a proporção que emprega familiares. A associação, embora menos intensa, é clara também entre os empregadores. O emprego de pessoas via relações pessoais também é fortemente associado ao índice de regularização no caso dos conta-própria.[28] Ora, se tomarmos a taxa de regularização como medida da qualidade dos empreendimentos (expressa no crescente enredamento na teia regulatória estatal), e se, quanto mais regularizados, maior a proporção que emprega familiares, então o emprego da família não pode ser dissociado do êxito dos negócios. No caso dos conta-própria, o êxito está associado também à maior inclusão de amigos e conhecidos. Parece não haver dúvidas de que os empreendimentos no ambiente de regulação rarefeita *se nutrem das redes de sociabilidade*, e que, quanto mais imersos em teias regulatórias, maior a importância dessas redes. Empregar familiares e amigos *não é antitético com uma gestão eficaz e regulada.*

---

[28] Como a proporção de contratação por essa via era de quase 90% entre os empregadores, a associação não é estatisticamente relevante.

TABELA 7 | Proporção de empreendedores por conta própria e empregadores "informais" que empregam membros da família e que têm ocupados via relações pessoais, segundo índice de regularização do empreendimento

Índice de regularização	Proporção que emprega ao menos um familiar (%)		Proporção de ocupados via relações pessoais (%)	
	Conta-própria	Empregador	Conta-própria	Empregador
0	8,1	48,5	9,4	87,9
1	15,1	41,3	18,1	90,9
2	22,3	44,1	23,8	75,8
3	27,4	47,3	30,7	85,8
4	28,7	53,8	35,2	88,4
5	36,5	62,3	40,0	90,6
Total	10,1	52,4	11,7	88,7

Fonte: Ecinf/2003 (microdados).

Dizendo de outra maneira: os conta-própria raramente empregam alguém. Mas os que o fazem estão em melhor situação do que os outros, e preferem familiares, amigos ou conhecidos. Os empregadores se definem, claro, por empregarem outras pessoas, quase sempre conhecidos. Contudo, quanto mais regular sua situação fiscal (indicador de êxito do empreendimento), maior a proporção que emprega (ou oferece ocupação) ao menos um membro da família, em geral o cônjuge. Não se pode dizer que a família seja condição do sucesso dos empreendimentos, mas parece fora de dúvida que dá sustentação ao processo de melhoria que, mais tarde, pode envolver outras pessoas.

CONCLUSÃO

O ambiente de regulação rarefeita revela-se, como teorizado na seção introdutória do capítulo, densamente coordenado por relações familiares e pessoais. É provável que parte da pessoalidade das relações econômicas seja *decorrência* do caráter subterrâneo (ou invisível, do ponto de vista da regulação pública) de boa parte das atividades da periferia rarefeita. Os "empreendedores" nesse ambiente talvez não possam competir pela força de trabalho ofertada no mercado de trabalho de regulação densa, porque aquela vem a esse mercado com expectativas de direitos trabalhistas e proteção social. Qualquer expansão da atividade que demande trabalhadores além do proprietário mobilizará, como solução, um mecanismo de circulação de informação em grande medida restrito às redes de sociabilidade daquele e de sua família. Amigos e familiares estarão, idealmente, mais dispostos a aceitar posições não reguladas (assalariamento sem carteira) ou mesmo não remuneradas do que desconhecidos. O assalariamento sem carteira de amigos e conhecidos só pode prosperar se assentado em confiança mútua, primeiro, de que o empregador honrará o compromisso de pagar o salário apalavrado e, segundo, de que o empregado não entrará na Justiça do Trabalho para exigir os direitos burlados durante a vigência do contrato. Vale marcar que 60% dos contratos captados pela Ecinf/2003 eram por tempo indeterminado. Contratos de trabalho de boca por tempo indeterminado se sustentam: pela confiança, cujo substrato são as relações pessoais; pela dependência afetiva ou material dos familiares; por noções de responsabilidade sobre os destinos mútuos; por lealdades de origens várias. Em suma, por normas não imediatamente econômicas e por preocupações redistributivas que resultam, porém, eficazes na manutenção dos empreendimentos no tempo e, mesmo, em "lucratividade", ou renda capaz de sustentar o indivíduo e sua família.

A Ecinf/2003 mostrou também que parte não desprezível desse ambiente rarefeito acolhe trabalhadores que devem ser considerados, inequivocamente, como reserva de força de trabalho para o ambiente mais adensado. São pessoas que, tendo vindo de um emprego assalariado anterior, gostariam de retornar a outro. E pessoas que, mesmo sem experiência anterior assalariada, prefeririam a segurança do mundo dos direitos trabalhistas à insegurança da ausência de regulação. No capítulo seguinte tratarei mais extensamente desse tema, ao avaliar a evolução a longo prazo das posições na ocupação no mercado de trabalho brasileiro.

O fato de a maioria dos trabalhadores por conta própria não registrar seus empreendimentos limita muito suas chances de acesso ao mundo regulado: crédito bancário, assistência jurídica e contábil, previdência social, clientes empresariais etc. E o mais importante: a imensa maioria dos que não têm registro *nem tentou* fazê-lo. O registro empresarial era mais comum entre os empregadores, mas mesmo eles mobilizaram muito marginalmente a "seiva" que move a economia capitalista no centro do sistema, isto é, o crédito bancário. Isso, obviamente, não quer dizer que eles estejam fora da dinâmica do centro. Tanto empregadores quanto trabalhadores por conta própria cobertos pela Ecinf/2003 tinham como clientes, em 84% e 88% dos casos, respectivamente, *pessoas.* Pela via do consumo de indivíduos e famílias (o assalariado que comprou o caminhãozinho de R$ 2 discutido na seção introdutória), esses empreendedores estavam atados à circulação da massa salarial, que, como tudo o mais no capitalismo dominado pelas finanças, é uma fração da infinidade das operações financeiras a que as empresas densamente reguladas estão obrigadas. A dependência em relação aos salários de indivíduos e famílias posiciona a grande maioria desses agentes econômicos no âmbito da *circulação* do capital financeiro em sua forma salário. Sua prosperidade apenas marginalmente dependerá de sua capacidade empreendedora, inventiva ou criativa. Isso trará, eventualmente, mais renda aos que tenham coisa ou outra, mas se, e apenas se, houver massa salarial disponível para as populações que adquirirem mercadorias e serviços nesses circuitos de regulação rarefeita.

Mais ainda, essa massa salarial precisa estar disponível *nas proximidades* dos empreendimentos. Cerca de dois terços dos empregadores e dos conta-própria disseram que vendem seus serviços ou bens no próprio bairro e em outros bairros de sua cidade. No caso dos conta-própria, todavia, apenas 26% têm clientes também de outros municípios (proporção que atinge 46% dos empregadores). Boa parte das atividades de regulação rarefeita é, pois, circunscrita ao território da sociabilidade próxima de seus praticantes. O que as estende territorialmente, na verdade virtualmente, é a vinculação, por vias na maior parte das vezes indiretas, ao circuito da acumulação financeira dos capitais.

2 JUVENTUDES DESNORTEADAS E GERAÇÕES PERDIDAS:
duas dinâmicas do mercado de trabalho brasileiro

COMO AFIRMEI NA INTRODUÇÃO deste livro, é preciso tomar as mudanças em curso no Brasil *cum grano salis*. O desempenho instável da economia em meio a turbulências internacionais vem mostrando que o país apresenta multidimensionais fragilidades, em sua maioria estruturais, que impedem ou limitam a sustentabilidade de taxas elevadas de crescimento. Ainda que o crescimento da população esteja muito próximo da taxa de reposição, o que abriu um período virtuoso em termos demográficos,[29] o desafio do país não é apenas incorporar as novas gerações. Precisamos, ainda, encontrar formas de acomodar, na estrutura produtiva e na dinâmica social, cerca de 40 milhões de pessoas que hoje vivem na pobreza, muitas das quais há tempo demais inseridas de maneira muito precária na dinâmica econômica inclusiva. O objetivo deste capítulo é justamente avaliar em profundidade essas duas dimensões da persistente dificuldade que o país enfrenta em gerar boas ocupações para a maioria.

---

[29] Refiro-me à taxa de natalidade de 1,9% ao ano encontrada pelo Censo de 2010 (IBGE, 2012) e ao fato de que está caindo a participação dos mais jovens na estrutura etária, o que reduzirá, ano a ano, a pressão sobre o sistema educacional e também sobre o mercado de trabalho. Sobre a transição demográfica e seus efeitos globais nos indicadores sociais, ver Alves (2008). Sobre o sistema educacional, ver Riani e Rios-Neto (2007).

Começo com fatos estilizados da economia nos últimos 70 anos, para em seguida descer a detalhes sobre as mudanças nas probabilidades de inserção ocupacional de homens e mulheres de diferentes estratos etários nos últimos 30 anos. Analiso também a qualidade de emprego de diferentes categorias de trabalhadores, muito especialmente os assalariados formais. Adiciono o escrutínio da mobilidade ocupacional para demonstrar tanto a flexibilidade quanto a precariedade do mercado de trabalho formal, base de sustentação da atual "prosperidade" socioeconômica. E sustento que o Brasil terá de se haver com as consequências de décadas seguidas de maus empregos, enquanto tenta alocar produtiva e socialmente milhões de jovens a cada ano nos novos empregos que estão sendo gerados.

PRECARIEDADE

É sabido que o mercado de trabalho no Brasil ofereceu, historicamente, empregos precários para a maioria de seus ocupantes, em áreas tanto urbanas quanto rurais.[30] Salários baixos, alta rotatividade, baixa qualificação das ocupações, uso predatório da força de trabalho não eram e não são características apenas das ocupações ditas "informais". Essas características resultaram do efeito combinado, ao longo da moderna história do país (falo do último século e meio), da alta concentração da propriedade fundiária,[31] agricul-

---

[30] A literatura sobre isso é vasta. Trabalho pioneiro é o de Oliveira (1972). Avaliei o tema em Cardoso (2010).

[31] A concentração da propriedade da terra é proverbial no Brasil e não passou despercebida de governantes e intelectuais ao longo da história. Em 1933, por exemplo, em discurso proferido na Bahia (que visitava pela primeira vez), Getúlio Vargas reconheceu-a como um problema social. Pregava a necessidade de os migrantes que abarrotavam as grandes cidades retornarem aos campos, por meio de políticas públicas de sua fixação como pequenos proprietários, com o

tura orientada para a exportação de alguns poucos bens, baixos níveis de industrialização, altas taxas de migração rural-urbana, baixo investimento em educação, incapacidade de a economia urbana gerar empregos suficientes para os migrantes, pobreza relativa do Estado em face das carências sociais em geral, que reduziram o escopo e a abrangência das políticas de proteção social, entre outros. A lenta emergência de um mercado de trabalho urbano regulado depois de 1930 atraiu massas de migrantes rurais miseráveis e com altos níveis de analfabetismo (80% ou mais) em busca de melhores condições de vida, ou do que chamei, em outro lugar, de "promessas dos direitos sociais e trabalhistas" (empregos formais, acesso à previdência social e a serviços de educação e saúde), que as novas áreas urbanas foram simplesmente incapazes de universalizar. Como mostro em Cardoso (2010:224-231), entre 1940 e meados dos anos 1970 a proporção de migrantes rurais excedeu em 2,3 vezes o número de empregos formais criados no mundo urbano. Isso gerou uma pressão de oferta sobre o mercado de trabalho cujas consequências não foram debeladas até esta data.

Em outras palavras, a combinação de grandes fluxos populacionais e de condições precárias dos mercados de trabalho gerou uma inércia populacional de longo prazo caracterizada por altos níveis de pobreza, subemprego, informalidade e privação social e econômica. Ainda em 1981, 48 milhões de pessoas, ou 40% dos brasileiros, estavam abaixo da linha de pobreza (segundo a definição da

---

que, aos poucos, "veríamos desaparecer os tratos incultos e latifundiários, substituídos pela pequena propriedade, de vantagens sobejamente conhecidas, como fator poderoso de fartura e enriquecimento" (Vargas, 1938:118). Vargas não usou o termo "reforma agrária", mas era disso que ele falava. Em 1949, em livro clássico sobre coronelismo, Victor Nunes Leal atribuiu à concentração fundiária um dos principais problemas sociais do país. E a reforma agrária era item central das "reformas de base" do governo João Goulart. Item, aliás, que não ficou na história. O Movimento dos Trabalhadores Rurais Sem Terra é de longe o mais importante movimento social do país nos últimos 25 anos. Ver, entre muitos outros, Rosa (2011) e Carter (2010).

ONU). Em 1993, a proporção tinha subido para 43% (atingindo 61 milhões de pessoas), baixando um pouco para 35%, em 2001, e para 21%, em 2009 (mesmo assim compreendendo 40 milhões de pessoas).[32] Ainda que importante em termos históricos, não é evidente que essa redução vá prosseguir nos anos por vir, tendo em vista a duradoura turbulência global e alguns limites estruturais da economia e do mercado de trabalho brasileiros que passo a analisar.

ECONOMIA E TRABALHO

É sabido que, em 1940, 65% da População Economicamente Ativa (PEA) brasileira estavam ocupados na agricultura, enquanto 10% trabalhavam na indústria (incluindo as indústrias de transformação, construção civil e extrativas). Em 1980, as taxas eram de 29% e 25%, respectivamente. Esse foi o pico da participação dos segmentos industriais no emprego no país. Em 1990, eles representavam 22% da PEA (15% na indústria de transformação) e, em 2000, 19% (12% na indústria de transformação).[33] Esta última ocupava 13% da PEA em 2010. A verdade é que comércio e serviços foram, e ainda são, os principais geradores de empregos urbanos, havendo, nesses setores, grande predominância do pequeno comércio e dos serviços pessoais e para as famílias. Tomando-se apenas os empregos formais (com carteira assinada e de servidores públicos), comércio, serviços e administração pública congregavam, em 1985, cerca de 64% dos ocupados, proporção que subiria a 72% em 2010, roubada sobretudo à indústria de transformação (tabela 8).

---

[32] Fonte: Ipeadata (<www.ipeadata.gov.br>).
[33] Dados dos censos demográficos em IBGE, 2002.

TABELA 8 | Distribuição do emprego formal por setores econômicos. Brasil, 1985-2010

Setor	Participação no emprego formal (%)			
	1985	1995	2005	2010
Extrativa mineral	0,76	0,46	0,44	0,48
Indústria de transformação	25,44	20,62	18,45	17,89
Serviços industriais de utilidade pública	1,43	1,59	1,03	0,91
Construção civil	4,19	4,54	3,75	5,69
Comércio	12,8	14,06	18,07	19,02
Serviços	29,51	30,44	31,62	32,55
Administração pública	21,46	22,98	22,7	20,25
Agropecuária, extração vegetal, caça e pesca	1,63	4,24	3,94	3,2
Outros/ignorado	2,77	1,08	—	—
Total	100	100	100	100

Fonte: Rais/TEM.

Em 1985, segundo a mesma fonte da tabela 8, 27,4% dos empregos formais existentes distribuíam-se em empresas de até 49 empregados. Mas, no comércio atacadista, a proporção atingia 60%, chegando a 68% no comércio varejista, em que 1/3 dos empregos ocorria em empresas de até nove ocupados. Os serviços de alojamento, reparação, manutenção, alimentação etc. tinham quase 40% de seus ocupados em empresas de 49 pessoas ou menos. Tudo isso no segmento regulado da economia. As proporções nos ambientes de regulação rarefeita discutidos no capítulo 1 (não cobertos pela Rais) eram, certamente, muito superiores.

Ou seja, em termos do emprego, o Brasil nunca foi uma sociedade industrial. É verdade que os três segmentos da indústria mencionados antes viram sua participação no PIB subir de 25%, em 1950, para 44%, em 1980. Mas essa participação vem caindo desde então, tendo chegado a 23,5% em 2011 (tabela 9), abaixo, portanto, da taxa encontrada em 1950. Seja no emprego, seja na geração da riqueza nacional, a indústria ocupou lugar subordinado na maior parte da história recente do país.

TABELA 9 | PIB por setores econômicos (participação percentual).
Brasil, 1950-2011

Ano	Agricultura	Indústria[a]	Serviços[b]
1950	25,08	24,96	49,61
1960	18,28	33,19	48,69
1970	12,35	38,30	49,78
1980	10,89	44,09	44,46
1990	8,10	38,69	52,66
2000	5,60	27,73	66,67
2010	5,77	26,82	67,41
2011	4,65	23,46	71,89

(a) Inclui indústrias de transformação, de construção, extrativa mineral e de utilidades urbanas.
(b) Inclui intermediação financeira (de 1980 para cá), consumo das famílias e do governo, e comércio.
Fonte: IBGE. Departamento de Contas Nacionais. Para 2011, ver ‹www.ibge.gov.br/home/presidencia/noticias/noticia_visualiza.php?id_noticia=2093&id_pagina=1&titulo=Em-2011,-PIB-cresce-2,7%-e-totaliza-R$-4,143-trilhoes›.

Como consequência, o mercado de trabalho brasileiro sempre foi flexível e precário ao longo do tempo. Isso quer dizer que esse mercado não pode ser caracterizado, sem maiores e extensas justificativas, pelos termos "precarização" ou "flexibilização" de relações de trabalho antes universal ou majoritariamente formais ou reguladas. Esses termos são comuns na literatura sobre os países da Organização para a Cooperação e Desenvolvimento Econômico (OCDE), que analisa as transições nos mercados de trabalho durante a onda neoliberal dos anos 1980 e 1990 e também nos anos 2000,[34] e eles denotam um *processo de deterioração* de empregos antes regulados e "bons". É verdade que a urbani-

---

[34] Ver, por exemplo, Castel (1998); Standing (1999, 2011); Sennett (1999); Antunes (2006); entre muitos outros.

zação significou condições cada vez melhores do mercado de trabalho (mas ainda assim muito ruins) por comparação com o emprego rural, ao menos até meados dos anos 1970, quando a taxa de formalização dos empregos atingiu 60% da PEA (Cardoso, 2003; Ribeiro, 2007). Mas essa taxa se mostrou um *teto* para as relações de trabalho reguladas pelo Estado, que caíram a menos de 50% durante os anos 1980 e a perto de 42% nos anos 1990, apenas para retornar aos mesmos 50% em anos mais recentes. Vale a pena determo-nos nesses números, pois essa taxa média de formalização esconde diferenças importantes segundo a idade e o sexo dos trabalhadores.

O gráfico 1 mostra a estrutura das probabilidades de mercado de *homens* de diferentes grupos etários, de acordo com o tipo de emprego ou a posição na ocupação disponíveis entre 1981 e 2009 no Brasil.[35] Cada estrato em cada subgráfico mostra as probabilidades mutantes de posição na ocupação, ano a ano, de um grupo etário particular em uma posição na ocupação (ou fora dela) específica. De baixo para cima em cada gráfico, o primeiro estrato mostra a probabilidade de um grupo etário estar em um emprego formal (público ou privado). O estrato logo acima mostra a probabilidade de estar em uma ocupação assalariada informal (no setor privado). O terceiro estrato retrata as ocupações informais por conta própria. O seguinte, as ocupações por conta própria contribuintes para a Previdência Social. O quinto é o dos empregadores, seguidos dos ocupados não remunerados, os desempregados e os que estão fora da PEA. Lendo os dados da esquerda para a direita

---

[35] A fonte é a Pesquisa Nacional por Amostra de Domicílios (Pnad). Foi preciso compatibilizar os bancos de dados, já que, nesses 30 anos, o IBGE mudou várias definições importantes, como as de população economicamente ativa, população ocupada, desemprego e outras. Por questões de espaço, analiso apenas as probabilidades dos homens. O quadro para as mulheres é bem diferente e será analisado de passagem posteriormente.

em cada subgráfico, as probabilidades de um grupo etário particular ocupar uma dessas posições variam no tempo, e os gráficos retratam as probabilidades agrupadas globais para todos os homens de 20 a 59 anos de idade.

As probabilidades para cada grupo etário parecem bastante estáveis no tempo, mas alguns movimentos devem ser salientados. Em 1981, um homem de 20 a 24 anos de idade tinha uma chance de perto de 45% de estar em uma ocupação formal. Em meados dos anos 1980, essa probabilidade subira para perto de 50%, no que parecia um processo de estruturação e melhoria do mercado de trabalho. Contudo, depois de 1986 as taxas caíram continuamente, até atingir o nadir de 34% em 1999, subindo de novo para 45% em 2009, a mesma proporção de 1981. Para todos os grupos etários, o movimento é basicamente o mesmo, mas em níveis diferentes de probabilidade: grupos de 25 a 29 e de 30 a 34 anos começaram o período com probabilidade de emprego formal de 50%, que cresceu a 53%, caiu a 42% para subir a pouco mais de 50% no final do período. O grupo mais velho retratado aqui começou com probabilidade de 26% em 1981, subiu a 30%, caiu a 22% e voltou a 27% de probabilidade de emprego formal. Isso quer dizer que, depois de três décadas de turbulências econômicas, reestruturação, crise e crescimento, qualquer homem com idade entre 20 e 59 anos, em 2009, tinha basicamente as mesmas chances de conseguir um emprego formal do que seus pares no mesmo grupo etário em 1981. E essas chances estiveram quase sempre abaixo de 40%, exceto para os homens de 30 a 34 anos.

Como estamos analisando gerações diferentes que entraram no mercado de trabalho em momentos diferentes do tempo, o que vale reter aqui é que as probabilidades em determinado momento não são neutras com respeito às probabilidades futuras de cada grupo etário. Sabemos, pela literatura disponível, que um evento de desemprego tem consequências importantes para as carreiras dos jovens; a duração do desemprego também é importante, assim como o tipo e a qualidade dos primeiros empregos conseguidos. Más condições de mercado de trabalho resultantes de crises econômicas criam efeitos de período que afetam todos os trabalhadores em uma conjuntura histórica dada, mas com consequências diferentes no tempo segundo as coortes de idade distintas, as diferentes qualificações, o sexo e outros fatores intervenientes nem sempre mensurados nas pesquisas.

Por exemplo, sabe-se que proporção apreciável dos trabalhadores qualificados que perderam seus empregos no cinturão metalúrgico da Região Metropolitana de São Paulo durante a recessão de 1981-1984 nunca mais retornou a um emprego formal (Hirata e Humphrey, 1989). Também sabemos que a reestruturação econômica dos anos 1990 destruiu perto de 1,4 milhão de empregos formais na indústria brasileira (Sabóia, 2000). Esses empregos não foram recuperados antes de meados dos anos 2000, de modo que os trabalhadores industriais demitidos nos anos 1990 já eram velhos demais para ser "empregáveis". Na verdade, considerando-se apenas os demitidos da indústria automobilística em 1989, menos de 50% retornariam a um emprego formal um dia (Cardoso, 2000:179). Ademais, quanto mais velho o trabalhador, menor a chance de ele ou ela conseguir outro emprego formal (Cardoso, 2000:184). Logo, devemos sempre considerar efeitos combinados de coorte (grupos etários) e de período na análise das probabilidades de mercado e seus impactos nos ciclos de vida dos trabalhadores, sobretudo no caso dos mais jovens e dos mais velhos. Esse achado deixa claro que não é possível compreender as probabilidades dos jovens sem fazer referência aos demais grupos etários. Voltarei a isso depois.

Outro movimento geral e importante das probabilidades globais dos homens é o fato de que as posições "assalariadas *informais*" diminuem constantemente ao longo do ciclo de vida, em favor tanto do emprego formal quanto de ocupações por conta própria, não importa o ano. As relações assalariadas informais são importantes posições de entrada para homens jovens (como tivemos oportunidade de mostrar no capítulo anterior) e perdem importância à medida que eles envelhecem. As probabilidades eram de 22%, ou mais, para o grupo etário mais jovem e de 12%, ou menos, para o grupo mais velho retratado aqui, independentemente do ano no período 1981-2009. Por outro lado, para cada grupo etário, as probabilidades de uma ocupação assalariada informal são praticamente constantes no tempo. Em outras palavras, pessoas de 30 a 34 anos em 2009 tinham a mesma probabilidade de seus congêneres de 1999, 1989 ou 1981, variando muito pouco em torno da média de 16,4% (desvio padrão de menos de 1%). A proporção é praticamente a mesma para o grupo etário de 40 a 49 anos.

A combinação dessas duas dinâmicas de probabilidade (redução com a idade e estabilidade ao longo dos últimos 30 anos para cada grupo etário) sugere que as relações assalariadas informais são condições transitórias para uma boa proporção dos trabalhadores *mais jovens*, que as aceitam enquanto aguardam uma posição melhor (eventualmente formal), e perdem importância à medida que eles ficam mais velhos em favor de posições formais ou por conta própria. Parece evidente que essa estrutura de posições de fato oferece oportunidades para mobilidade social e ocupacional, uma vez que as posições assalariadas informais são tradicionalmente mais mal remuneradas do que as outras duas categorias. Volto a isso em seguida.

GRÁFICO 1 | Tipo de ocupação ou condição de atividade por grupos de idade: homens de 20 a 59 anos. Brasil, 1981-2009

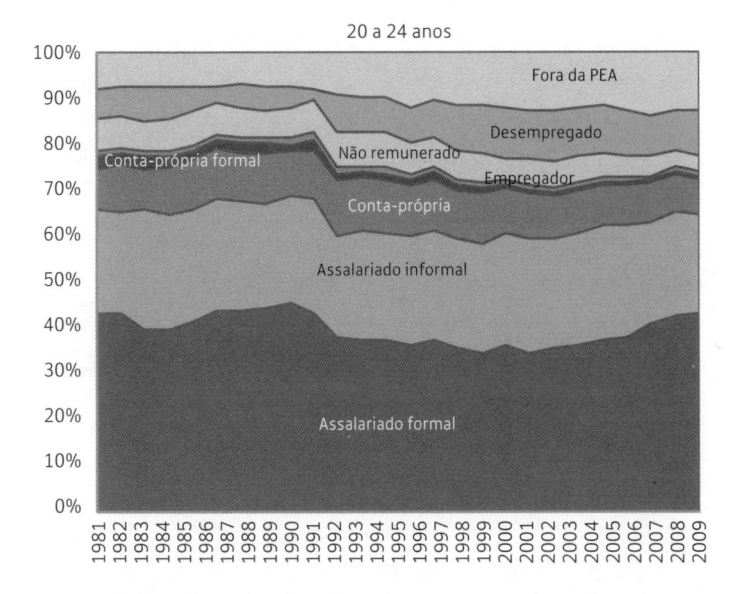

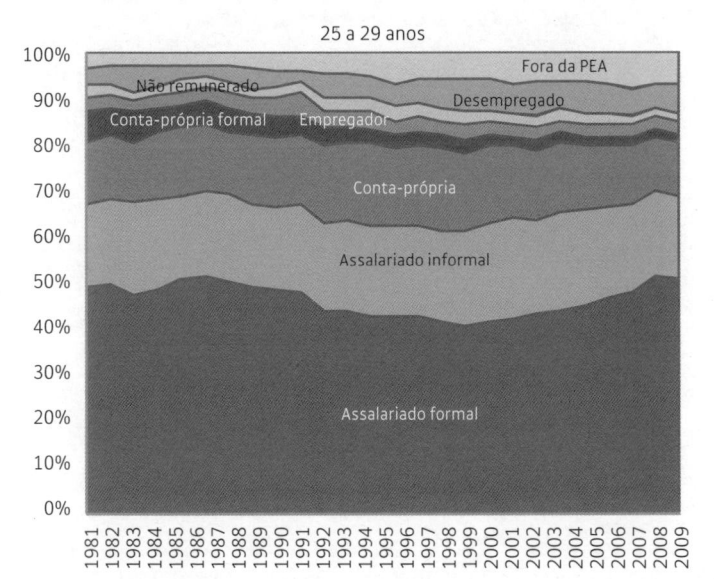

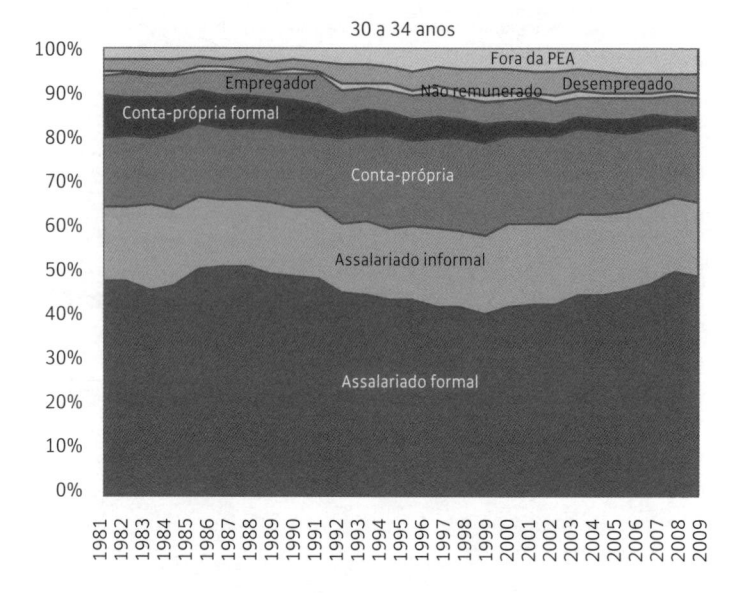

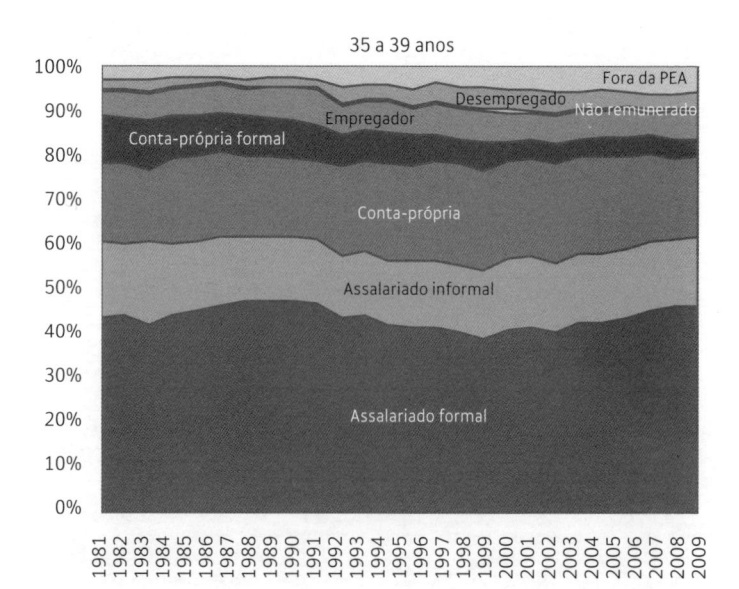

→

40 a 49 anos

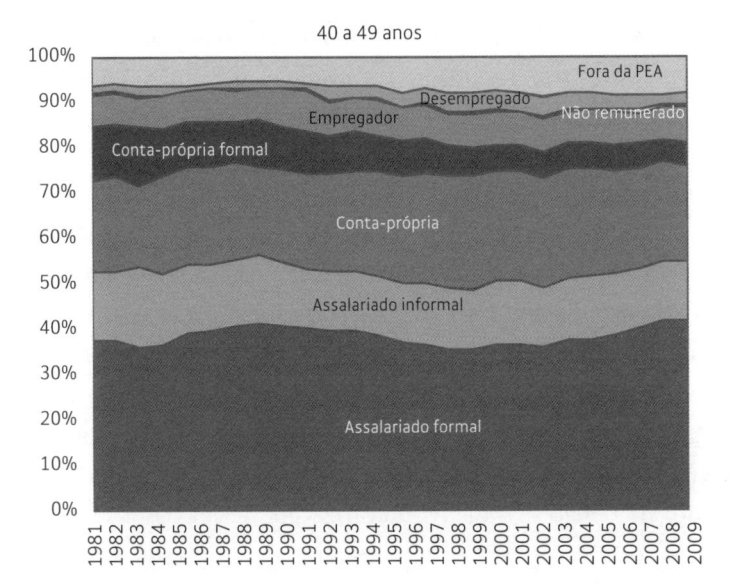

50 a 59 anos

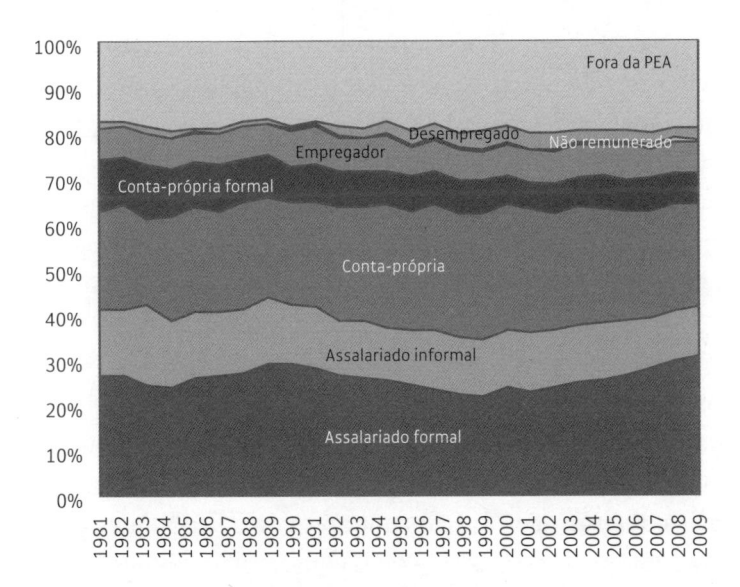

Fonte: Pesquisa Nacional por Amostra de Domicílios (Pnad, 1981-2009).

Para todos os grupos etários, as probabilidades de os homens estarem ou desempregados ou fora da PEA (os dois estratos superiores) aumentaram bastante nos últimos 30 anos. Tomando-se os homens mais jovens (20 a 24 anos), se incluirmos a chance de estar em uma ocupação não remunerada, após um nadir de 17% em 1990, a probabilidade agregada de estar em uma dessas três posições subiu para 30% em 2003, quando começou a cair novamente, mas apenas para atingir 26% em 2009. Se isso pode ser tomado como indicador de má situação de mercado ou de ciclo de vida, então todos os grupos etários estavam em pior situação em 2009 nesse particular, quando comparado com 1981. É claro que, no caso do estrato mais jovem, parte dos que estavam fora da PEA estava, na verdade, estudando. Logo, não se trata de "precarização" de suas probabilidades, mas de postergação do período de entrada no mercado de trabalho para fazê-lo, eventualmente, em melhores condições.

Os menos afetados foram os homens de 30 a 40 anos, mas mesmo para eles a chance de estar nessas posições vulneráveis aumentou de 5% para 10% em 30 anos. Note-se também que, à medida que envelhecem (quer dizer, comparando os grupos etários verticalmente no conjunto de gráficos), há claro intercâmbio entre as probabilidades de assalariamento formal e informal, de um lado, e de estar como conta-própria, de outro. Para cada grupo etário mais velho, a proporção das primeiras duas posições encolhe, enquanto a de conta-própria cresce, e isso inclui conta-própria formal e informal.

A mensagem até este ponto me parece clara: a idade "virtuosa" dos homens no mercado de trabalho brasileiro é dos 25 aos 34 anos. Nesse estrato, temos o máximo de taxa de participação (proporção de pessoas nessa idade que estão na PEA), o mínimo de taxa de desemprego e a maior proporção de posições formais (se somarmos assalariado formal, conta-própria contribuinte e empregador). Grupos etários mais jovens e mais velhos do que esse têm probabilidades relativas maiores (às vezes muito maiores) de estar ou fora do emprego ou em uma ocupação nas zonas de regulação rarefeita.[36] Em qualquer caso, os ciclos de vida são marcados por uma estrutura de oportunidades ocupacionais bastante dependente da idade e que piora consideravelmente com o envelhecimento. Envelhecer não tem sido sinônimo de segurança ontológica ancorada no trabalho, menos ainda no trabalho regulado para uma vasta proporção da PEA. E, mais importante, as mudanças recentes no mercado de trabalho não afetaram de forma importante esse desenho. Estava-se, em 2009, na mesma situação de 1981, que, por seu lado, não foi um bom ponto de partida. A contrapartida são os jovens, mas para eles também as condições, se estão melhores do que há 10 ou 20 anos, continuam bem aquém do que seria de esperar do momento econômico do país.

Esses achados estabelecem importantes limites estruturais a argumentos em celebração, por exemplo, da emergência de uma nova classe média no Brasil.[37] Se a economia não oferecer condições suficientes para a criação de ocupações estáveis e protegidas, os mecanismos que produzem e reproduzem as desigualdades econômicas e sociais continuarão a operar com toda a força. Além disso, a renda está crescendo para a maior parte da população ocupada, como Neri (2010) e outros argumentam, mas isso está ocorrendo em um mercado de trabalho cuja estrutura é precária e muito instável para trabalhadores jovens e para homens de 35 anos ou mais. Olhando o cenário de uma perspectiva de ciclo de vida, o problema continua sendo o de gerar condições estruturais que garantam segurança ontológica para os diferentes grupos etários, e estamos muito longe disso.

---

[36] Tal como definido no capítulo 1.

[37] A proposição mais importante nessa direção pode ser encontrada em Neri (2010). A "nova classe média" tornou-se um programa de pesquisas na Fundação Getulio Vargas (FGV), coordenado por Neri. Críticas com graus variados de consistência são Pochmann (2012) e Souza (2010).

QUALIDADE DOS EMPREGOS

Um indicador crucial da qualidade das condições do mercado de trabalho é o grau de estabilidade das posições existentes. Se empregos ruins (em termos de renda, qualificação e direitos trabalhistas) duram longos períodos, eles devem ser tomados como o horizonte das possibilidades de classificação social de seus ocupantes. Por exemplo, a probabilidade de um homem se manter em relações assalariadas não reguladas cai à medida que ele envelhece, como vimos. Contudo, aqueles trabalhadores que se encontram nessas posições, digamos, aos 45 anos de idade, muito provavelmente estão nelas há muito tempo, e essas posições precárias não apenas se terão marcado em suas vidas passadas como uma espécie de cicatriz, como também pesarão em seu futuro.

Para analisar esse ponto, proponho o gráfico 2, que mostra dois cenários complementares das posições dos homens no mercado de trabalho. No subgráfico superior, vemos a duração média dos empregos (em meses) de todos os homens de 15 anos ou mais ocupados no Brasil de 1992 a 2009[38] e, no inferior, a duração do emprego dos ocupados com 40 a 49 anos de idade, segundo a posição na ocupação. Podemos ver, primeiramente, que a duração de todas as categorias ocupacionais está aumentando com o tempo, mas a velocidades diferentes. Trabalhadores por conta própria (formais ou informais) e empregadores permanecem muito mais tempo em suas ocupações do que as outras três categorias, e a duração aumentou bastante ao longo do período. Em 1992, a duração média das ocupações variava de 135 (conta-própria formais) a 150 meses (empregadores). Em 2009, os tempos médios de emprego tinham subido para 150 (conta-própria informais) a 170 meses (conta-própria formais). Para as outras três categorias, o crescimento foi menor e em patamares

---

[38] A pergunta sobre tempo de emprego na ocupação atual só foi introduzida na Pnad em 1992.

menores de duração: de 75 para 85 meses, no caso de assalariados formais e trabalhadores não remunerados, e abaixo de 60 meses, para assalariados informais. Isso é mais uma evidência do caráter relativamente transitório desta última posição para boa parte da força de trabalho. Quer dizer, também, que ocupações por conta própria são um repositório de trabalho que pode ser mobilizado durante a expansão da demanda por trabalho resultante do crescimento econômico, mas um repositório com claro excedente de oferta.

De fato, a segunda parte do gráfico mostra importante crescimento no tempo médio de emprego dos trabalhadores por conta própria de 40 a 49 anos, saindo de 150 meses em 1992 para 170 em 2009. Comparando esse achado com o gráfico 1, no qual parte da probabilidade das ocupações por conta própria foi transferida para o emprego formal depois de 2003, o crescimento na duração dos conta-própria é o resultado da *seleção* de posições de maior duração nessa categoria. Em outras palavras, os que se moveram de posições por conta própria para o assalariamento formal eram trabalhadores relativamente neófitos na primeira categoria e estavam ali à espera de uma posição formal em uma conjuntura mais favorável. Isso se expressa, como contrapartida, na redução (ainda que pequena) da duração média dos empregos formais depois de 2003 (de 120 para 116 meses) nessa faixa de idade em particular, refletindo a entrada de novos ocupantes nas ocupações que estão sendo criadas.[39] Na mesma direção, os trabalhadores mais velhos também permanecem mais tempo nas posições *assalariadas* informais. Nesse caso também parece ter havido um processo de seleção depois de 2003 (isto é, migração dos ocupados a menos tempo como assalariados informais para outras posições), uma vez que a duração média das ocupações subiu de sua taxa "histórica" de 80 para quase 110 meses.

---

[39] Selecionei essa faixa de idade porque ela revela o claro intercâmbio entre posições formais e informais depois de 2003, que se reflete na duração dos empregos. Mas o mesmo movimento ocorreu para outros grupos etários, em especial de trabalhadores entre 25 e 39 anos.

GRÁFICO 2 | Tempo de emprego (meses) na ocupação atual, por posição na ocupação. Brasil, 1992-2009.

1. Homens de 15 anos ou mais

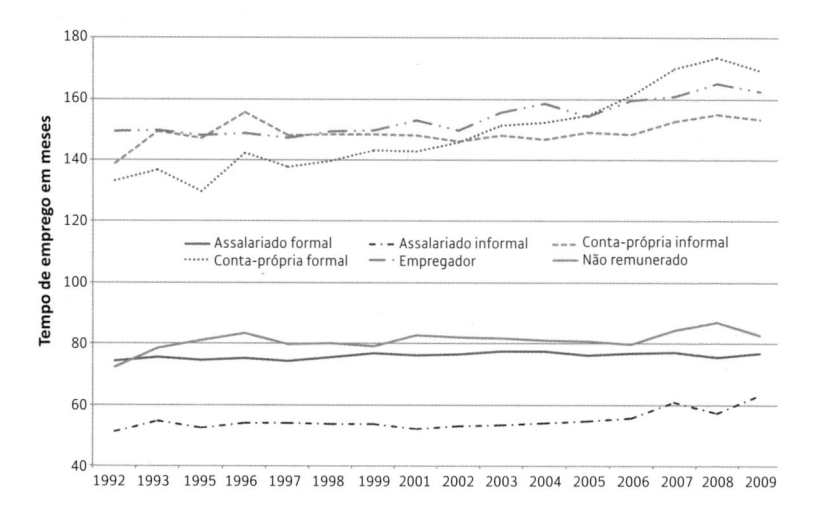

2. Homens de 40 a 49 anos

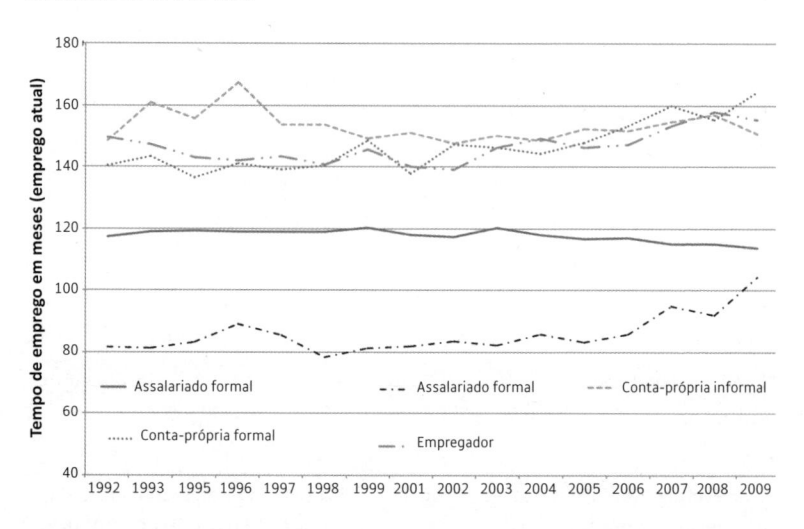

Fonte: Pnad.

Tomados em conjunto, esses dados parecem estar contando a seguinte história: os trabalhadores tendem a ficar menos tempo em empregos "bons", ou formais, especialmente os do setor privado, e ficam mais tempo nas posições por conta própria informais. A recuperação econômica posterior a 2003 gerou 11,5 milhões de novos empregos formais até 2009 (incluindo os setores público e privado).[40] Essas ocupações foram distribuídas, em sua maioria, para pessoas *que já estavam* no mercado de trabalho, ocupadas em posições formais ou informais previamente existentes. Novos entrantes também conseguiram uma fração dessas novas posições, mas o aumento nas taxas de desemprego dos mais jovens (ver gráfico 2) sugere que eles se teriam beneficiado menos do que aqueles com maior experiência no mercado de trabalho. Isso ocorreu apenas em parte.

De fato, a tabela 10 mostra as taxas de crescimento do emprego formal e da população de 15 anos ou mais (aqui considerada População em Idade Ativa, ou PIA), segundo as faixas etárias e o sexo. Pela coluna "Total", vemos que o emprego formal cresceu a taxas quase três vezes mais altas do que a PIA, para mulheres e homens igualmente. Isso quer dizer que houve *migração* de trabalhadores de outras posições na ocupação (inclusive o desemprego, o desalento e posições fora da PEA) para uma ocupação formal. As demais colunas da tabela expressam a "captura" desses novos empregos gerados pelas diferentes faixas etárias. Fica claro que os jovens (pessoas de 29 anos ou menos) foram beneficiados pelos novos empregos. No caso dos mais jovens entre eles (15 a 24 anos), sua participação na PIA *decresceu* em sete anos, enquanto o emprego formal cresceu, em algumas ocasiões, 10 vezes mais (caso dos homens de 20 a 24 anos). A tabela não mostra, mas, de modo

---

[40] De acordo com a Pnad, havia 29,5 milhões de posições assalariadas formais no mercado de trabalho do país em 2002. Em 2009, o número subira para 41 milhões.

geral, os jovens de 15 a 29 anos (somando-se homens e mulheres) se apropriaram de pouco mais de 30% (ou cerca de 3,1 milhões) dos novos empregos criados. No entanto, cabe notar que os trabalhadores de 40 anos ou mais abocanharam cerca de 48% das novas vagas (ou 4,8 milhões de empregos). Se os jovens foram beneficiados, os mais velhos o foram em maior proporção e intensidade, denotando, uma vez mais, a grande flexibilidade do mercado de trabalho do país, que permitiu o movimento de pessoas mais jovens e mais velhas para as novas ocupações.

TABELA 10 | Taxas de crescimento do emprego formal e da população, segundo sexo e faixa etária. Brasil, 2002-2009

Sexo e ano	Faixa etária								
	15 a 19	20 a 24	25 a 29	30 a 34	35 a 39	40 a 49	50 a 59	60 ou mais	Total
Mulheres	Crescimento de 2002 a 2009 (%)								
Emprego formal	8,4	19,0	42,2	36,9	22,4	34,5	83,4	75,7	35,5
PIA	−5,6	−3,5	12,9	12,3	5,5	15,8	35,8	29,6	13,0
Homens	Crescimento de 2002 a 2009 (%)								
Emprego formal	0,3	21,6	40,5	27,9	18,5	35,0	72,3	44,0	32,0
PIA	−5,1	−2,2	16,2	10,6	5,9	17,1	30,0	30,8	12,4

Fonte: Pnad.

A flexibilidade do mercado de trabalho e a intensa migração entre posições na ocupação de jovens e "velhos"[41] pode ser apreendida pelos dados da tabela 11. Ela foi criada a partir da Pesquisa Mensal de Emprego, que permite acompanhar as pessoas de um

---

[41] Uso o termo entre aspas porque, na tabela, agrego homens e mulheres com 30 anos ou mais.

mesmo domicílio em dois pontos no tempo.[42] Para simplificar, agreguei as posições de ocupados e de fora da PEA no momento t_0 (2010) em cinco categorias e investiguei o destino no momento t_1 (2011), retendo, na tabela, apenas ocupações formais e "informais".[43] Os dados não deixam dúvidas. No curto espaço de um ano, proporção expressiva de homens e mulheres deixou posições ruins de mercado e conseguiu uma ocupação formal. E não é desprezível a proporção que, tendo uma ocupação formal em 2010, estava em posições não reguladas em 2011.

As posições "formais" mais instáveis são as ocupadas por jovens homens de 15 a 19 anos. Trinta e um por cento deixaram seus empregos de um ano para o outro, 1/3 dos quais para ocupar posições informais. As taxas para as mulheres são semelhantes, mas uma proporção maior delas sai da PEA ao deixar os empregos. Os jovens de 20 a 24 anos também migram muito para fora de posições reguladas (20% no caso dos homens e 25% no caso das mulheres), sendo a informalidade o destino de perto de 40% deles. Contudo, o mais interessante da tabela são as taxas de migração de outras posições para ocupações formais. Entre os 20 e os 29 anos, por exemplo, mais de 36% dos homens informalmente ocupados em 2010 detinham uma ocupação regulada no ano seguinte. A taxa das mulheres esteve perto de 30%. Do mesmo modo, dos homens nessa faixa etária que estavam desempregados, subocupados, de-

---

[42] A PME é uma pesquisa mensal que utiliza um esquema amostral de rotação de painéis. Um mesmo domicílio é pesquisado durante quatro meses seguidos, deixa a amostra e retorna depois de oito meses para mais quatro meses de pesquisa. Com isso, é possível acompanhar o que aconteceu com seus moradores no intervalo de um ano, configurando uma pesquisa longitudinal para os que permaneçam nos mesmos domicílios nesse intervalo de tempo.

[43] *Ocupações formais*: assalariados com carteira; servidores públicos; trabalhadores por conta própria contribuintes para a Previdência Social; empregadores. *Ocupações informais*: assalariados sem carteira; conta-própria não contribuintes. *Subocupados*: pessoas que trabalham menos do que a jornada regulamentar e gostariam de mudar de emprego. *Auxiliares de família*: auxiliares de família sem remuneração.

salentados (isto é, estavam desencorajados de procurar emprego) ou que eram auxiliares de família sem remuneração em 2010, 40% tinham conseguido um emprego formal em 2011, mesma taxa dos homens de 30 anos ou mais. A proporção era menor para as mulheres (ao redor de 30%), mas ainda assim bastante alta.[44]

Esses dados revelam aspecto por vezes atentado pela literatura nacional, mas quase nunca tomado a sério em pesquisas sucessivas: nosso mercado de trabalho *não é rigidamente segmentado* em setores formal e informal.[45] O assalariamento formal foi e segue sendo momento efêmero nas trajetórias de vida da imensa maioria dos brasileiros.[46] Homens e mulheres entram e saem de relações assalariadas e não assalariadas de trabalho ao longo do curso de suas vidas, e, a partir de certa idade (que raramente ultrapassa os 40 anos), é cada vez menor a chance de que consigam outro em-

---

[44] Estudo que se utiliza da mesma PME para avaliar a escolha ocupacional no Brasil é Hirata e Machado (2010). Pero (1995) já havia usado a metodologia de painel da PME para estimar a migração da indústria para os serviços durante a crise dos anos 1990 e voltou ao tema mais recentemente (Silva e Pero, 2008). Estudo importante sobre os determinantes das transições entre as várias posições que utilizo aqui é Curi e Menezes-Filho (2006). De qualquer modo, o uso da PME para estudo de painel continua muito limitado no país.

[45] O modelo clássico de segmentação dos mercados formal e informal é Harris e Todaro (1970). Maloney (1999) argumenta que, ao menos no caso mexicano, a informalidade não implica dualidade no mercado de trabalho urbano, por motivos semelhantes aos que aponto aqui. Magalhães (2003) se utiliza de painéis da PME de 1982 a 1997 para mostrar que há segmentação e que os "informais" estão nesse "segmento" como opção de vida. Contudo os dados da pesquisa não sustentam essa conclusão.

[46] Estudo importante, em perspectiva de história de vida, é Wajnman (1996). Ver também Cardoso (2000); Guimarães (2004, 2007); Guimarães e Hirata (2006); Guimarães, Cardoso, Elias e Purcell (2008). Soares e Gonzaga (1999) mostraram que não há segmentação no mercado de trabalho brasileiro quanto à renda: o acesso às melhores posições era garantido (com base na Pnad 1988) pelo nível educacional e não por gênero, raça, tipo de emprego etc. No capítulo seguinte, contrariamente a esses autores, mostro que a raça é fator persistente de segregação no mercado de trabalho.

prego formal, tendo perdido o seu.[47] Isso não quer dizer que não conseguirão emprego ou ocupação, embora nas zonas de regulação rarefeita, uma vez que se trata de obter meios de vida, para o que indivíduos e famílias mobilizam suas possibilidades e qualificações em confronto com os recursos socialmente disponíveis. Como o seguro-desemprego no país é recente (a regulamentação data de 1991) e de curta duração, os que perdem um emprego formal e não têm outra fonte de renda ou o amparo da família *precisam* (já que premidos pela necessidade) colocar-se novamente no mercado de trabalho, seja em posições reguladas ou não. Com isso, a circulação entre esses "segmentos" é intensa e generalizada, afetando jovens e "velhos" igualmente. E não se está diante de fenômeno recente, cuja causa deva ser atribuída à geração de empregos formais. Como mostro em Cardoso (2010:361), nos anos 1990, quando o país estava destruindo milhões de ocupações formais, as taxas de migração entre esses "segmentos" eram tão altas quanto as de hoje.[48]

TABELA 11 | Migrações entre posições no mercado de trabalho. Seis regiões metropolitanas, 2010-2011

Posição em 2010	Posição em 2011			
	Homem		Mulher	
15 a 19 anos	Em ocupações formais	Em ocupações informais	Em ocupações formais	Em ocupações informais
Pessoas em ocupações formais	68,7	11,6	69,8	8,7
Pessoas em ocupações informais	30,3	41,1	24,7	35,2
Desempregado-desalentado--subocupado-auxiliar de família	30,7	18,4	28,7	11,9
Doméstico	41,7	8,3	13,3	10,8
Pnea (*)	11,4	9,9	7,7	7,7

→

[47] Discuto o ponto longamente em Cardoso (2010, cap. 6).
[48] Orellano e Pazello (2010) estão entre os muitos a mostrar que a rotatividade cresce com o crescimento da taxa de criação de empregos formais.

20 a 24 anos	Homem		Mulher	
	Em ocupações formais	Em ocupações informais	Em ocupações formais	Em ocupações informais
Pessoas em ocupações formais	79,2	7,9	74,4	7,8
Pessoas em ocupações informais	36,8	44,6	30,3	40,9
Desempregado-desalentado--subocupado-auxiliar de família	39,5	19,7	28,1	13,9
Doméstico	22,2	11,1	13,2	8,6
Pnea	22,7	14,1	15,3	10,9
25 a 29 anos	Homem		Mulher	
	Em ocupações formais	Em ocupações informais	Em ocupações formais	Em ocupações informais
Pessoas em ocupações formais	83,4	8,6	81,5	5,7
Pessoas em ocupações informais	36,4	51,8	29	48,2
Desempregado-desalentado--subocupado-auxiliar de família	40,5	20,1	31,3	15,1
Doméstico	38,5	15,4	8,5	5,7
Pnea	25,9	14	13,8	9,8
30 anos ou mais	Homem		Mulher	
	Em ocupações formais	Em ocupações informais	Em ocupações formais	Em ocupações informais
Pessoas em ocupações formais	84,8	8,5	80,5	7
Pessoas em ocupações informais	27,5	59,2	19,3	51
Desempregado-desalentado--subocupado-auxiliar de família	40,3	24,3	23,3	14,3
Doméstico	18,9	11,6	6,3	4,6
Pnea	5,9	5,8	3,5	4,6

Fonte: PME, 2010-2011.
(*) População não economicamente ativa.

Em conjunto, esses dados chamam a atenção para uma característica importante das mudanças recentes no mercado de trabalho brasileiro. Se observamos o movimento estrutural com base apenas na Pnad, seremos levados a concluir que a mobilidade ocupacional entre posições reguladas e não reguladas está restrita *às franjas* das duas principais categorias não reguladas (assalariados sem carteira e trabalhadores por conta própria). Isso porque apenas 10% a 15% da distribuição global das probabilidades das posições na ocupação para os homens se moveram de categorias "informais" para as posições reguladas nos anos recentes, com estas últimas reassumindo a proporção que tinham em 1981. Isso, porém, não foi suficiente para mudar a *persistente* estrutura de probabilidade de obtenção de uma ocupação, que ainda se caracteriza por precariedade e insegurança no emprego. Por exemplo, de acordo com a mesma Pnad de 2009, *quatro grupos ocupacionais* respondiam por 75% das ocupações dos homens de 40 a 59 anos ocupados por conta própria sem cobertura previdenciária: agricultura (30%), construção civil (25%), vendas (15%) e condução de veículos (6%). Ocupados por conta própria que contribuíam para a previdência e que estavam nos mesmos quatro grupos eram 63%. Vendas ocupavam 1/3 das mulheres por conta própria informais e 30% das formais. Mais importante do que isso, uma maior proporção dessa *força de trabalho em processo de envelhecimento* fica cada vez mais tempo nessas piores posições, que por isso mesmo *não podem* ser tratadas como pontos de passagem para trabalhadores à espera de um destino melhor. Elas são o destino da grande maioria deles e delas. Do ponto de vista do ordenamento do mercado de trabalho, essas posições aparecem como um *segmento*, na medida em que os trabalhadores estão confinados a elas, e não há comunicação ou circulação entre elas e as posições reguladas. Mas, do ponto de vista dos trabalhadores e de sua experiência ocupacional, esse "segmento" não passa de um agregado estatístico de posições não intercambiáveis. Como visto, quanto mais velhos os trabalhadores, maior o tempo de permanência nas piores posições. Não há, para eles, *circulação* entre as posições não reguladas.

Se isso é verdade, o mesmo não pode ser dito dos jovens, sobretudo os de 29 anos ou menos. A análise da Pesquisa Mensal de Emprego (PME) introduz um elemento importantíssimo na compreensão das mudanças recentes, pois mostra que os jovens circulam intensamente entre posições formais e informais, e que estas últimas devem ser tomadas, no caso deles, como pontos de passagem para outros empregos, em geral formais. Como esses jovens têm menor experiência no mercado de trabalho e também salários mais baixos do que os que permaneceram nessas posições, a consequência foi o aumento dos salários medianos e da duração média do emprego *dos que sobreviveram* nas piores posições, enquanto, ao mesmo tempo, a duração média dos novos empregos formais foi reduzida pela entrada de trabalhadores mais jovens vindos de posições informais e de fora da PEA. O crescimento da economia, pois, aumentou *a energia* do mercado de trabalho, já que cresceu de forma intensa a troca de pessoas entre posições formais e informais. Isso quer dizer que, para uma parte importante dos ocupados informalmente, esse "segmento" é, na verdade, um elemento constitutivo do "segmento" formal. Na conclusão, voltarei ao tema e ao significado destas últimas aspas.

UM CENÁRIO DIFERENTE PARA AS MULHERES?

As probabilidades de inserção produtiva das mulheres sempre foram muito distintas das dos homens, mas há importantes convergências detectáveis em anos recentes. Começo por salientar que a taxa de participação das mulheres de 15 anos ou mais na PEA subiu de 37% para 55% no período de interesse aqui (1981-2009), enquanto a dos homens caiu de 84% para 78%.[49] Por mo-

---

[49] Lembre-se que a taxa de participação é a proporção da População em Idade Ativa (PIA) que estava ocupada ou procurando emprego.

tivo de espaço e também pelo interesse em destacar as chances dos grupos mais jovens, escolhi a faixa etária de 25 a 29 anos para ilustrar as mudanças profundas por que vêm passando as posições das mulheres no mercado de trabalho. Como se pode ver pelo gráfico 3, a taxa de participação desse grupo de idade em particular saltou de 43%, em 1981, para 72%, em 2009. O gráfico mostra, também, que as probabilidades delas são bem diversas das deles. Por exemplo, a proporção de trabalhadoras não remuneradas é bem mais alta. Por outro lado, a probabilidade de estar em uma posição assalariada "informal" está aumentando para elas, enquanto para os homens da mesma faixa etária ficou estável, em torno de 19%, nos 30 anos retratados aqui (com leve queda nos últimos seis anos). A taxa de desemprego das mulheres jovens também é bem mais alta do que a dos homens e aumentou no final do período. Ser uma empregadora ou uma trabalhadora por conta própria formal é posição inexpressiva para as mulheres jovens, embora a proporção de empregadoras venha crescendo em anos recentes. De modo geral, as trocas entre as probabilidades das posições estão ocorrendo, primeiro, entre a inatividade e a atividade; e em segundo lugar, entre posições por conta própria informal e assalariadas formais, de um lado, e assalariadas informais, do outro, o que indica deterioração relativa das probabilidades agregadas das mulheres nessa faixa etária. As proporções que se moveram da inatividade para uma posição informal são sempre maiores do que as que mudaram para o assalariamento formal. O gráfico não mostra, mas esse movimento é muito semelhante para as mulheres de 20 a 24 e as de 30 a 34 anos.

GRÁFICO 3 | Probabilidades de inserção ocupacional de mulheres
com 25 a 29 anos. Brasil, 1981-2009

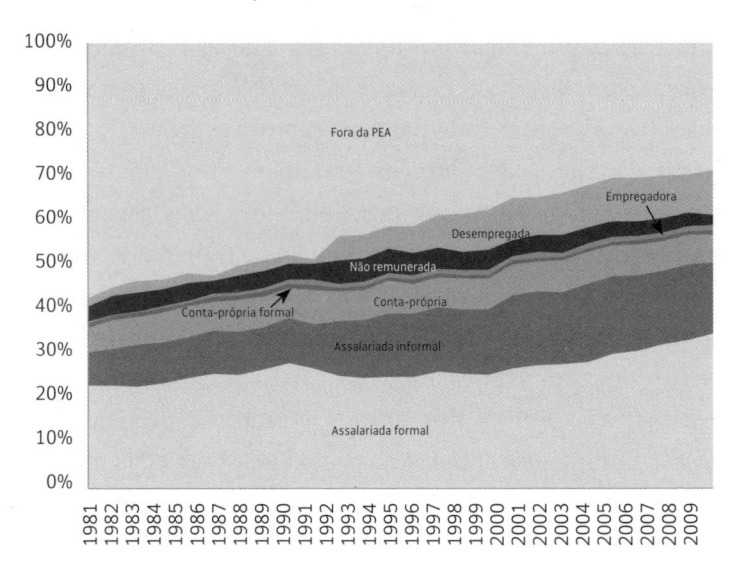

Fonte: Pnad.

Se a taxa de participação feminina está aumentando enquanto a dos homens decresce, então é provável que as mulheres estejam "tomando" posições antes ocupadas por homens. E isso parece mesmo ter ocorrido de 1981 a, pelo menos, 2003. O gráfico 4 mostra as razões das chances de homens e mulheres estarem em ocupações "assalariadas formais".[50] Selecionei quatro faixas etárias mais jovens para mostrar que o movimento é *generalizado*. Em 1981, os homens de 35 a 39 anos tinham quase 2,3 vezes mais chances de estar em uma ocupação formal do que as mulheres da mesma coorte. Em 2003, a taxa havia caído para perto de 1,3 e

---

[50] O gráfico mostra a razão entre a probabilidade de os homens de determinada faixa etária ocuparem uma posição assalariada formal e a probabilidade de as mulheres na mesma faixa preencherem essas ocupações. As probabilidades foram computadas para ambos os sexos em conjunto, excluindo-se as posições "Fora da PEA" e "Desempregados".

variou em torno dessa média desde então. Nas faixas de 25 a 34 anos, a queda nas chances relativas também ocorreu, embora a taxas menores. Os homens de 25 a 29 anos, por exemplo, tinham duas vezes mais chances do que as mulheres em 1981, e 1,4 vez em 2009. O maior declínio ocorreu durante duas crises econômicas (1980-1983 e 1990-1992), mas, nos anos 1990, enquanto a reestruturação econômica destruía empregos na indústria, as mulheres foram muito menos afetadas, já que a maior parte de suas ocupações não ocorria nesse setor. Como consequência, sua participação relativa no emprego formal continuou crescendo, enquanto a dos homens caía rapidamente. Na recuperação econômica em curso, as mulheres continuaram a aumentar a participação no mercado de trabalho formal, muito menos baseado na indústria do que costumava ser no início dos anos 1990, mas isso já não ocorre ao custo das probabilidades dos homens. O novo cenário de crescimento criou empregos formais para ambos os sexos.

Em outras palavras, o assalariamento regulado costumava ser "coisa de homem" no Brasil, mas esse já não é o caso. Ao menos nesse aspecto específico, a segmentação por sexo foi reduzida de modo importante, ainda que as chances de um emprego assalariado formal continuem 33% maiores para os homens, se considerarmos toda a população ocupada de 15 anos ou mais. É claro que isso não diz nada sobre a segmentação por ocupação ou setor econômico, que permanece alta no país.[51] Estou apenas mirando as posições assalariadas formais existentes, e elas mostram uma melhora sensível na posição feminina em face da masculina e, mais recentemente, melhores condições de mercado para ambos os sexos. É bom marcar, contudo, que isso ocorre a taxas de formalização bastante baixas: em 1981, considerando a totalidade das posições formais (assalariadas, por conta própria e empregadoras), elas ocupavam

---

[51] Ver Araújo et al. (2007); Lavinas (2001).

52% das pessoas com 15 anos ou mais. Em 2009, a taxa subira para 55% apenas (52% das mulheres *ocupadas* e 57% dos homens).

GRÁFICO 4 | Razões de chances de homens e mulheres ocuparem uma posição assalariada formal (% homens/% mulheres), segundo faixas de idade selecionadas. Brasil, 1981-2009

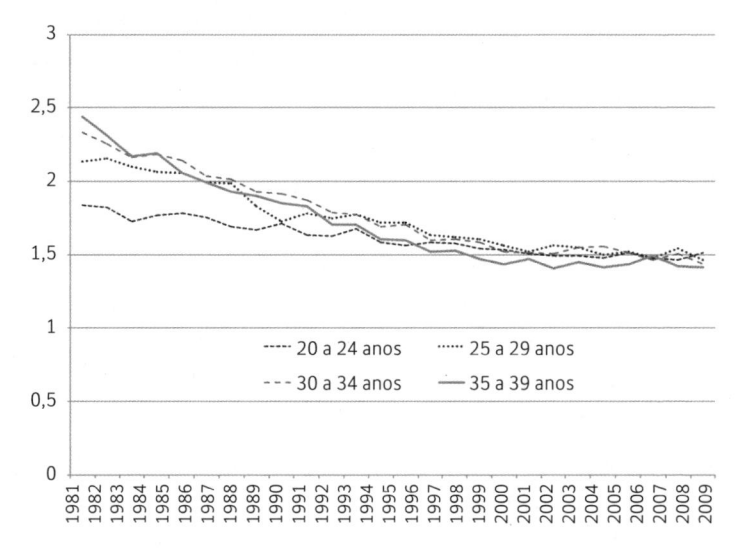

Fonte: Pnad.

Tendo em vista essas baixas taxas de formalização, é difícil dizer se os homens estariam em melhor posição se as mulheres não tivessem entrado no mercado de trabalho na velocidade em que o fizeram. É sabido que as mulheres são discriminadas nas posições superiores e de maior prestígio: elas encontram barreiras à entrada expressas no maior tempo que despendem à procura de emprego e na maior qualificação formal exigida, em comparação com os homens; e elas também ganham menos, ainda que a desigualdade esteja em queda nos últimos anos, como veremos. Contudo, se elas conseguirem uma posição superior ou de prestígio, permanecerão mais tempo nela, fechando, com isso, a posição à competição, seja por homens, seja por outras mulheres.[52] Por outro lado, uma boa proporção de mulheres trabalha como empregada doméstica. No grupo etário de 35 a 49 anos, essa posição agregava 20% das ocupadas em 2009, e 2/3 desses empregos não eram registrados. A proporção para os homens era negligenciável. Ademais, grande parcela dos empregos existentes é socialmente caracterizada como "generificada", isto é, segregada em favor de homens ou mulheres. Uma vez mais em 2009, 45% das mulheres ocupadas estavam em ocupações nas quais a proporção de mão de obra feminina era de 70% ou mais[53] (figura idêntica à encontrada em 2002). No caso dos homens, 52% estavam em ocupações cuja proporção de homens era de 70% ou maior, mas, diferentemente das mulheres, em 2002 a primeira proporção era de 58%. Isso sugere um processo de permeabilização de *algumas* ocupações masculinas nos anos recentes, mas, para boa parte do mercado de trabalho, pelo menos 50% das ocupações de homens e mulheres são complementares, não competitivos.

Se isso é verdade, a competição entre os sexos está, sem dúvida, aumentando ao longo do tempo, com impactos importantes sobre os diferenciais salariais e de oportunidades relacionadas com o sexo. Parte do processo pode ser apreendida observando-se o gráfico 5, que traz a evolução da razão entre as medianas das rendas horárias de homens e mulheres segundo grupos etários selecionados. Ative-me a três faixas mais jovens e a uma mais velha para garantir clareza à informação, mas o movimento detectado ocorre em todas as faixas etárias. Ficam claras duas grandes transformações, ocorridas em 30 anos. Primeiro, a desigualdade de gênero entre as faixas etárias diminuiu intensamente. Em 1981, os homens de 50 a 59 anos ganhavam 60% a mais do que as mulheres na mesma fai-

---

[52] Modelei esses movimentos em Cardoso (2000). Ver também Barros e Mendonça (1997) e Schweitzer (2008).

[53] Dados computados com os microdados da Pnad, e consideram ocupadas de 15 anos ou mais.

xa etária (tendo atingido 80% em 1984), em termos medianos, enquanto entre os mais jovens (20 a 24 anos) a diferença era de 12%. Isto é, havia uma diferença de 48 pontos percentuais na disparidade de renda de homens e mulheres mais velhos em relação aos(às) mais jovens em 1981. Em 2009, essa diferença havia caído para 13 pontos percentuais apenas (os homens mais velhos ganhavam 20% a mais do que as mulheres e os mais jovens, 7%). A segunda grande transformação foi a queda acentuada na diferença de renda *entre* os sexos. Em 1986, os homens chegaram a ganhar 50% a mais do que as mulheres, em termos medianos (ver linha "Total" no gráfico 5). Em 2009, a diferença havia caído para 12% apenas (tendo, na verdade, atingido 3,4% em 2001 e crescido um pouco desde então). É importante salientar que a queda na desigualdade entre os sexos se deve ao crescimento maior da renda das mulheres, em uma realidade de crescimento generalizado da renda mediana.

A renda mediana pode ser lida como *o teto* da renda dos 50% mais pobres (ou *o piso* da renda dos 50% mais ricos). Logo, o que está sendo dito é que o pico da renda de homens e mulheres na metade mais pobre da população ocupada foi, em 2009, muito próximo, com eles ganhando apenas 12% a mais do que elas. E não custa chamar a atenção para o fato de que a desigualdade é tanto menor quanto *mais jovens* os ocupados. Ou seja, homens e mulheres estão entrando no mercado de trabalho em condições muito semelhantes de renda mediana, em geral próxima ao salário mínimo. Por fim, se tomarmos a renda *média* como parâmetro (não retratada no gráfico), a desigualdade entre os sexos foi de 46% em favor dos homens, em 1981, para 17%, em 2009. Vale notar que, em um país muito desigual como o Brasil, a renda média expressa um pouco melhor a desigualdade decorrente do fato de que os maiores salários são *muito* maiores do que os salários mais baixos. Por exemplo, se suprimirmos os 10% mais ricos da distribuição de renda e calcularmos o índice de Gini, teremos um valor semelhante ao encontrado nos países europeus (em torno de 0,35). Isso quer dizer que a desigualdade entre nós decorre, sobretudo, das distâncias entre os extremamente ricos, que são poucos, e a maioria da população. A renda mediana não capta esse problema, mas a renda média, em parte, sim. Isso quer dizer que, mesmo quando consideramos os maiores rendimentos, a desigualdade entre os sexos também caiu muito nos últimos 30 anos.

GRÁFICO 5 | Razão entre a renda horária mediana de homens e mulheres, por grupos de idade. Brasil, 1981-2009

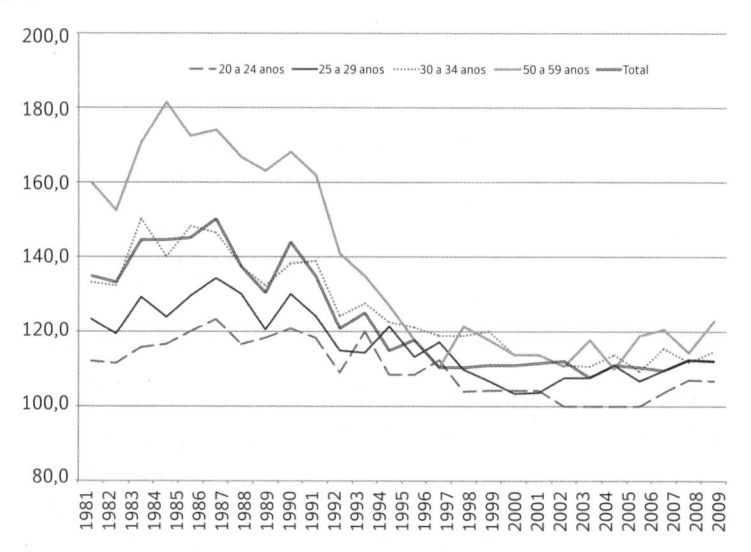

Fonte: Pnad.

A FLUIDEZ DO MERCADO FORMAL DE TRABALHO

O mercado formal de trabalho é uma espécie de "terra de sonhos" para boa parte dos trabalhadores,[54] em razão de ser (presumida-

---

[54] Em Cardoso (2010), argumento longamente sobre a importância da regulação do mercado de trabalho na consolidação da ordem capitalista no Brasil. Estudo recente sobre a renovação da adesão dos trabalhadores ao universo formal é Guimarães (2011).

mente) protegido e oferecer uma série de benefícios que as posições informais não oferecem. É verdade que a regulação existente não é garantia de proteção. Como mostrado em outro lugar, o sistema de relações de trabalho oferece vários incentivos para o não cumprimento da legislação por parte dos empregadores, e muitos são persistentes na evasão (Cardoso e Lage, 2007).[55] Além disso, já vimos que as ocupações assalariadas formais não são estáveis, durando, em média, de 75 a 77 meses (no caso dos homens) no período 1992-2009. Essa é a metade da duração de ocupações não remuneradas, por conta própria ou de empregadores (ver a primeira parte do gráfico 2). A duração média, porém, pode levar a conclusões equivocadas em um mercado de trabalho caracterizado por persistentes desigualdades. De fato, 43,5% dos homens permaneceram em seus empregos formais por menos de três anos (ou 36 meses) no período 1992-2009 (tabela 12). A variação em torno dessa média foi mínima (desvio padrão de menos de 1%). As proporções para as mulheres foram apenas um pouco menores (41,4%), também com baixa variação no tempo. Ou seja, entre 1992 e 2009 o Brasil criou e destruiu em torno de 20 milhões de empregos formais por ano, as mulheres aumentaram substancialmente sua participação no mercado de empregos regulados e cerca de 2 milhões de novos entrantes disputaram as posições existentes e as que foram criadas todos os anos, mas a estrutura da duração das ocupações permaneceu bastante estável no tempo. Isso confi-

---

[55] Ver também Krein e Biavaschi (2007) e Alemão e Soares (2009). Filgueiras (2011) foi o primeiro a analisar a ação conjunta de três mecanismos de vigilância disponíveis ao poder público para garantir o cumprimento da lei: a Inspeção do Trabalho, a Justiça do Trabalho e o Ministério Público. Baseado em vasta pesquisa empírica, sua hipótese é a de que a cultura da conciliação de queixas e infrações e os baixos custos de evasão têm um efeito demonstração que leva ao não cumprimento, ou à flexibilização (e informalização), na prática, dos contratos formais de trabalho.

gura *um padrão* na estrutura dos empregos formais, que são posições *estáveis* (durando sete anos ou mais) para apenas *1/3* de seus ocupantes.

TABELA 12 | Duração dos empregos assalariados formais de homens e mulheres e idade média em cada categoria de duração. Brasil, 1992-2009

Duração dos empregos	Proporções médias (%)		Idade média (anos)	
	Mulheres	Homens	Mulheres	Homens
Menos de um ano	16,4	18,5	28,5	29,5
1 ano a menos de 2	13,7	13,9	29,5	30,1
2 a menos de 3	11,3	11,1	30,9	31,3
3 a menos de 5	14,9	14,9	32,8	32,9
5 a menos de 7	9,9	9,8	35,2	35,1
7 anos ou mais	33,8	31,9	42,2	42,0
	100,0	100,0		

Fonte: Pnad.

É verdade que a duração das ocupações formais está monotonicamente correlacionada com a idade de homens e mulheres: cada ano a mais de duração da ocupação corresponde, *grosso modo*, a um ano a mais no ciclo de vida de ambos os sexos. Isso poderia indicar que, uma vez conseguido um emprego formal, a pessoa envelhece nele. Mas não é isso o que ocorre. Vejamos como isso se dá.

ENTRANDO E SAINDO DE EMPREGOS FORMAIS

O Ministério do Trabalho e Emprego coletou e disseminou, até 2011, dados sobre trajetórias ocupacionais de trabalhadores que tiveram um emprego formal no país entre 1985 e 2009. Com base nesses dados, é possível rastrear todas as posições formais ocupadas por uma mesma pessoa no período, o que configura ferramenta poderosa para escrutinar a qualidade e a dinâmica reais do mercado formal de trabalho no país. A base de dados se chama Rais-Migra Vínculos.[56] Seu principal limite é congregar informação restrita ao mercado formal (público e privado).[57] No entanto, seu caráter de pesquisa de painel do universo do assalariamento regulado, que captura as mesmas pessoas em pontos diferentes no tempo, serve aos propósitos desta investigação. Uma vez mais por questões de espaço, para investigar a fluidez do mercado formal analisarei as trajetórias de homens de 20 a 23 e de 25 a 29 anos de idade, comparando-as com as de homens de 40 a 49 anos admitidos em dois períodos: 1994-1996 e 2002-2004. As trajetórias do primeiro grupo serão rastreadas de janeiro de 1994 a dezembro de 2001 e as do segundo, de janeiro de 2002 a dezembro de 2009. A informação está no gráfico 6, e sua apreensão requer alguns esclarecimentos.

O gráfico descreve duas probabilidades mutuamente exclusivas de três coortes de idade. Em qualquer momento no tempo dos períodos selecionados, cada coorte, de 20 a 23, de 25 a 29 e de 40 a 49 anos de idade, está ou em um emprego formal (área mais escura) ou fora dele (área branca). Note-se que, com a Pnad, utilizada nas seções anteriores, analisamos as distribuições de probabilidade *das posições existentes de mercado*, independentemente das pessoas que as ocupavam no tempo. Aqui, tal como no caso da PME analisada, o objeto de investigação é a probabilidade de *o mesmo grupo*

---

[56] Rais significa Relação Anual de Informações Sociais; Migra é um acrônimo para migração; e Vínculo se refere ao evento de emprego. A base é, infelizmente, subutilizada no Brasil, mas já pude testar sua robustez em vários artigos e livros. Por exemplo, Cardoso (2000) e Cardoso et al. (2004), entre outros. Agradeço a Emília Veras, diretora de Informações do MTE, a geração dos microdados usados nesta análise.

[57] Como entre 40% e 52% das ocupações no período foram informais, os dados perdem boa parte das probabilidades reais de trajetória ocupacional em termos de setores econômicos, ocupações e setores. Aqui, estou interessado unicamente na probabilidade de estar em um emprego formal; logo, a base é perfeitamente adequada.

de pessoas estar ou não em um emprego formal em momentos diferentes no tempo.

Iniciemos pela fila da esquerda do gráfico 6, isto é, homens admitidos entre janeiro de 1994 e dezembro de 1996. Se todos os trabalhadores tivessem, de fato, envelhecido no emprego formal que obtiveram, conforme já aventado como hipótese, deveríamos esperar um crescimento gradual da curva de incorporação no emprego formal a partir de 1994. Além disso, em um cenário hipotético de ausência de efeitos de período (por exemplo, uma crise econômica ou o crescimento acelerado do emprego em parte desses três anos), deveríamos esperar a incorporação de um terço do grupo por ano, até se atingir o pico de 100% em 1996. Mas isso não ocorre. Nas três coortes investigadas, o primeiro ano (1994) acolhe pouco mais de 27% do grupo. Em 1995, entram de 15% a 17% e, em 1996, em torno de 20%. Em dezembro deste ano, final do período de incorporação, apenas 60% daqueles que tiveram emprego formal entre 1994 e 1996 continuavam em seus empregos, movimento, uma vez mais, *indiferente* à coorte de referência. A reestruturação econômica dos anos 1990 está claramente expressa no "esvaziamento" da área mais escura a partir de então. Entre os mais jovens, chega-se à proporção de 47% de ocupados no final da década, seguida de pequena recuperação até 2001, mas sem jamais atingir 50%. A história é basicamente a mesma para os jovens de 20 a 29 anos. Os mais velhos, retratados aqui a título de comparação, "vazam" continuamente, até atingir a taxa de 39% de ocupados no fim do período.

No caso dos admitidos entre 2002 e 2004 (coluna direita do gráfico), há uma importante diferença: o pico de incorporação vai a 65%, no caso das duas coortes mais jovens, e o vazamento desce a 55%, no caso dos jovens de 20 a 23 anos, e a 51%, no caso dos de 25 a 29 anos. Isso quer dizer que o período de entrada no mercado formal de trabalho (a crise de 1990 ou a recuperação recente) teve um custo de 10 pontos percentuais negativos na probabilidade de as primeiras coortes permanecerem formalmente empregadas. No caso dos mais velhos, os anos 1990 e 2000 não afetaram em nada as probabilidades agregadas de incorporação e expulsão do mercado formal. Mas estes não são os achados mais importantes para a discussão que interessa aqui.

O que realmente chama a atenção é a fluidez da experiência de mercado desses jovens e "velhos". Se considerarmos a hipótese de que as pessoas "envelhecem em seus empregos", a razão entre a probabilidade esperada de estar empregado no final do primeiro período de incorporação (dezembro de 1996) e a efetivamente encontrada é de 1,65, no caso da coorte de 20 a 23 anos, e de 1,64, no caso das outras duas coortes. Isto é, os trabalhadores tiveram de encarar uma taxa de desconto de perto de 35% em suas presumidas expectativas de sobreviver no emprego obtido no período. Isso quer dizer que muitos foram admitidos e demitidos *durante* os três primeiros anos. Ou seja, enquanto outros estavam chegando, os primeiros a entrar já estavam saindo. A consequência é que o número de ocupados nunca atingiu 100%. E é bom marcar que a distribuição para as mulheres das mesmas faixas de idade mais jovens é muito semelhante, com a ressalva de que sua área cinzenta "vaza" mais intensamente do que a dos homens, de modo que se chega a 43% em 2001, no caso das admitidas nos anos 1990, e a 55% em 2009, para as admitidas entre 2002 e 2004.

Ademais, uma vez demitidos, os trabalhadores jovens não permanecem fora do mercado de assalariamento regulado para o resto da vida, nem por muito tempo. A regra é bem o contrário. A maioria perde seus empregos, fica fora por um tempo e retorna a uma posição regulada em algum momento. A área cinza "estável" (com seu recorrente "esvaziamento" em janeiro, quando as empresas demitem parte dos trabalhadores admitidos para as festas de fim de ano) esconde intensa troca entre os que estão dentro e os que estão fora de um emprego formal. Tomando-se os admitidos entre 1994 e 1996, os jovens de 20 a 23 anos tiveram 3,6 empregos em média até 2001, ficando 18,8 meses em média em cada ocupação, perfazendo um total de 52 meses empregados (de um total de 96 meses possíveis nos oito anos cobertos). Os jovens de 25 a 29 anos admitidos no mesmo período também tiveram 3,6 empregos em média, com duração de 20,5 meses por vínculo e tempo total empregado de 57 meses. No caso dos admitidos em 2002-2004, os mais jovens (20 a 23 anos) tiveram 3,6 empregos em média, com duração de 19 meses cada e um total de 48 meses empregados, enquanto os mais velhos (25 a 29 anos) tiveram três empregos, com duração de 22 meses e permanência média total de 51 meses. Essas diferenças refletem a entrada maciça de jovens no mercado formal depois de 2003, que reduziu os tempos médios de permanência em cada emprego e o tempo total no setor formal, além de aumentar o número médio de empregos obtidos.

Apenas para efeito de comparação, a coorte etária de 40 a 49 anos admitida entre 1994 e 1996 teve 2,3 empregos em média até 2001, com duração de 25,6 meses e tempo total de emprego de 50 meses. Taxas de permanência não muito distintas, portanto, das encontradas para os jovens de 25 a 29 anos. A diferença é que, como a rotatividade foi bem menor para os mais velhos, em dezembro de 2001, como visto, apenas 39% continuavam em seus empregos. Para os mais velhos, perder o emprego formal é, quase sempre, perder a chance *de retornar* a outro emprego nesse setor. E vale notar que as mulheres têm taxas levemente distintas: com exceção da coorte mais jovem (20 a 23 anos), elas rodam menos nos empregos, ficam mais tempo em cada ocupação e também mais tempo no setor formal do que os homens, independentemente do período considerado. E as diferenças aumentam em favor da maior segurança delas quanto mais velhas as coortes, chegando-se a 30% a mais de permanência em cada ocupação individual e no setor formal como um todo no caso da coorte de 40 a 49 anos, por comparação com os homens.

GRÁFICO 6 | Probabilidade de estar em um emprego formal em dois períodos. Homens de 20 a 23 anos, de 25 a 29 anos e de 40 a 49 anos admitidos entre 1994 e 1996 e entre 2002 e 2004

Homens de 20 a 23 anos

Admitidos em 1994-1996

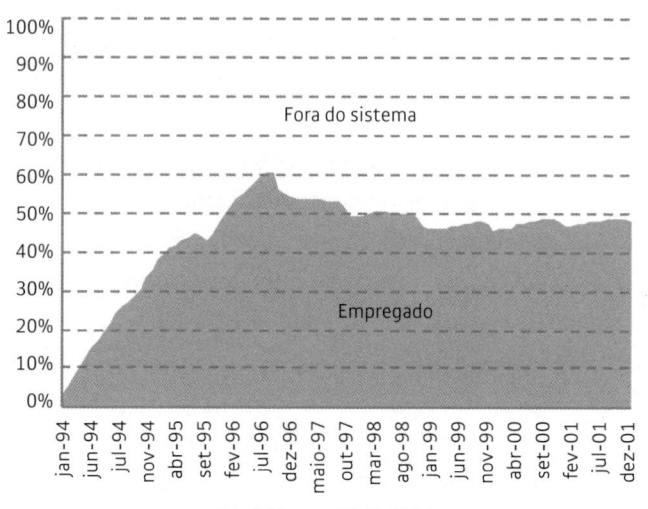

Admitidos em 2002-2004

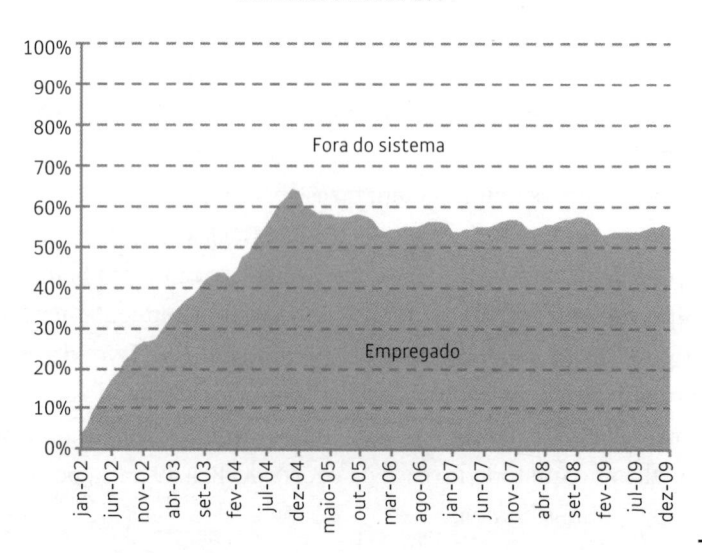

→

Homens de 25 a 29 anos

Admitidos em 1994-1996

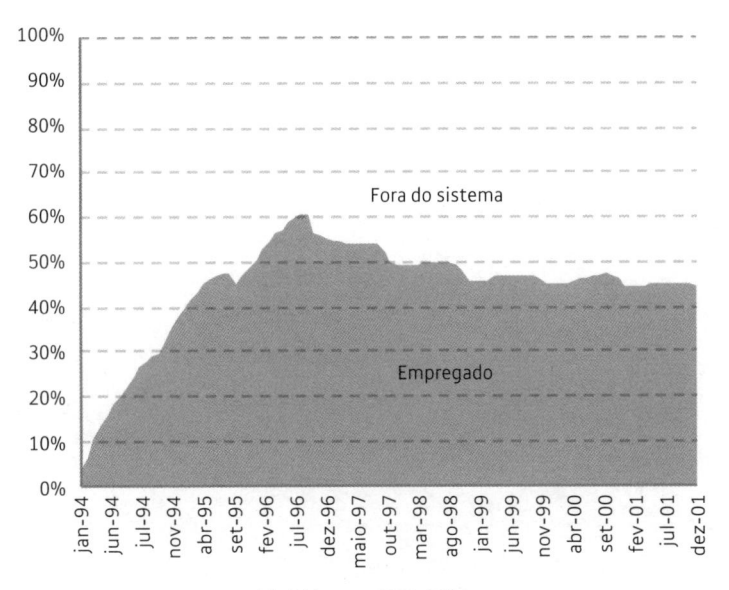

Admitidos em 2002-2004

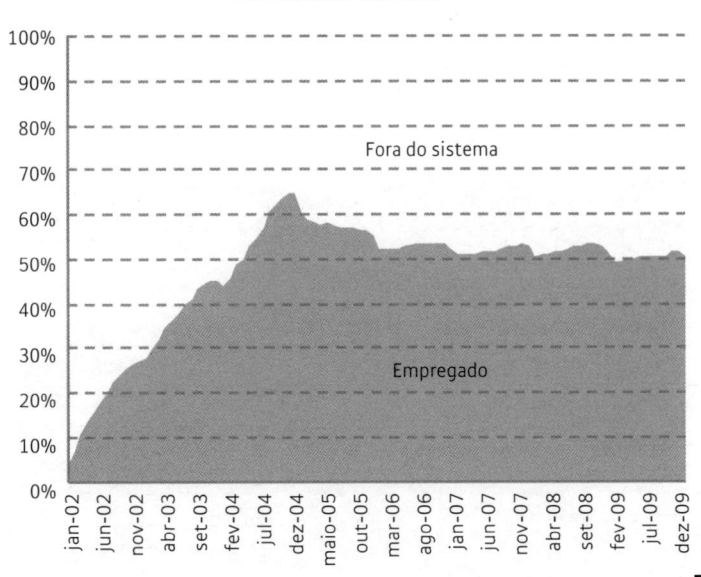

Homens de 40 a 49 anos

Admitidos em 1994-1996

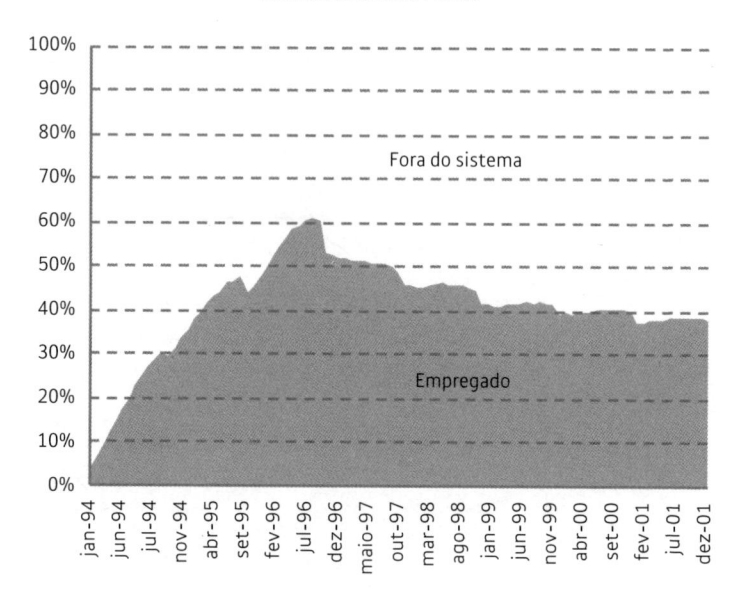

Admitidos em 2002-2004

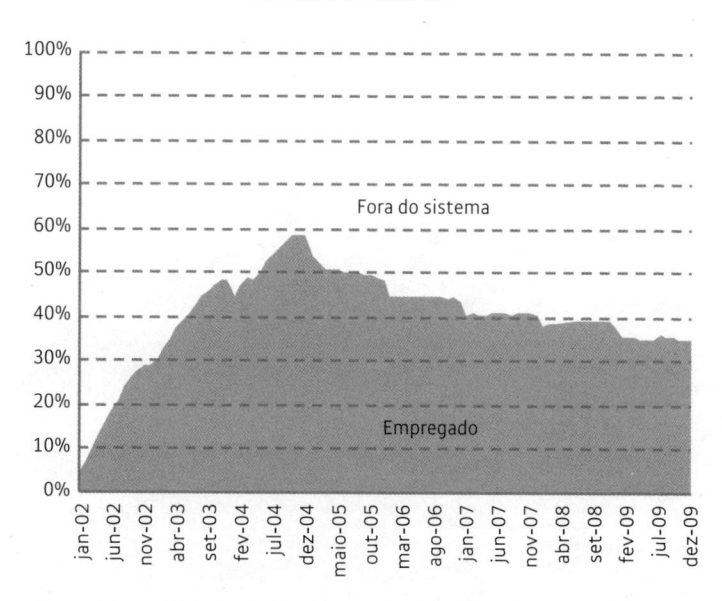

Em uma palavra (e como é sabido), o mercado formal é caracterizado por altas taxas de rotatividade, tanto mais altas quanto mais jovens os ocupados. Mais ainda: quanto mais empregos são gerados, maiores as taxas de rotatividade.[58] Na verdade, as chances de emprego de diferentes coortes de idade são uma função combinada *da criação de empregos e da rotatividade* com idade, escolaridade, sexo, raça (não divulgada pela Rais) e outros atributos tendo papel importante, mas subsidiário. Novos postos de trabalho são ocupados por novos entrantes e por pessoas que perderam seus empregos há não muito tempo. E ambos, muito provavelmente, perderão seus empregos para outros, e em um prazo muito curto. O mercado formal de trabalho pode ser uma "terra de sonhos" para boa parte dos trabalhadores, mas não é garantia de segurança no emprego. E quanto mais passa o tempo, mais ele se revela como uma experiência ao mesmo tempo múltipla e fugaz nas biografias de jovens e velhos, igualmente.

CONCLUSÃO

A regulação das relações de emprego e trabalho continua muito rarefeita no Brasil. Homens e mulheres iniciam a vida empregatícia, quase sempre, em uma ocupação não registrada, em idade tenra, portanto antes de completar a formação escolar, e muitas vezes concomitante a ela (como mostro em Cardoso, 2010, cap. 5). A experiência no assalariamento não registrado ou em posições por conta própria funciona como porta de entrada e também como reservatório de mão de obra para o mercado de assalariamento regulado. Quando este se expande a taxas elevadas, como nos últi-

---

[58] A literatura sobre isso é alentada, mas ver, para abordagem recente, Pochmann (2012).

mos anos, a tendência é a incorporação de hostes antes lotadas nos demais mecanismos socialmente existentes de obtenção de meios de vida. Nesse sentido, para uma parte importante dos ocupados, o mercado de trabalho se configura como *o conjunto desses mecanismos*, que são mobilizados em momentos diferentes das biografias individuais segundo uma lógica que combina estratégias individuais e oferta de oportunidades, premida, na maior parte das vezes (mas nem sempre), pela necessidade de sobrevivência.

O problema, no momento atual, é que, para uma proporção não desprezível da força de trabalho, as zonas de regulação rarefeita (ver capítulo 1) desse mercado não são um ponto de passagem ou espera por melhores posições, mas sim o ponto de *chegada* de suas histórias ocupacionais. O país, simplesmente, não criará empregos bons e protegidos para a maioria dessas pessoas: seja porque elas não têm qualificação suficiente; seja por causa da discriminação etária em um mercado de trabalho com excesso de oferta, que permite que as empresas optem pelos trabalhadores mais jovens dispostos a trocar tempo de escola por empregos cada vez mais bem remunerados; seja em razão da dilapidação dos corpos de homens e mulheres mais velhos pelas condições precárias e pesadas de trabalho no curso de vida;[59] seja em razão do padrão de desenvolvimento em curso, hoje dependente de exportações de *commodities* com pequena contrapartida nos setores de serviços e que, portanto, continuará gerando maus empregos em grande quantidade etc.

O país precisa, por isso, se haver com algo que venho denominando "custo do passado", denotando dinâmica econômica e demográfica que puniu algumas *gerações* de trabalhadores com baixo crescimento, empregos precários, mal remunerados e sem proteção da legislação trabalhista e previdenciária. O desafio é encon-

---

[59] Segundo dados do Censo 2010, *metade* dos brasileiros de 50 anos de idade que estavam fora da PEA tinha algum problema de saúde, como dificuldade para enxergar, ouvir ou andar. Entre os ocupados da mesma idade, a taxa era de 40%.

trar meios de aliviar a privação desses trabalhadores e, ao mesmo tempo, gerar bons empregos para as novas gerações. O desenvolvimento econômico com inclusão produtiva pode, a médio prazo, cumprir esta última tarefa. Vimos que os jovens de 29 anos ou menos abocanharam mais de 30% das novas ocupações geradas depois de 2003, e sua taxa de desemprego está entre as mais baixas do mundo. Contudo, as taxas de "informalidade" entre eles continuam muito altas, superiores às encontradas entre os mais velhos. Os restantes 70% de empregos formais gerados ficaram com as pessoas de 30 anos ou mais, que já tinham experiência no mercado de trabalho e trocaram posições fora da PEA, posições não reguladas, o desemprego ou mesmo empregos ruins pelos novos empregos. Essa troca, porém, atingiu proporção diminuta dos ocupados, de sorte que a taxa de formalização atingiu, em 2009, o mesmo valor de 1981. É verdade que o assalariamento regulado está em franca expansão no Brasil. Mas a dívida social de décadas de precariedade permanece alta.

Por isso, responder ao primeiro desafio (garantir vida digna aos mais velhos) dependerá, de forma crescente e por décadas ainda, da *capacidade redistributiva* do Estado brasileiro, que precisará reconhecer o direito dessas "gerações perdidas" a uma vida digna, em um ambiente hostil ao exercício desse direito tanto no mercado de trabalho quanto no âmbito dos embates ideológicos do capitalismo financeirizado. Esse ambiente ainda é composto por mecanismos precários e desprotegidos de obtenção de meios de vida, além de estar emoldurado por restrições macroeconômicas importantes à capacidade de o Estado formular políticas públicas redistributivas.

3 A COR DA OCUPAÇÃO

O PRECONCEITO SOB A PELE

Tempos atrás, fui surpreendido pelas impressões de viagem de um amigo de infância que, retornando de sua primeira experiência internacional (um passeio pelo Reino Unido), me convidara para jantar. Depois de falar da sorte de ter visto neve em pleno novembro, quando há anos não nevava na ilha; da frieza dos ingleses, sobretudo os de Oxford, em contraste com a efusão dos escoceses, sempre contentes e festeiros; da violência da natureza no norte da Escócia e no País de Gales, em contraste com a decadência discreta da costa leste, com suas casas abandonadas e tristonhas; depois, enfim, de uma série de reminiscências encantadoras, porque fruto do esforço genuíno que aquele homem já maduro fizera para despir-se dos preconceitos cultivados no dia a dia de sua vida interiorana e, a partir de então, procurar enxergar o mundo recém--descoberto com os olhos desimpedidos, meu amigo saiu-se com o seguinte comentário, que tentei reproduzir tão fielmente quanto possível ao voltar para casa: "De tudo o que vivi naquele país tão diferente do nosso, o que mais me causou espanto foram os mendigos e pedintes que vimos nas ruas. Uma garota em especial me chamou a atenção. Era loura, olhos verdes, pele rosada, alta, corpo esguio e porte de bailarina. Estava parada diante de um poste perto do porto em Norfolk, perfeitamente imóvel, o pescoço levemente dobrado, de modo que seus olhos se perdiam em algum ponto na calçada à sua frente. Tinha a mão estendida e um cartaz no peito onde se lia que estava desempregada. Foi um choque para mim. A primeira coisa que pensei foi: como diabos o pai dessa menina permite que ela se exponha dessa maneira? Era evidente que ela era de boa família, que tinha estirpe. Talvez tenha dado um mau passo, como me diria minha mulher depois, mas, por Deus!, não deveria ser permitido a alguém tão linda estar assim, perdida. Aquela garota, no Brasil, jamais estaria desempregada, muito menos pedindo dinheiro na rua com aquele ar de piedade. Cruzei por outros jovens como ela, alguns visivelmente drogados, também pedintes, e pessoas de meia-idade e alguns velhos, mas nenhum deles me chamou a atenção como aquela garota. Foi como se algo de muito errado estivesse acontecendo com aquele país".

Em seguida, meu amigo narrou a estranheza que, de forma semelhante, lhe causara em Edimburgo a visão de uma turma de garis, que retirava a neve de uma praça no centro da cidade. Também garotos, o mais velho teria, talvez, 25 anos. Um deles era ruivo, dois outros eram muito louros, um quarto lhe lembrara Michael Caine em *Alfie* e duas eram garotas, "todos muito bem-vestidos, com aquelas roupas coloridas e impecáveis de lixeiros que a gente vê nos filmes". E ele completaria, sem nenhum sinal de intuir a profundidade da sociologia implícita em suas palavras: "Só no quarto do hotel, conversando com [sua esposa], entendi por que aquelas cenas me tinham incomodado tanto. É que, no Brasil, é raro a gente encontrar pessoas de bem como mendigos ou lixeiros".

Embora disso se tenha seguido longa e acalorada discussão sobre o que ele queria dizer com "pessoas de bem", o que importa é que meu amigo tocara num ponto decisivo das relações sociais no Brasil. De um lado, dissociara a noção de "gente de bem" de certos eventos ou ocorrências sociais, como a mendicância e a limpeza urbana. Aquela garota loura, "linda", com "porte de bailarina", não podia estar ali mendigando, já que era, "evidentemente", gente de bem. Aqueles rapazes louros ou ruivos ou com rosto de ator de cinema tampouco deveriam estar ali, fazendo serviço de lixeiro ou gari. Sem perceber a operação complexa envolvida nessa dissociação, meu amigo simplesmente mobilizava, de forma inteiramente automática, uma expectativa quanto aos eventos sociais (no caso, a posição que certas pessoas ocupam, por exemplo, na estrutura ocupacional), forjada, essa expectativa, em sua trajetória de vida num país onde essas mesmas posições não eram (ou eram percebidas como não sendo, ou como não devendo ser) ocupadas por pessoas com aqueles atributos. Sem saber, na verdade sem sequer perceber o que se passava, meu amigo afirmava seu preconceito sociorracial, naturalizado na forma de hierarquias sociais interiorizadas, em que determinadas posições (vistas como degradadas) não podem ser ocupadas por pessoas de bem, ou brancas. No Brasil, e esse é o tema a se discutir neste breve capítulo, cultiva-se uma expectativa difusa, quase sempre mobilizada automaticamente, segundo a qual à pobreza extrema e às ocupações socialmente construídas como degradantes está associado *um tipo específico de gente* cujo principal atributo é a cor da pele ou outra característica fenotípica comum a determinada camada social. É por isso que a Inglaterra lhe pareceu "errada". Onde ele esperava encontrar negros ou mulatos ou talvez nordestinos, mestiços de vária estirpe, havia louros ou ruivos de olhos claros e porte de "gente de bem". Ou seja, meu amigo associara a noção de "gente de bem" a determinada cor de pele, operação mediada pelo estranhamento decorrente do confronto de dois mundos incomensuráveis: aquele de seus conceitos, forjados numa realidade em que as posições sociais definidas como degradantes degradam também as pessoas que as ocupam (o trabalho de coleta de lixo não é para gente de bem); e aquele outro, onde esses conceitos não podem operar senão como preconceitos, impedindo, assim, que a nova realidade percebida seja apreendida em suas múltiplas dimensões. Ela lhe aparece, apenas, como estranhamento.

Se estivesse atento à enormidade das questões envolvidas nessa experiência aparentemente singela, ela talvez lhe aparecesse como o que realmente foi: uma revelação. Talvez tivesse servido para desnaturalizar sua percepção da sociedade brasileira, trazendo-lhe ao espírito aquilo que seus quase 50 anos de vida circunscrita às fronteiras de nosso país impedira que emergisse, isto é, a ideia de que as posições sociais inferiores ou superiores são ocupadas por pessoas diferentes; e seu corolário, isto é, que essa associação levara-o, por sua vez, a fazer um julgamento, associado à cor da pele, sobre a *qualidade* da posição social, num jogo de espelhos que tornava *logicamente* impossível distinguir a posição e sua valoração social da cor da pele daquele que a ocupava.

Para que não restem dúvidas: na visão do mundo de meu amigo, pessoa de bem não podia ocupar posição (por ele vista como degradada) de mendigo ou lixeiro. Até aí, nada de mais, se o único elemento disponível a ele para qualificar aquelas pessoas como "gente de bem" não fossem os sinais de distinção que, de um modo ou de outro, tinham como pressuposto a cor da pele. É claro que ele agregou outros elementos, como o "porte de bailarina" da pedinte, as "roupas impecáveis" dos lixeiros, estas últimas conhecidas apenas no cinema, logo, num mundo de ficção, no qual o estranhamento não se podia processar. Lixeiro de cinema, afinal, é ator ou figurante, portanto "gente de bem". Mas esses elementos são coadjuvantes da percepção principal, racialmente enviesada, dos brancos ingleses como "gente de bem" na posição social errada. Meu amigo afirmou, sem o perceber, seu preconceito sociorracial, na forma de uma expectativa quanto à posição social de pessoas brancas e, por espelhamento, de pessoas não brancas. Era como se ele dissesse: eu esperava encontrar negros ou nordestinos onde havia atores de cinema ou bailarinas.

Essa percepção tem, obviamente, raízes históricas[60] e, apesar das mudanças profundas vividas pela sociedade brasileira nas últimas décadas, ainda encontra sustentação no ordenamento *real* das ocupações. A tabela 13 traz evidências disso. Nela, vemos a proporção de brancos, de um lado, e de pretos, indígenas e pardos, de outro, em 10 grupos ocupacionais, agrupados em decis da remuneração média das ocupações nos últimos 50 anos, com início em 1960. No grupo 1 (primeiro decil), estão as ocupações cuja renda média estava entre as 10% de pior remuneração, enquanto no grupo 10 (décimo decil) estão as ocupações entre as 10% mais bem remuneradas. Cada grupo entre 1 e 10 agrega 10% *das ocupações* segundo a renda média crescente, e a tabela mostra a proporção de ocupados em cada grupo segundo a cor ou a raça. Como os códigos ocupacionais variaram muito ao longo dos anos nas pesquisas do IBGE, essa agregação torna os dados minimamente comparáveis no espaço de 50 anos coberto por elas.[61]

Em 1960, como mostra a tabela, 71% dos pretos, pardos e indígenas estavam ocupados nas piores ocupações (primeiro decil). A proporção de brancos nesse grupo também era alta, perto de 51%, retrato de um mercado de trabalho marcadamente precário, em que quase 60% dos ocupados estavam lotados no décimo inferior da distribuição da renda ocupacional. No décimo superior, tínhamos apenas 0,3% dos não brancos e 2,8% dos brancos. Chama a

---

[60] Em Cardoso (2010), discuto longamente o legado da escravidão no ordenamento social brasileiro, sobretudo até o advento da era Vargas. Ali, dialogo com a vasta literatura sobre a construção do mercado capitalista de força de trabalho no Brasil. Ver, em perspectiva distinta, Barbosa (2008).

[61] No Censo de 1960, a informação sobre renda foi coletada em intervalos e não em valores absolutos. Por isso, a opção de trabalhar com decis de renda ocupacional e não com decis de renda *individual*, impossíveis de construir com os intervalos utilizados pelo Censo.

atenção, ainda, o fato de as ocupações situadas do sétimo ao décimo decil (40% mais bem remuneradas) agruparem 20,3% dos brancos e 6,5% dos não brancos, apenas. Ou seja, se a grande maioria estava em posição ruim em 1960, os pretos, pardos e indígenas estavam piores: o quinto superior do mercado de trabalho estava virtualmente fechado a eles.

TABELA 13 | Distribuição da população ocupada branca e não branca pelos decis ocupacionais. Brasil, 1960-2009 (em %)

Decis ocupacionais	2010		1996		1976		1960	
	Brancos	Pretos, pardos e indígenas	Brancos	Pretos, pardos e indígenas	Brancos	Pretos, pardos e indígenas	Brancos	Pretos, pardos e indígenas
Decil mais pobre	20,7	32,7	20,1	34,0	31,7	41,3	50,9	71,3
Segundo	10,8	12,0	11,8	14,8	20,1	23,0	9,0	7,8
Terceiro	12,7	15,5	12,7	12,2	6,0	5,5	6,5	6,0
Quarto	10,1	8,8	8,2	8,5	8,4	8,7	6,6	4,6
Quinto	8,1	7,9	11,2	10,7	5,5	4,3	3,7	2,2
Sexto	16,5	13,6	15,1	10,7	14,5	9,7	2,8	1,4
Sétimo	5,6	3,6	2,9	2,7	2,6	2,2	4,9	2,2
Oitavo	3,1	1,5	6,6	2,9	5,8	3,5	10,7	3,6
Nono	6,9	2,8	6,5	2,2	3,2	1,1	1,9	0,4
Decil mais rico	5,5	1,5	4,9	1,3	2,2	0,6	2,8	0,3
Total	100,0	100,0	100,0	100,0	100,0	100,0	100,0	100,0

Fonte: Microdados da amostra de 1% do Censo de 1960; da amostra de 10% do Censo de 2010; e das Pnads de 1976 e 1996.

As coisas melhoraram um pouco com o passar dos anos. Em 1976, parte de pretos e pardos e também dos brancos deslocara-se para o segundo decil ocupacional, com novo desdobramento em 1996, agora para incluir até o sexto decil como destino provável de brancos e não brancos. Estes últimos continuaram concentrados, sobretudo, nos três primeiros grupos ocupacionais (30% mais mal remunerados), com redução de participação até 1996 (caindo de 85% para 61%) e novo crescimento em 2010, provavelmente refletindo as mudanças recentes no mercado de trabalho, que gerou ocupações em grande quantidade nos estratos mais mal remunerados.[62] Neste último ano, 60% dos não brancos estavam nas ocupações agregadas entre as 30% mais mal remuneradas (contra 44% dos brancos). Há, portanto, alguma sensibilidade na percepção de meu amigo mineiro: as piores ocupações são o destino *mais provável* das pessoas que se declaram pretas, pardas ou indígenas.

De fato, em 1960, 80% dos seringueiros não eram brancos, enquanto a proporção entre pescadores, charuteiros, mineiros e apanhadores e descascadores na indústria extrativa girava em torno dos 70%. Essas ocupações apresentavam proporções acima de 70% também em 2010. Neste último ano e também em 1996, a proporção de não brancos entre os lixeiros era de 70%, e pode ser que na cidade natal de meu amigo ela atingisse cifras superiores a essa. Como ele nunca havia deixado o país e viajava pouco pelo Brasil, seu olhar pode ter sido "educado" pela convivência cotidiana com lixeiros majoritariamente não brancos. Mas o fato é que, na média do país, havia evidência empírica plausível a permitir a construção de visões do mundo estereotipadas segundo as quais as profissões de pior qualidade (como a de lixeiro) não eram ocupadas, na prática, por brancos.

Se uma proporção relativamente maior de pretos, pardos e indígenas ocupa as piores posições no mercado de trabalho, o mais importante, do ponto de vista que interessa aqui, é que o processo de permeabilização das posições superiores, embora real, tem sido extremamente lento. Em 1960, apenas 4,3% dos não brancos estavam em ocupações situadas entre as 30% mais bem remuneradas (contra 15,4% dos brancos). Em 2010, as participações haviam subido para 5,8% e 15,5%, respectivamente, após queda em 1976

---

[62] Ver capítulo 2 deste livro.

e crescimento em 1996, que fazia esperar melhoria em ambas as posições, o que não ocorreu. Ou seja, a distância entre as chances de acesso dos grupos de cor ao topo da distribuição ocupacional permaneceu igual ou superior a 10 pontos percentuais nesses 50 anos em favor dos brancos. Do mesmo modo, a distância entre as chances de acesso aos grupos entre os 30% *mais mal* remunerados esteve acima de 16% em *desfavor* dos não brancos em 50 anos, depois de queda em 1976.

A análise dos extremos das distribuições em tela não esgota, porém, o que ocorreu no mercado de trabalho nas últimas décadas, em termos das chances de brancos e não brancos ascenderem a posições na hierarquia ocupacional. A posição dos não brancos melhorou em todos os decis, exceto no primeiro (o das piores ocupações), apesar de alguns percalços em 2010. O gráfico 7 traz outras evidências disso. Ele mostra o desvio, em relação a sua proporção na média da população ocupada total, da participação de pretos, indígenas e pardos em cada grupo ocupacional. Por exemplo, em 1960 os grupos não brancos eram 39,2% do total de ocupados, mas no primeiro decil ocupacional, o dos menores rendimentos, eles eram 47,4%. O desvio em relação à média foi, portanto, de 8,2 pontos percentuais positivos. Na outra ponta, havia apenas 7% de não brancos no décimo decil (o dos maiores rendimentos), perfazendo um desvio de 32 pontos percentuais negativos em relação à mesma média. O gráfico, então, pode ser lido como uma medida do grau de abertura ou fechamento dos decis ocupacionais à população não branca: se não houvesse hierarquia na estrutura ocupacional, deveríamos esperar encontrar, em cada decil, 39,2% de não brancos em 1960, que era a média de participação dessa população no total dos ocupados. Como isso não acontece, vejamos o que se pode inferir dos dados, quando analisados longitudinalmente.

Antes de mais nada, uma informação que não está no gráfico: a participação dos não brancos na população em geral e na ocupada em particular parece estar crescendo em termos médios. Em 1960, eles eram 39,2%; em 1976, 41%; em 1996, 43,4%; e em 2010, 49% dos ocupados, proporções próximas à sua presença na população total. É provável que o salto entre 1996 e 2010, de quase seis pontos percentuais (superior, portanto, ao ocorrido nos 30 anos anteriores, de 4,2 pontos percentuais), tenha decorrido, ao menos em parte, do aumento do número de pessoas que passaram *a se declarar* pretas, pardas e indígenas nas pesquisas domiciliares, e não do aumento vegetativo de pretos e índios ou da miscigenação (que levaria ao aumento de pardos), algo difícil de se manifestar num espaço de 13 anos. Há pelo menos uma indicação relevante nessa direção. Tomando-se a Pnad 1996, entre as pessoas nascidas de 1971 a 1975, 45,6% haviam se declarado (ou tinham sido declaradas por quem respondeu à pesquisa) pretos, pardos ou indígenas. Em 2009, 51,9% de outra amostra *da mesma coorte* declararam-se (ou foram declarados) parte da população não branca.[63] Houve, portanto, um crescimento próximo a seis pontos percentuais na proporção *da mesma coorte* que se classificou ou foi classificada membro de um grupo de cor diferente do declarado 13 anos antes.

É tarefa complexa mensurar cor ou raça em uma sociedade miscigenada como a brasileira, não importa se as pesquisas são qualitativas ou quantitativas. Uma mesma pessoa pode se declarar negra ou parda, ou parda ou branca, conforme a situação em que se encontre,

---

[63] É claro que, por ser uma pesquisa amostral, a Pnad não retrata as mesmas pessoas em dois pontos do tempo, mas extrai *amostras* da mesma população teórica. Nos 13 anos entre um ponto e outro no tempo, parte dos jovens nascidos entre 1971 e 1975 e que tinham de 21 a 25 anos em 1996 (e que teriam 34 a 38 anos em 2009) pode ter deixado o país ou morrido, e isso de maneira não aleatória segundo a cor da pele. Sabemos, por exemplo, que a mortalidade de negros e pardos é maior do que a de brancos entre os mais jovens, e que essa diferença cai à medida que as pessoas envelhecem (Paixão et al., 2010:251 e ss.). Essa informação nos levaria a esperar um aumento da proporção *de brancos* nessa coorte, mas não é isso que ocorre, por causa do aumento da autopercepção dos não brancos.

dos interlocutores da declaração etc.[64] Além disso, pessoas diferentes no mesmo domicílio, se entrevistadas, podem atribuir cor diversa aos membros ausentes. Tomem-se, por exemplo, os dados da PME. Essa pesquisa, como afirmado no capítulo anterior, é realizada em seis regiões metropolitanas (São Paulo, Rio de Janeiro, Salvador, Recife, Porto Alegre e Belo Horizonte) e opera com um esquema amostral de rotação de painéis que permite acompanhar o que aconteceu com os moradores de um mesmo domicílio no intervalo de um ano, configurando uma pesquisa longitudinal sempre que as pessoas permaneçam nos domicílios nesse intervalo de tempo (isto é, que não tenham se mudado ou morrido ou não estivessem ausentes etc.). Como o informante da pesquisa pode variar de um ano a outro, um familiar pode informar a cor dos demais membros do domicílio de forma diferente de outro familiar, e uma mesma pessoa pode atribuir a si mesma cor diferente. Que eu saiba, essa importante pesquisa nunca foi utilizada para avaliar a acuidade da informação sobre cor nas pesquisas domiciliares brasileiras.

A tabela 14 mostra a variação na declaração de cor nos painéis compatíveis dos anos 2010 e 2011 da PME.[65] Tomando-se toda a distribuição, houve congruência na cor declarada nos dois pontos no tempo em 78% dos casos.[66] As menores taxas de correspondência foram as dos indígenas e "amarelos" e a maior, dos brancos (85%). A maioria da categoria "amarela" que se deslocou foi para a categoria "branca", enquanto pretos, pardos e indígenas, quando se deslocam, geralmente o fazem no interior dessas mesmas categorias. Uma pro-

---

[64] Há muito se vem tentando mensurar as discrepâncias na declaração de cor segundo pesquisas diversas, e a literatura sobre o tema é vasta e crescente. Ver Wood (1991); Telles e Lim (1998); Petruccelli (2000); Telles (2002); e, mais recentemente, Muniz (2010) e Guimarães (2010), entre muitos outros.

[65] Os painéis utilizados foram: O1 a O8 e P1 a P6. Ver documentação da PME em <www.ibge.gov.br/home/estatistica/indicadores/trabalhoerendimento/pme/pmemet2.shtm> para o esquema de rotação de amostras.

[66] A taxa de congruência vem aumentando nos últimos anos. No período 2002-2003, ela foi de 73,5%, em razão, sobretudo, do "branqueamento" dos pardos (26%) e dos indígenas (23%), e variou em torno da média de 79% depois de 2006.

porção substancial dos que haviam sido declarados (ou haviam se declarado) pretos em 2010 apareceu como parda em 2011 (quase 30%). Na verdade, a categoria "parda" é o principal destino dos que se "deslocam" na classificação de cor, mas é alta a proporção de pardos que aparece como brancos de um ano a outro (20%).

De qualquer modo, os deslocamentos das categorias preto, pardo e indígena entre elas, e de branca e amarela também entre elas, dá razão aos estudos que, na manipulação estatística da informação sobre cor ou raça no Brasil, trabalham com a agregação "brancos" e "não brancos", ainda que "brancos" possa agregar parte das pessoas que em outra situação se declaram ou são declaradas pardas, e estas, pessoas de outro modo declaradas brancas.[67]

TABELA 14 | Variação na declaração de cor ou raça na PME.
Seis regiões metropolitanas, 2010-2011

Declaração de cor em 2010	Declaração de cor em 2011					N
	Branca	Preta	Amarela	Parda	Indígena	
Branca	85,0	1,3	0,3	13,3	0,0	128.223
Preta	9,0	61,1	0,2	29,6	0,1	23.058
Amarela	23,1	3,4	57,7	15,3	0,5	1.173
Parda	19,6	7,4	0,2	72,7	0,1	91.344
Indígena	17,0	8,2	—	55,3	19,5	282
N	129.319	22.642	1.214	90.650	255	244.080

Fonte: PME 2010 e 2011.

É de esperar, pois, discrepância na informação sobre cor em pontos diferentes no tempo, mesmo em se tratando de amostras da mesma coorte de pessoas, como é o caso da Pnad. Ainda assim, é possível que parte não negligenciável do salto na proporção de não

---

[67] Argumentos sólidos em favor dessa agregação podem ser encontrados em Hasenbalg (2005 [1979]) e Hasenbalg, Silva e Lima (1999).

brancos de 1996 a 2009 decorra da mudança na autopercepção das pessoas. Isso porque, sobretudo a partir de 2003, a proporção de não brancos cresce em todas as pesquisas domiciliares, denotando um movimento mais geral que pode estar relacionado, como querem alguns, com as políticas de ação afirmativa voltadas para a população afrodescendente.[68]

Voltemos, então, ao gráfico 7. Suas barras retratam o desvio da proporção de não brancos em relação à média de participação de cada grupo de cor na população ocupada total, em cada um dos anos analisados. O primeiro aspecto a se salientar é que, no primeiro e mais pobre grupo ocupacional, a participação da população não branca tem se *distanciado* da média no tempo. Saiu-se de um desvio de 8,2 para 13 pontos percentuais de 1960 a 1996, com leve recuo em 2010, para 11,3 pontos. Isto é, em 50 anos, *aumentou* o que se poderia denominar "desvio perverso" da participação relativa de não brancos nas piores ocupações. Numa situação de melhoria do mercado de trabalho que incluísse os não brancos, ou sua maioria, deveríamos esperar uma convergência dessas piores ocupações para a média de sua participação na população ocupada total. Vale lembrar que quase 33% dos não brancos estavam ocupados nessas posições, que compunham 10% do total de ocupações existentes em 2010. Em todos os outros decis, houve convergência para a média, e, nos casos do quarto, do sétimo e do décimo decis, o ano 2010 representou uma reversão de tendência, mas não a ponto de retornar ao patamar de 1960. Os casos mais claros de convergência contínua são o quinto, o sexto e o nono decis. Se considerarmos que estes estão na parte superior (acima da mediana) da distribuição de renda das ocupações, reduzir o desvio negativo em relação à média quer dizer que essas melhores posições se tornaram menos fechadas para os não brancos. No sexto decil, a queda foi de quase 15 pontos percentuais, zerando o desvio inicial, e, no nono, sai-se de um desvio negativo de

---

[68] Ver, entre outros, Guimarães (2008) e Paixão et al. (2010).

27,3 para 21 pontos percentuais em 50 anos. Seja como for, no topo da hierarquia, o décimo decil, a redução no desvio negativo entre 1960 e 2010 foi de apenas quatro pontos percentuais, depois de ter atingido 5,7 pontos em 1996, reduzindo, com isso, a tendência convergente de toda a distribuição.

GRÁFICO 7 | Proporção de pretos e pardos segundo os decis de grupos ocupacionais agrupados da maior para a menor remuneração. Brasil, 1960-2009

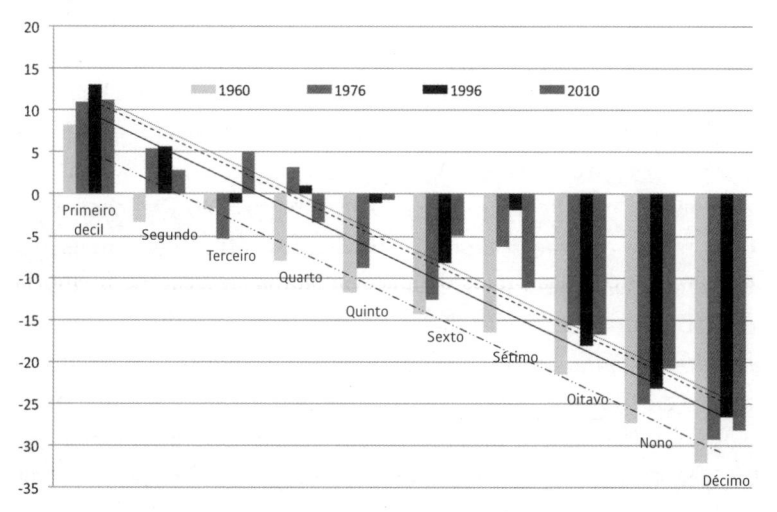

Fonte: Microdados das amostras dos Censos de 1960 e 2010 e das Pnads de 1976 e 1996.

As linhas de tendência do gráfico 7 refletem as diversas mudanças temporais, mas contam uma história à parte. Por elas pode-se observar que há mais discrepância entre as distribuições de 1960 e 1976 do que entre a deste ano e a de 1996, ainda menos discrepante da distribuição de 2010. De um processo de redução gradual do fechamento das posições superiores aos não brancos e também de redução das desigualdades ocupacionais entre eles e deles com os brancos, deveríamos esperar um movimento de rotação de cada nova curva de regressão (referente a cada novo ano mais recente) em direção ao eixo horizontal. Num mundo ideal, as curvas seriam coincidentes com esse eixo, refletindo ausência de hierarquias ocupacionais e de barreiras à entrada dos não brancos. Mas o que vemos são quatro linhas espantosamente paralelas, cujo ponto médio vinha se aproximando, até 1996, da mediana da distribuição ocupacional (quinto decil), processo levemente revertido em 2010 que, contudo, não interferiu no movimento geral. As curvas são o retrato estilizado da extrema rigidez da *forma* da estrutura ocupacional, que permeabiliza as posições para acolher cada vez mais pretos, pardos e índios, mas de modo muito lento ao longo das décadas e, sobretudo, numa dinâmica de *manutenção* das hierarquias e desigualdades existentes. Isso vale principalmente para as posições inferiores (1 e 2) e superiores (8, 9 e 10), que se revelam, ao fim e ao cabo, como arranjos duráveis, ou estruturais, de reprodução de desigualdades raciais.

Por fim, ressalte-se que, em 2010, 70% dos não brancos e 54% dos brancos estavam lotados nas ocupações entre as 40% mais mal remuneradas. Essa é mais uma evidência contra os argumentos de louvação do crescimento da "classe média" no Brasil. A renda familiar *per capita*, utilizada nas análises convencionais sobre crescimento da "classe C" (Neri, 2010), é, em geral, um *composto* de vários rendimentos, boa parte dos quais provenientes do trabalho em ocupações cuja renda média situa os trabalhadores entre os 40% mais pobres, em especial os trabalhadores não brancos.

Em suma, ao longo dos últimos 50 anos, a população não branca esteve bastante sobrerrepresentada nos decis ocupacionais mais baixos (1 e 2) e muito sub-representada nos demais, com destaque para os mais altos (8, 9 e 10). Isto é, embora a participação de não brancos tenha crescido em cada estrato ocupacional em cinco décadas, por outro lado a desigualdade (medida como desvio em relação à média da participação dos não brancos na população ocupada total) *não* decresceu *de maneira importante* nem internamente ao grupo não branco, nem deste em relação aos brancos. Isso quer dizer que, num patamar maior de participação de não brancos, houve muito pouca mudança, em termos médios: (i) na distância entre as ocupações mais bem e mais mal remuneradas; (ii) e no fato de que, quanto mais se sobe na hierarquia de renda ocupacional, menor a participação de pretos e pardos. Houve redução na desigualdade racial, na medida em que há mais pretos e pardos nas melhores posições e muito particularmente nas posições médias da distribuição ocupacional. Contudo, isso ocorre em proporção ainda muito inferior à média de sua presença na população ocupada total e em ritmo muito inferior ao que seria de esperar de uma sociedade que vem tentando, a ferro e fogo, reduzir as barreiras à mobilidade das populações tradicionalmente excluídas das oportunidades que o país gerou nas últimas décadas.

ISOLANDO O EFEITO DA COR

Há desacordo na literatura especializada com relação ao efeito da cor ou raça nas chances de inserção ocupacional e nas oportunidades de vida dos brasileiros, muito especialmente o acesso à educação e à renda.[69] Vimos que o acesso às ocupações superiores é mais provável para os brancos. A diferença nas chances de acesso aos três decis mais altos variou em torno de 11 pontos percentuais ao longo dos anos, com exceção de 1976, quando foi de 6%. Ou seja, o mercado de trabalho, com o correr dos anos, passou a oferecer mais espaço nas ocupações superiores, aumentando as probabilidades de

---

[69] Barros et al. (1996), por exemplo, encontraram efeito diminuto da cor nos diferenciais de acesso à renda, quando controlado pela escolaridade, atributos do mercado de trabalho e regiões do país. Os pretos e pardos seriam mais discriminados no mercado de trabalho não tanto por sua cor, mas por sua baixa qualificação formal (ou menor produtividade, no linguajar dos economistas). Na mesma direção, ver Soares (2000) e Campante et al. (2004). Hasenbalg (2005 [1979]) e Paixão et al. (2010) são alguns dos muitos a contestar essa ideia. O último mostra que a desigualdade racial é multidimensional, não afetando apenas a renda. Ribeiro (2009) sustenta que o efeito da raça sobre as transições educacionais de diferentes coortes de nascimento a partir de 1938 é constante no Brasil, e negativo, embora menos intenso do que o efeito da classe social. Ver, ainda, Fernandes (2001) e Ribeiro (2012).

todos, mas ainda assim as distâncias raciais permaneceram relativamente estáveis. Isso, contudo, pode decorrer de outros fatores que não simplesmente a cor, como a idade, a escolaridade, o sexo, o local de moradia e outras dimensões nem sempre mensuradas pelas pesquisas domiciliares. A literatura sobre o tema já é alentada, mas não conheço estudos que tentem dimensionar *as mudanças no tempo* nos determinantes das chances de acesso às posições superiores da estrutura ocupacional. Esse é o objetivo desta seção.

A hipótese a ser testada é a da perda gradativa da importância da cor como determinante das oportunidades de vida no tempo, tendo em vista movimentos correlatos cujo substrato é algo que se poderia denominar "modernização" da sociedade brasileira, que vem provocando mudanças culturais importantes, como a possível redução das resistências históricas à ideia de igualdade racial; mudanças legais de monta, tais como o aumento do custo do racismo em razão da legislação posterior à Constituição de 1988; transformações econômicas que têm aumentado a competição no mercado de trabalho; e avanços sociais também relevantes, como a universalização do acesso à educação fundamental, o aumento da cobertura da educação de nível médio, a melhoria das condições de vida das populações mais vulneráveis etc. Todos esses processos de mudança foram e continuam muito lentos, em especial a redução das desigualdades de acesso às posições superiores do sistema educacional, principal mecanismo de abertura, por sua vez, das posições superiores na estrutura ocupacional, mas justificam um esforço de análise longitudinal que tente capturar seus possíveis efeitos independentes sobre as oportunidades de vida.

A tabela 15 apresenta os coeficientes padronizados da regressão de alguns indicadores selecionados contra o acesso às posições da hierarquia ocupacional construída antes.[70] Os modelos são simpli-

---

[70] Utilizo os coeficientes padronizados resultantes da regressão para tornar comparáveis os parâmetros e hierarquizar o peso específico da cor.

ficados, em razão da necessidade de compatibilizar bases de dados muito distintas produzidas em 50 anos. O objetivo aqui é apenas mostrar que, em modelos parcimoniosos e robustos (com R^2 igual ou superior a 0,44, com exceção de 2009), a cor não perdeu importância como elemento explicativo do acesso diferencial das pessoas a posições na estrutura ocupacional — ao contrário. Com o tempo, o peso da cor, se relativamente constante em termos absolutos, *ganhou importância relativa* em face dos outros parâmetros. De fato, em 1960 e 1976 o efeito da cor, negativo (isto é, reduzia a posição média na escala ocupacional), só era maior do que o da região do país, aqui mensurada como uma variável dicotômica, destacando os moradores das regiões Sudeste e Sul, comparados com os moradores das outras regiões. Ser não branco reduzia a posição na hierarquia ocupacional, quando controlados outros efeitos, como sexo, idade, escolaridade etc. Em 1996, a cor era mais importante do que a região e ter carteira assinada, e em 2009 havia superado também o efeito de morar em áreas urbanas.

TABELA 15 | Efeitos de indicadores selecionados no acesso a posições na hierarquia ocupacional (decis ocupacionais). Regressão de mínimos quadrados, coeficientes padronizados. Brasil, 1960-2009

Indicadores	Coeficientes padronizados (Beta)			
	1960	1976	1996	2009
Não brancos	−0,048	−0,082	−0,061	−0,084
Homens	0,133	0,135	0,173	0,163
Região Sul ou Sudeste	0,014	−0,006	−0,047	−0,017
Área urbana	0,371	0,317	0,189	0,067
Anos de estudo	0,413	0,375	0,548	0,586
Idade	0,076	0,100	0,140	0,190
Tem carteira assinada[*]	—	0,120	−0,007	−0,050
R^2	0,47	0,44	0,43	0,37

Obs.: Todos os coeficientes são significativos em 0,001 ou maior.
Fontes: Microdados do Censo Demográfico de 1960 e das Pnads.
(*) O Censo de 1960 não traz a informação sobre carteira assinada.

É verdade que o crescimento da importância relativa da cor se deveu à perda da importância dos demais indicadores, mas é esse, justamente, o fato relevante aqui. Morar na cidade perdeu muito de seu peso nas chances ocupacionais, fruto, obviamente, das migrações internas, que reduziram a pouco mais de 12% a proporção de moradores do campo. O efeito positivo de ser homem, por comparação com as mulheres, aumentou ao longo do tempo, bem como o da escolaridade e da idade. Em conjunto, esses dados estão dizendo que:

1. O acesso a melhores posições na hierarquia ocupacional é cada vez mais função combinada da qualificação formal (medida pelos anos de estudo) e da experiência no mercado de trabalho (medida pela idade),[71] e cada vez menos função do local de moradia (se campo ou cidade).

2. Ser homem traz vantagens relativas duráveis e positivas, em comparação a ser mulher.

3. A cor não branca traz desvantagens relativas duráveis, embora bem menos intensas do que os indicadores anteriores. Ainda assim, não se pode dizer que a modernização do Brasil tenha anulado ou reduzido o impacto da cor da pele nas chances ocupacionais. Ao contrário, o efeito negativo de não ser branco, mesmo que pequeno, aumentou entre 1960 e 1976, e se manteve estável nos 35 anos seguintes, o que resultou no aumento relativo em face de outros determinantes, que perderam importância.

4. O efeito da carteira assinada, ou do mercado formal de trabalho, perde relevância entre 1976 e 1996, tornando-se negativo, efeito que cresce ainda mais em 2009. Isso sugere que o mercado de trabalho, quanto mais subimos na hierarquia ocupa-

---

[71] Branco (1979) foi um dos primeiros a estimar o impacto da experiência no mercado de trabalho sobre a renda do trabalho. Em um mercado de trabalho em franca modernização, seria de esperar uma queda no impacto dessa variável sobre as chances de renda maior, em favor da educação. Ao menos no que se refere às posições na hierarquia ocupacional, isso não parece estar ocorrendo no Brasil.

cional, tem cada vez menos posições assalariadas formais. Isso reflete o aumento das posições por conta própria, mas formais, isto é, que eram contribuintes para a Previdência Social, aspecto analisado no capítulo anterior.

Há, portanto, aspectos relacionados à modernização da sociedade e da economia, como a urbanização e a maior valorização da educação formal e também o desassalariamento de parte da estrutura ocupacional; e aspectos que expressam a reprodução de mecanismos estruturais de reprodução de desigualdade, como a região do país onde se trabalha (que deve ser tomada como medida aproximada das oportunidades de vida), o sexo (com evidente vantagem para os homens) e a cor da pele dos trabalhadores, com desvantagem *persistente* para os não brancos.[72]

CONCLUSÃO

A percepção de meu amigo mineiro de que as piores posições na estrutura ocupacional são ocupadas principalmente por pessoas "de cor" (termo utilizado por ele), ainda que estereotipada, não esteve longe da realidade brasileira dos últimos 50 anos. Os dados do Censo Demográfico de 2010 vieram confirmar essa percepção secular: 70% dos lixeiros eram pretos ou pardos, contra uma presença de 49% desse grupo de cor na população ocupada total... Houve mudanças importantes nas chances ocupacionais de brancos e não brancos ao longo das décadas, principalmente nas ocupações intermédias, nas quais a proporção de não brancos se aproximou, mas sem nunca zerar o desvio negativo, de sua participação média entre

---

[72] Estudo abrangente sobre as causas da desigualdade no Brasil, com boa revisão da literatura internacional, é Barros e Mendonça (1995). Os autores também ressaltam as persistentes desigualdades raciais, por eles reputadas, porém, menos importantes do que as educacionais.

os ocupados. E essas ocupações empregam cada vez mais pessoas no Brasil, sintoma de mudanças na estrutura do mercado de trabalho associadas à urbanização e ao inchaço dos setores de serviços.

Se isso é verdade, em termos da estrutura ocupacional, o Brasil está muito longe de uma "sociedade de classe média", sobretudo para os não brancos. A grande maioria da população não branca (70%) ainda se encontra em ocupações cuja renda média está entre os 40% mais pobres, que empregam mais da metade da população branca. Mesmo que, nos estratos ocupacionais médios, as barreiras à entrada estejam diminuindo para o primeiro grupo populacional, ainda estamos longe de um mercado de trabalho que expresse, de maneira inequívoca e duradoura, os movimentos recentes de desnaturalização da discriminação racial via políticas públicas de ação afirmativa voltadas para a população não branca.

Dizendo mais enfaticamente: não se compreendem a estrutura ocupacional nem as oportunidades de acesso a ela no Brasil sem menção às desigualdades raciais. A raça, ou a cor da pele, permanece elemento decisivo das dinâmicas econômica e social, ao orientar as relações recíprocas dos agentes no mercado de trabalho. Em razão do longo tempo de maturação de mudanças populacionais, associado à sobrevivência de barreiras sociais ao acesso dos não brancos a melhores posições no sistema educacional[73] e de barreiras raciais à sua entrada nos postos de trabalho mais bem posicionados, por muito tempo ainda teremos uma hierarquia ocupacional condicionada pela cor da pele dos brasileiros, em detrimento dos não brancos.

---

[73] Ver Silva e Hasenbalg (2002), Hasenbalg e Silva (2003) e Ribeiro (2011). Os autores mostram, entre outras coisas, que as principais barreiras educacionais enfrentadas pelos não brancos estão na passagem do ensino fundamental para o ensino médio.

4 TRANSIÇÕES OCUPACIONAIS E MERCADOS DE TRABALHO INTERMETROPOLITANOS:

os casos do Rio de Janeiro e de São Paulo

UMA ESTRANHA ZONA CINZENTA

A divulgação inicial dos dados do Censo de 2010 pode ter gerado a falsa impressão de que o Brasil já não é um país de migrantes.[74] Apenas 14,5% dos habitantes do território nacional se declararam nascidos em outra unidade da Federação que não a de residência atual, e apenas 35% tinham nascido em outro município que não o atual.[75] Olhando os dados mais de perto, porém, o quadro muda substancialmente. Levando-se em conta os moradores que experimentaram pelo menos um evento de migração para

[74] Este capítulo resulta de pesquisa realizada durante período de "estágio sênior" em Paris, financiado pela Capes, a quem agradeço. Resultados preliminares da pesquisa foram apresentados em sessão especial do "Séminaire du Programme Villes et Territoires", da Sciences-Po, em 14 de dezembro de 2009. Agradeço especialmente a Fédéric Gilli seus extensos comentários, e também a Patrick Le Galès, Marco Oberti, Edmond Preteceille e Clément Rivière. Versão mais completa foi apresentada em seminário do CEM-Cebrap em março de 2011, e agradeço os comentários de Nadya Guimarães e Eduardo Marques. Agradeço, ainda, a Maria Emília Piccinini Veras, do Ministério do Trabalho, a presteza na geração da base de dados aqui utilizada, liberada em tempo para a viagem à França; e a Eduardo Carvalho, responsável pela produção dos dados, a assistência a distância.
[75] Ver tabela 1.2.2 da publicação dos dados da amostra do Censo 2010 em: <www.ibge.gov.br/home/estatistica/populacao/censo2010/resultados_gerais_amostra/resultados_gerais_amostra_tab_xls.shtm>. Acesso em: maio 2012.

fora de seu estado ou município de origem (tendo depois retornado), a proporção de migrantes interestaduais sobe para 21% e intermunicipais, para 41%. Estamos falando de 40 e 80 milhões de pessoas, respectivamente... Se, ademais, desagregarmos essa informação pela idade dos moradores, descobriremos que as baixas taxas médias de migração escondem grandes desigualdades geracionais. Como mostra o gráfico 8, a partir da idade de 36 anos (isto é, pessoas nascidas em 1974 ou antes), 50% ou mais dos brasileiros não eram naturais do município atual, ou então haviam experimentado ao menos um evento de migração para fora do município e retornado. O pico de experiência migratória ocorreu para moradores de 66 a 68 anos, com 64% deles experimentando ao menos uma migração intermunicipal ao longo de sua trajetória de vida. Os picos de migração interestadual também ocorreram para maiores de 60 anos, chegando a 30% no caso das pessoas de 68 anos. Por esses dados fica claro que o mais apropriado será dizer que o país talvez esteja deixando de ser um país de intensa migração interestadual, mas é muito alta a circulação intermunicipal.

Parte importante dessa circulação de pessoas entre os municípios ocorre a curta distância, nas regiões metropolitanas. Nessas regiões geográficas conurbadas, muita gente mora numa e trabalha em outra cidade vizinha (São Caetano do Sul é conhecida cidade-dormitório da Região Metropolitana de São Paulo, por exemplo, sobretudo da capital paulista), e com frequência troca-se uma cidade pela outra como local de moradia. Ademais, é intensa a circulação de trabalhadores pelos mercados de trabalho metropolitanos.[76]

---

[76] Ver, por exemplo, Motim (1999) e Cunha (1994).

GRÁFICO 8 | Proporção de migrantes entre os moradores de municípios e unidades da Federação, segundo a idade dos moradores. Brasil, 2010

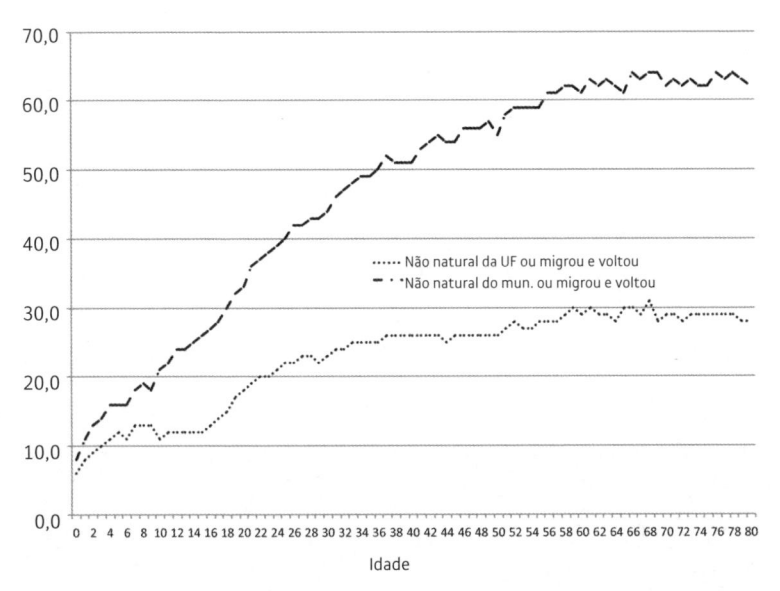

Fonte: Microdados do Censo Demográfico de 2010.

Se isso é verdade, são raros no Brasil os estudos sobre a possível existência de circulação de pessoas *entre* as regiões metropolitanas, menos ainda focados na circulação *dos trabalhadores*. Essa carência é espantosa, se levarmos em conta o persistente e renovado interesse que a questão migratória desperta em grupos de pesquisa de várias instituições do país, como o Cedeplar, o Ippur e o Ipea, para ficar nas de produção mais volumosa. Mas uma consulta sistemática ao Banco de Teses da Capes a propósito da produção doutoral sobre migrações no Brasil entre 1987 e 2009,[77] ali depositada, encontrou apenas 43 teses nas áreas de ciências humanas e ciências sociais aplicadas. A maior parte da produção se concentrava no período 2003-2009 (28 teses).[78] Do total, 13 eram teses de história; 11, de sociologia; seis, de

---

[77] Pesquisa realizada em dezembro de 2010.

[78] Essa concentração talvez reflita o caráter recente da digitalização da produção em ciências sociais no país. Pode ser que, à medida que os programas de pós-

demografia; e seis, de economia (as demais estão distribuídas entre geografia, educação, psicologia e antropologia).[79] Pois bem, ainda que três das 43 teses encontradas tenham o espaço metropolitano como referência geográfica principal de análise, nenhuma investiga a hipótese da existência de mercados de trabalho intermetropolitanos. As teses, quando muito, tratam de migrações internas às metrópoles.[80]

Do mesmo modo, os periódicos que fazem parte da coleção do Scielo[81] traziam, em dezembro de 2010, pouco mais de 50 artigos sobre migrações produzidos no país nas áreas de interesse aqui (ciências humanas e ciências sociais, neste caso incluindo as aplicadas). Destes, apenas dois tratam de mercados de trabalho internos

---

-graduação alimentem o sistema Capes com a produção passada, o número de resumos de teses disponíveis para a consulta aumente. O Banco de Teses da Capes está em <http://capesdw.capes.gov.br/capesdw/>. Seja como for, a produção encontrável nos periódicos arquivados no Scielo também se concentra na década de 2000, como veremos.

[79] Entre as teses de história, há dois estudos sobre migrações nordestinas para a Amazônia durante os ciclos da borracha, estudos sobre migrantes libaneses ou italianos, ex-escravos retornando à África, migrações internas nas décadas passadas etc. Entre os de sociologia, há estudos sobre redes sociais, crianças, mulheres e indígenas migrantes, migrações do Brasil para outros países e de volta, migrações internas e seus efeitos sobre oportunidades de vida, entre outros. Os estudos de demografia também se debruçam sobre migrações internas, sob ótica estritamente demográfica interessada nos fluxos do campo para a cidade, dos centros metropolitanos para o interior e ao revés etc. As teses de economia estão particularmente interessadas nos impactos das migrações nos salários ou na renda das famílias. As duas teses de psicologia estudam efeitos psicológicos e vicissitudes pessoais decorrentes das migrações, as de geografia miram o deslocamento no espaço. Nenhuma trata do tema aqui investigado.

[80] É o caso de Motim (1999), sobre a Região Metropolitana de Curitiba. Marisa Magalhães (2003) também estuda esse universo, e Cunha (1994) se debruça sobre a Região Metropolitana de São Paulo. O Banco de Teses da Capes é boa ferramenta de consulta, mas permanece muito incompleto. Pesquisa nos bancos de tese do Cedeplar-UFMG e do Ippur-UFRJ, importantes institutos que têm as migrações entre suas linhas de pesquisa, encontrou nove teses de doutorado sobre o tema e que não fazem parte do Banco da Capes. Elas também não tratam do tema investigado aqui.

[81] Ver: <www.scielo.br>.

às metrópoles (no caso, São Paulo e Porto Alegre), e nenhum estuda possíveis migrações entre metrópoles.[82] Logo, ao menos nos últimos 20 anos o tema parece distante das práticas de pesquisa sobre mercados de trabalho e migrações no país, práticas que mobilizam as energias, sobretudo, de historiadores, economistas e demógrafos, quase nunca de sociólogos.

Se é assim, há razões para crer que as regiões metropolitanas do Rio de Janeiro e de São Paulo, as maiores tanto em termos populacionais quanto das malhas econômicas geradoras de emprego, estão mais conectadas do que supõe a literatura sobre suas dinâmicas populacional e econômica. O IBGE, por exemplo, publicou em 2008 o novo mapa das Regiões de Influência das Cidades (Regic), e nela descobrimos que cada uma dessas duas regiões metropolitanas continua sendo o principal parceiro empresarial da outra.[83] No entanto, o IBGE considera a Região Metropolitana do Rio de Janeiro apenas secundariamente como área de influência da de São Paulo, e vice-versa (isto é, elas são consideradas "conexões externas" à área de influência direta de cada região metropolitana). Mas há evidências de que a influência e a dependência mútuas talvez sejam maiores do que isso. Vejamos.

---

[82] Este estudo já estava pronto quanto tive acesso ao trabalho de Lobo e Matos (2011), que trata da migração entre regiões metropolitanas e, muito especialmente, entre a Região Metropolitana de São Paulo e sua "região de influência", composta, entre outras, pela Região Metropolitana de Campinas. Ver, ainda, Brito (2006) e a tese de doutorado de Lobo (2009).

[83] O IBGE utiliza o conceito de "intensidade do relacionamento empresarial", quer dizer, o número de empresas de uma região metropolitana que têm filiais na outra, e vice-versa. Ver IBGE (2008). Tomando-se São Paulo como referência, o relacionamento entre esta região metropolitana e o Rio era 2,5 vezes mais intenso do que o que havia entre aquela e a segunda colocada (Região Metropolitana de Campinas), e, com o Rio como referência, a relação entre as duas maiores regiões metropolitanas era sete vezes mais intensa do a que havia entre o Rio e a sua segunda colocada (Região Metropolitana de Brasília).

Em 1994, as duas regiões metropolitanas, em conjunto, registraram perto de 3,5 milhões de eventos de emprego formal. Isso não quer dizer que foram criados 3,5 milhões de empregos naquele ano, nem que 3,5 milhões de pessoas se empregaram formalmente.[84] Uma mesma pessoa pode ter tido vários empregos formais, e um mesmo posto de trabalho pode ter sido ocupado por mais de uma pessoa ao longo do tempo. Aquela cifra quer apenas dizer que os postos de trabalho existentes, os que foram criados e os que foram destruídos no ano, registraram 3,5 milhões de admissões e outras tantas demissões. Na verdade, se considerarmos que a população ocupada nas duas metrópoles foi de pouco mais de 10 milhões de pessoas naquele ano, e que, destas, apenas 56% tinham empregos formais,[85] então estes representavam perto de 4,5 milhões dos postos de trabalho existentes.[86] Ao que parece, 3,5 milhões deles trocaram de ocupante.[87]

Cerca de 10,5% dos admitidos na metrópole fluminense em 1994 haviam tido ou teriam emprego formal em sua congênere paulista entre 1985 e 2008. No sentido oposto, 13,1% dos admitidos em São Paulo tinham tido ou teriam um emprego no Rio de Janeiro nesse espaço de tempo. Na verdade, se tomarmos a to-

---

[84] Esses cálculos foram feitos com base nos microdados da Rais-Migra Vínculos, base de dados produzida pelo Ministério do Trabalho com base na Relação Anual de Informações Sociais (Rais) e descrita em mais detalhes ao longo do texto.

[85] Calculado com base nos microdados da Pesquisa Nacional por Amostra de Domicílios (Pnad).

[86] A Pnad entrevista pessoas nos domicílios, enquanto a Rais é um censo das empresas formalmente estabelecidas. Os dados da Pnad devem ser tomados, pois, como medida aproximada dos empregos existentes. Ademais, a informação se refere aos ocupados em setembro de cada ano, mês de referência da Pnad. A Rais-Migra Vínculos computa *todas* as admissões ocorridas ao longo do ano no mercado de trabalho formal.

[87] A alta rotatividade nos mercados formais de trabalho do país já foi amplamente estudada, e por pesquisadores de disciplinas diversas. Ver os trabalhos de Caruso e Pero (1997); Cacciamali (1996); Baltar e Proni (1996); Barros, Camargo e Mendonça (1996); Cardoso (2000); Guimarães (2004, 2009); entre diversos outros.

talidade dos 92 milhões de eventos de emprego formal ocorridos nas duas metrópoles entre 1985 e 2008, perto de 13 milhões foram ocupados por pessoas que migraram entre um mercado formal de trabalho e outro. No total, quase 4,6 milhões de trabalhadores brasileiros empregados formalmente (e possivelmente suas famílias) trocaram uma metrópole pela outra em 24 anos, respondendo por mais de 17% de todos os eventos de emprego formal ocorridos nas duas metrópoles. Se o movimento parece acanhado em termos proporcionais (17%), os valores absolutos, envolvendo milhões de pessoas, são portentosos, e deveriam ser suficientes para justificar o problema de pesquisa inquirido neste capítulo, isto é, a possível existência de um mercado de trabalho intermetropolitano ligando essas duas grandes cidades.

Assim, num quadro de carência de pesquisas empíricas sobre o tema, pretendo investigar a hipótese da existência de tal mercado de trabalho, tomando por referência a circulação da força de trabalho pelo setor formal da economia nesses espaços geográficos. Já sabemos que 4,6 milhões de pessoas circularam entre os empregos formais das duas metrópoles nos últimos 24 anos. Quem são essas pessoas? Sua circulação é suficiente para configurar um mercado de trabalho conectando as duas regiões geográficas, isto é, existência de demanda complementar ou competitiva por parte das empresas e oferta disponível e acessível por parte dos trabalhadores que torne viável a migração guiada pelas chances de emprego? Se houver algo nesse sentido, as probabilidades de migração intermetropolitana são as mesmas segundo o sexo, a idade, a escolaridade e a ocupação desses trabalhadores?

A hipótese preliminar de trabalho sustenta que sim, há um mercado intermetropolitano de trabalho, mas que as probabilidades de migrar são muito diferentes para diferentes tipos de trabalhadores. Como mostraram Oliveira e Jannuzzi (2005), homens e mulheres migram por motivos diferentes no Brasil. Os primeiros migram para trabalhar (34,7%) ou para acompanhar a família (40%), enquanto 63% das mulheres migram para acompanhar a família (2005:153). Quanto mais jovens os homens e as mulheres, mais a migração depende da família. Contudo, no caso dos homens de 20 a 34 anos, a grande maioria migra por questões profissionais, enquanto as mulheres nessa idade continuam acompanhando as famílias ao migrar (2005:136-137).[88] Logo, a idade e o sexo da pessoa estão fortemente associados a razões diversas para a migração. É de se supor, pois, que homens e mulheres em idades diferentes apresentarão padrão também diverso, quando olhamos as probabilidades de migração intermetropolitana. Em outras palavras, se existe um mercado de trabalho intermetropolitano, ele não estará aberto da mesma maneira a homens e mulheres, nem aos diversos grupos etários. Além disso, é de suspeitar que ele não constituirá as mesmas probabilidades de percurso para as diversas ocupações e qualificações profissionais existentes. A análise busca esclarecer esses processos, inquirindo se há e qual a natureza da migração intermetropolitana ligando as regiões metropolitanas do Rio de Janeiro e de São Paulo.

NOTA METODOLÓGICA

Nesta análise, utilizo os microdados da Rais-Migra Vínculos, base de dados produzida pelo Ministério do Trabalho e Emprego com base na Relação Anual de Informações Sociais (Rais) e que agrega (até o momento da redação deste estudo) a totalidade dos vínculos

---

[88] Tabulei os dados da Pnad 2001 para este capítulo, a fim de complementar as informações de Oliveira e Jannuzzi (2005). Entre os homens de 24 a 50 anos, a proporção que migra por motivos relacionados com o trabalho varia de 54% a 64%, e entre 50% e 60% das mulheres na mesma idade migram para acompanhar a família. Golgher (2001) apresenta um bom apanhado da literatura econômica e de demografia sobre os determinantes das migrações.

formais de trabalho ocorridos no Brasil entre 1985 e 2008. Esse banco de dados permite reconstituir as trajetórias ocupacionais de todos aqueles que tiveram pelo menos um vínculo formal de trabalho no país em qualquer tempo e cuja duração tenha alcançado, pelo menos, o ano 1985. As mobilidades geográfica, setorial e ocupacional podem ser reconstituídas segundo as clivagens de gênero, idade, escolaridade e renda, além de outras medidas de interesse, como a duração dos vínculos e o total de vínculos na trajetória.[89]

Como a Rais-Migra Vínculos computa mais de 92 milhões de vínculos ocorridos nesses espaços geográficos no período, foi preciso recortar o universo empírico para viabilizar sua manipulação estatística. Selecionei para análise o total de admitidos em 1994 nas duas regiões metropolitanas, ou seja, perto de 3,5 milhões de pessoas. Como a média de vínculos no período 1985-2008, por pessoa admitida em 1994, foi de sete no Rio e 7,2 em São Paulo, esses 3,5 milhões de indivíduos se transformam em quase 25 milhões de unidades de análise, o que dificulta certos procedimentos computacionais utilizados aqui. Desse universo, selecionei uma amostra aleatória de 10% para a Região Metropolitana do Rio de Janeiro e de 5% para a de São Paulo, e levantei sua trajetória migratória anterior (recuando até 1985) e posterior (até 2008). A amostra contém 77 mil indivíduos e 543 mil vínculos no caso da Região Metropolitana do Rio de Janeiro, e 111 mil indivíduos e 803 mil vínculos no caso da de São Paulo. Como a base de dados Rais-Migra Vínculos traz o universo dos vínculos de emprego formal ocorridos no país

---

[89] A Rais-Migra Vínculos apresenta uma diferença fundamental em relação à Rais-Migra Painel, objeto de estudos, entre outros, de Freguglia (2007) e Aguayo-Téllez et al. (2010). A "Painel" retém apenas o vínculo de maior duração ou o vínculo vigente em 31 de dezembro do ano de referência, indicando, em variável à parte, quantos vínculos a pessoa teve no ano. A "Vínculos" retém todos os vínculos dos indivíduos, ocorridos em qualquer tempo e que não tenham sido encerrados antes de 1985.

desde 1985, a seleção de uma amostra é simples, e sua representatividade tem significância superior a 0,001.

COMPLEMENTARIDADE × COMPETIÇÃO:
OS MERCADOS DE TRABALHO DO RIO DE JANEIRO E DE SÃO PAULO

Antes de prosseguir, é preciso fazer duas advertências. Em primeiro lugar, o estudo de Oliveira e Jannuzzi (2005) mostrou que os homens brasileiros migram, sobretudo, em razão do trabalho.[90] Na vasta literatura (econômica, demográfica ou sociológica) sobre determinantes das migrações para as cidades e construção do espaço urbano delas decorrente, a busca de emprego e renda também ocupa lugar de destaque nos modelos, em geral econométricos, de explicação das migrações.[91] Contudo, mais recentemente, aspectos como a qualidade de vida diferencial entre origem e destino, incluindo condições e custos de moradia, saúde e educação, a percepção da violência urbana, o tempo de deslocamento entre a moradia e o emprego, a qualidade dos serviços urbanos de infraestrutura e de lazer, e mesmo aspectos de difícil mensuração, como sustentabilidade dos aglomerados urbanos e qualidade dos

---

[90] Ver, ainda, Antico (1997), Baeninger (1999) e, para o caso das mulheres, Chaves (2009). A Pnad 2001 pergunta para os moradores que residem no município atual há quatro anos ou menos: "Qual foi o motivo principal da mudança para este município?" As alternativas são "Trabalho da própria pessoa", "Estudo da própria pessoa", "Saúde da própria pessoa", "Moradia", "Acompanhar a família", "Dificuldade no relacionamento familiar" e "Outro motivo". Não se sabe, pois, quais os significados de "Trabalho da própria pessoa", podendo indicar busca de emprego, melhoria de renda, transferência pela empresa ou qualquer outra razão.
[91] Texto clássico na perspectiva individualista (ou neoclássica) de explicação das migrações é Lee (1980 [1966]). Bons balanços dessa vertente estão em Evans (1990) e Golgher (2001). Textos clássicos em perspectiva histórico-estrutural no Brasil são Lopes (1973) e Singer (1980 [1976]). Ver, ainda, Patarra et al. (1997) e Vainer e Brito (2001). Estudos recentes com base na Rais são Aguayo-Téllez et al. (2010) e Menezes-Filho et al. (2007, 2008).

empregos, vêm ganhando relevância crescente na explicação, por exemplo, das migrações pendulares intrametropolitanas e nas migrações de retorno às regiões de origem.[92] A mesma Pnad de 2001 utilizada por Oliveira e Jannuzzi (2005) aponta, como mencionado em nota, que o trabalho não é explicação exclusiva, respondendo por 60% das razões para a migração dos homens de 24 a 50 anos, os outros 40% dividindo-se entre o estudo (muito importante para os mais jovens), a moradia, a saúde, o acompanhamento da família e "outros" motivos. Logo, é preciso ter sempre presente que a atenção ao mercado de trabalho e seus padrões salariais responde por apenas parte da dinâmica migratória de indivíduos e famílias.

Em segundo lugar, o mercado formal de trabalho, objeto de mensuração pela Rais (e que inclui o funcionalismo público), representa um máximo de 60% das ocupações criadas nas duas regiões metropolitanas de interesse aqui. Em 1986, por exemplo, empregados com carteira e funcionários públicos respondiam por 57% da ocupação total do Rio de Janeiro e de São Paulo, segundo a Pnad.[93] Em 1992, chegara-se a 60%. Em 2002, eles eram 50%; em 2008, 53,5%. Logo, mirar a circulação de força de trabalho pelos empregos assalariados formais restringe a capacidade de construção das probabilidades globais de percurso entre os dois espaços metropolitanos. Dois exemplos ajudarão a pôr o problema em perspectiva.

1. Sabe-se que parte não desprezível das ocupações muito qualificadas em alguns setores importantes da economia, como o de comunicações, aqui incluídos jornalismo, publicidade e pro-

---

[92] Ver Castells (1976); Sassen (1992 [1988]); Cunha (1994, 1995); Bilsborrow (1996); Gootdiener (1993); Caiado (2004); Brito e Marques (2006); entre outros.

[93] Calculado a partir dos microdados da Pnad 1986. Até 1990, a Pnad não discriminava, na posição da ocupação, os servidores públicos. A proporção de servidores foi construída a partir do ramo da economia, que, contudo, é uma aproximação grosseira. Mudança de metodologia em 1992 permite discriminar essa categoria, tornando o dado mais fidedigno.

paganda, além das ocupações artísticas de modo geral (ligadas a rádio, televisão e outras), e uma infinidade de ocupações ditas "criativas",[94] entre elas serviços de engenharia, arquitetura, advocacia, computação, entretenimento etc., não se desempenham por meio de vínculos formais de trabalho *assalariado*. É crescente, no Brasil, o número de "pessoas que são empresas", as já conhecidas PJs (pessoas jurídicas), ou pessoas que abrem uma empresa para prestar serviços a outras empresas sem vínculo empregatício.[95] A circulação dessas pessoas não pode ser apreendida pela Rais. Isso vale também para as pessoas que migram entre as duas regiões metropolitanas para ocupações assalariadas sem carteira assinada ou para trabalhar por conta própria, algo que afeta a outra ponta do espectro de qualificação, isto é, os trabalhadores *menos* qualificados.

2. Segundo dados da Agência Nacional de Aviação Civil (Anac), mais de 3,3 milhões de pessoas circularam entre São Paulo e Rio de Janeiro em 2008, e apenas pelos aeroportos de Congonhas e Santos Dumont.[96] Pelas estradas que ligam as duas cidades, circularam 1,35 milhão de pessoas, segundo dados do Ministério dos Transportes.[97] É impossível saber quanto desse total se compõe de pessoas que vivem numa região metropolitana e trabalha na outra, mas é de suspeitar que o número não seja negligenciável. Nos

---

[94] Designação de Richard Florida (2002) para ocupações de certo tipo, às quais voltarei.

[95] A partir de 2002, a Rais permite mensurar o crescimento dessas "empresas", que são, na verdade, pessoas que o mercado de trabalho já não absorve como assalariados, mas de que necessita. Essas empresas declaram a chamada "Rais negativa", um formulário específico para empresas sem nenhum empregado. Em 2009, dos 7,4 milhões de empresas existentes, 4,2 milhões, ou quase 57%, eram empresas desse tipo.

[96] Dados em: <www.anac.gov.br/estatistica/anuarios.asp>. Anuário de 2008, tabela 3.2-a. Acesso em: jan. 2011.

[97] Dados em: <www.antt.gov.br/InformacoesTecnicas/aett/aett_2009/1.5.1.9_ok.asp>. Acesso em: jan. 2011.

últimos 20 anos, por exemplo, o Rio de Janeiro perdeu número não desprezível de sedes de grandes empresas para a metrópole vizinha. Parte dos executivos dessas empresas pode ter preferido permanecer no Rio, onde tinham suas redes sociais e familiares. O mesmo pode ter acontecido na direção inversa.[98] Seja qual for a proporção, porém, o volume anual de circulação deixa claro que há mais vínculos e conexões entre as duas regiões metropolitanas do que a mobilidade ocupacional por seus mercados formais de trabalho. O que se apresenta aqui, pois, é apenas uma parcela, embora muito importante, da dinâmica da possível integração (ou alheamento) entre os dois mercados de trabalho.

Isso posto, a migração entre mercados de trabalho pode ocorrer por várias razões, como já se disse. Mudanças de longo curso na estrutura econômica (como crises ou períodos de expansão) podem mudar a configuração dos empregos disponíveis em determinada região metropolitana, com isso solapando as (ou criando novas) possibilidades de empregos para contingentes inteiros de pessoas.[99] Por outro lado, se duas regiões metropolitanas geograficamente próximas têm mercados de trabalho complementares (por exemplo, uma oferecendo mais empregos industriais e outra mais voltada para os serviços), trabalhadores com qualificações mais adequadas a uma ou outra estrutura de oferta se moverão entre elas sempre que considerarem mais vantajoso manter sua qualificação ou profissão, independentemente do local onde a exerça e, eventualmente, do salário. Se, ao contrário, os mercados de trabalho são competitivos no todo ou em parte, isto é, se as duas regiões metropolitanas oferecem oportunidades de emprego semelhantes, a

---

[98] Sobre a perda do dinamismo da economia do estado do Rio de Janeiro em geral e da cidade do Rio em particular, ver Hasenclever et al. (2008, 2009) e também Silva (2004).
[99] Sobre transformações estruturais e expansão urbana, ver o clássico Singer (1977a).

migração entre elas ocorrerá se o trabalhador considerar vantajoso o salário oferecido, em face dos muitos outros custos da migração (incluindo a perda ou o afrouxamento dos laços e das redes sociais, as expectativas quanto às múltiplas dimensões da qualidade e do custo de vida diferencial no destino etc.).

As duas últimas alternativas (mercados de trabalho competitivos ou complementares informando o cálculo migratório de indivíduos e famílias) são típicas dos modelos neoclássicos (baseados na racionalidade individual maximizadora de utilidade *econômica*) de explicação das migrações.[100] Partem, porém, de pelo menos um pressuposto de difícil sustentação empírica *geral*: a ideia de que a informação sobre o efetivo funcionamento dos mercados de trabalho (empregos disponíveis e salários oferecidos) é transparente ou, no mínimo, suficiente para a tomada de decisão, além de *igualmente disponível a todos*. Mais ainda, de que a informação está disponível a todos na malha geográfica de referência das oportunidades de migração. Sabe-se, hoje como ontem, que as coisas não se passam dessa maneira.[101] Eduardo Marques vem mostrando que a migração de pessoas das classes populares, bem como a obtenção do emprego, depende, sobretudo, de *laços fortes* das redes sociais, ao contrário do que encontrou Mark Granovetter (1974) para o caso dos Estados Unidos nos anos 1970. Isso quer dizer que a maioria das pessoas migra após a migração de um membro da família, que se torna o principal veículo da informação sobre o mercado de trabalho no possível destino dos outros familiares (Marques, 2009, 2010). Esses achados estão em linha com os estudos qualitativos sobre migrantes nordestinos no Rio de Janeiro e em São Paulo nos anos 1960 e 1970 (como Lopes, 1967, 1971a [1964], 1971b; Durham, 1973; e Perlman 1977, entre outros). Na

---

[100] A *rationale* desses modelos é exposta com competência por Golgher (2001).
[101] Dados tabulados a partir dos microdados do *survey*, realizado em 2008.

pesquisa do Instituto do Milênio sobre Desigualdades de Oportunidades (PSDS, já apresentada no capítulo 2), 61% das pessoas que conseguiram uma ocupação *assalariada* no país chegaram a ela por indicação ou de parente, ou de amigo próximo, ou de conhecido. Mobilizando laços fortes das redes sociais, portanto. Ou seja, como venho insistindo aqui, os mercados de trabalho, formais ou informais igualmente, funcionam com informação imperfeita, dependem de redes sociais para a circulação dessa informação, redes muito variáveis segundo as classes sociais e as regiões geográficas. Mobilizam laços familiares e de amizade, estruturas de confiança inscritas nas relações sociais, hierarquias sociais de poder e *status*, instituições por vezes concorrentes, por vezes solidárias na divulgação da informação, tais como serviços públicos e privados de intermediação de mão de obra etc.[102]

Assim é que a baixa escolaridade da maioria da população do país e o precário acesso a meios de informação adequada trouxeram aos centros urbanos, ao longo das últimas décadas, muito mais gente do que talvez fosse o caso se a informação tivesse circulado como preveem os modelos econométricos de inspiração neoclássica, isto é, se os migrantes das mais diversas regiões do país rumo ao Rio de Janeiro ou a São Paulo soubessem que a migração em massa estava gerando ocupações precárias a mal remuneradas, desemprego e pobreza, ao lado da concentração evidente da riqueza.[103] Boa parte desses migrantes o fez para "melhorar de vida", ainda que isso não passasse de um sonho vago, alimentado não tanto pela informação clara sobre o futuro que os aguardava, mas prin-

---

[102] Sobre redes de intermediação de mão de obra em mercados metropolitanos de trabalho, ver Guimarães (2009). A pesquisa do Instituto do Milênio, mencionada outras vezes neste livro, descobriu que pouco mais de 5% dos ocupados no país em 2008 tinham encontrado sua ocupação por meio de agências de emprego. Menos de 0,5% havia consultado sindicatos.

[103] Ver Cardoso et al. (1976).

cipalmente pelas penúrias do presente na cidade ou no local de origem da migração.[104] Não há razão para imaginar que esse mote ("melhorar de vida") tenha deixado de orientar parte substancial dos trabalhadores pobres que continuam migrando intensamente no país, ainda que, em muitos casos, para fora das regiões metropolitanas e muitas vezes em movimentos de retorno aos locais de origem. Para essas pessoas, menos do que a complementaridade ou a competição entre mercados de trabalho alternativos, importariam as redes sociais e familiares extensas no território, as ondas migratórias embaladas pelo efeito de demonstração de trajetórias bem-sucedidas etc.

Ainda assim, é bastante provável que parte dos migrantes se mova pelas razões que orientam a construção de modelos econométricos baseados na existência de informação sobre os mercados de trabalho, mesmo que imperfeita. As categorias profissionais diretamente envolvidas com as tecnologias de informação, por exemplo, são, em toda parte, muito bem informadas sobre seu mercado de trabalho, como mostra a crescente literatura sobre migrações de pessoal de nível superior ou altamente qualificado num espaço supranacional de oportunidades de emprego.[105] Para essas categorias e boa parte das classes médias de nível superior, mais do que para as menos qualificadas, faz todo sentido inquirir sobre a complementaridade ou a competitividade dos mercados formais de trabalho das regiões metropolitanas do Rio de Janeiro e de São Paulo, tendo em vista o que já se disse sobre a intensa circulação de pessoas entre as duas regiões. Tudo isso justifica a análise apresentada aqui.

---

[104] Além dos trabalhos clássicos sobre migrações já citados, ver, ainda, Motim (1999).

[105] Ver Wagner (1998), Beaverstock (2005) e Scott (2006), em uma área de pesquisa que já conta com mais de um milhar de trabalhos publicados em todo o mundo, e apenas nos últimos 10 anos.

A tabela 16 mostra a distribuição dos empregos formais pelos setores econômicos e as diferenças salariais entre as regiões metropolitanas do Rio de Janeiro e de São Paulo em 1994 e 2008.[106] De imediato, parece claro que as duas metrópoles têm estruturas diversas de mercado de trabalho, mas as diferenças entre elas diminuíram no período. Isto é, ao menos em termos da distribuição dos empregos, há crescente convergência entre elas. Em ambas, os serviços são responsáveis pela grande maioria dos empregos formais, em proporção superior a 58% do total em São Paulo e a 62% no Rio de Janeiro. Note-se que a diferença entre as duas, no agregado desse setor, caiu de 5,4 para 3,5 pontos percentuais, mas essa queda média esconde um aumento importante na *diversidade intrassetorial.*

Assim, em São Paulo a participação dos servidores públicos no emprego formal total caiu nove pontos percentuais (de 20,4% para 11,6%), enquanto no Rio a queda foi de 18,4% para 14,2%. Com a queda menos intensa no Rio, a distância entre as duas metrópoles, nesse particular, mudou de sinal em 15 anos, com o Rio empregando mais servidores públicos do que São Paulo. O segundo movimento mais saliente de distanciamento entre as duas regiões ocorreu nos serviços administrativos, técnicos e profissionais, que tinham praticamente a mesma participação em 1994 (pouco mais de 9% do emprego) e chegaram a quase cinco pontos percentuais de distância em 2008, em razão do crescimento avassalador em São Paulo (quase coetâneo com a queda na participação do emprego público nessa região metropolitana), não acompanhado no mesmo ritmo pelo Rio. As distâncias entre as duas regiões metropolitanas aumentaram ainda no caso do ensino, das administrações financeiras e dos serviços de alojamentos e comunitários. Nos dois

---

[106] O corte temporal em 1994 me parece relativamente incontroverso, já que nesse ano teve início o Plano Real, cujos impactos sobre a estrutura econômica do país em geral e das regiões de interesse aqui já foram bastante estudados.

primeiros casos, o Rio ganhou participação relativa, enquanto no último a diferença aumentou, porque São Paulo perdeu menos do que o Rio. Pode-se dizer, pois, que o Rio é mais fortemente uma metrópole de serviços do que São Paulo, mas, nesta, passaram a predominar serviços de melhor qualidade, como os técnicos e profissionais. São Paulo e Rio se distanciaram, também, no comércio, mas à taxa mais baixa. Embora o setor tenha ganhado participação nas duas regiões metropolitanas (crescimento de 37% no Rio e de 45% em São Paulo), o que as fez se distanciarem um pouco foi o setor varejista, que cresceu mais fortemente em São Paulo (52% contra 41% no Rio).

No caso da indústria, a situação é inversa: a distância entre Rio e São Paulo vem diminuindo com o tempo,[107] em termos agregados e também internamente a esse segmento. Ainda que o Rio de Janeiro permaneça menos industrial do que São Paulo, a disparidade entre as duas regiões metropolitanas caiu de 13,4 para sete pontos percentuais. Ambas as metrópoles viram o segmento industrial perder participação no emprego total, mas a queda em São Paulo foi mais acentuada (em torno de 39%, contra 30% no caso do Rio), com destaque para alguns setores mais dinâmicos, como as indústrias metalúrgicas, mecânicas e de material de transporte. Nos dois casos, portanto, há nítido processo de aprofundamento da terciarização da estrutura de empregos formais, algo que já vem de longa data,[108] e de aproximação das estruturas empregatícias no ramo industrial.

---

[107] Os dados para 1994 e 2008 não são sazonais. Comparando os dois setores desde 1991, com base na mesma fonte, as duas metrópoles estão mais próximas a cada ano desde 1994.

[108] Para que se tenha uma ideia, em 1991, a indústria respondia por 21,1% dos empregos formais na Região Metropolitana do Rio e por 35,2% na de São Paulo, segundo a mesma fonte da tabela. A perda de participação dali até 2008, pois, foi de 55% no Rio e de 53,3% no caso de São Paulo.

TABELA 16 | Estrutura do emprego formal, diferenças setoriais e diferenças salariais
entre as regiões metropolitanas do Rio de Janeiro e de São Paulo, 1994 e 2008

Setor econômico	1994				2008			
	Estrutura do emprego e diferença salarial				Estrutura do emprego e diferença salarial			
	Rio de Janeiro	São Paulo	Diferença (Rio-SP)	Diferença salarial (SP = 100)	Rio de Janeiro	São Paulo	Diferença (Rio-SP)	Diferença salarial (SP = 100)
Indústria de transformação								
Extrativa mineral	0,20	0,14	0,05	125,6	0,57	0,07	0,5	308,7
Minerais não metálicos	0,64	0,75	−0,11	82,4	0,36	0,45	−0,09	70,9
Metalúrgica	1,17	3,52	−2,35	89,4	0,77	2,18	−1,41	104,6
Mecânica	0,61	2,21	−1,60	67,2	0,54	1,43	−0,89	101,4
Material elétrico e comunicação	0,50	1,95	−1,45	70,1	0,17	0,92	−0,75	97,3
Material de transporte	0,75	3,26	−2,51	61,8	0,76	1,64	−0,88	65,2
Madeira e mobiliário	0,39	0,73	−0,34	50,5	0,23	0,43	−0,19	65,1
Papel e gráfica	1,42	2,17	−0,75	77,8	0,84	1,4	−0,56	82,9
Borracha, fumo, couro	0,88	1,78	−0,90	77,7	0,48	0,98	−0,5	117
Química	2,53	4,12	−1,59	79,2	1,55	2,73	−1,17	86,6
Têxtil	2,22	3,92	−1,70	61,5	1,17	2,09	−0,92	66,7
Calçados	0,13	0,16	−0,03	77,1	0,04	0,05	−0,01	83,4
Alimentos e bebidas	2,10	2,24	−0,14	69,4	1,96	2,1	−0,14	64,1
Total indústria de transformação	**13,53**	**26,96**	**−13,42**	**76,1**	**9,45**	**16,45**	**−7**	**101,1**

Setor econômico	1994				2008			
	Estrutura do emprego e diferença salarial				Estrutura do emprego e diferença salarial			
	Rio de Janeiro	São Paulo	Diferença (Rio-SP)	Diferença salarial (SP = 100)	Rio de Janeiro	São Paulo	Diferença (Rio-SP)	Diferença salarial (SP = 100)
Serviços industriais de utilidade pública	2,34	1,34	1,00	80,7	1,15	0,63	0,51	103,2
Construção civil	4,25	5,01	−0,76	86,2	5,97	6,04	−0,07	111,9
Total indústria	20,12	33,31	−13,18	83,4	16,57	23,13	−6,56	101,9
Comércio								
Comércio varejista	12,47	9,11	3,36	74,2	17,61	13,83	3,78	72,3
Comércio atacadista	2,89	3,26	−0,37	97,1	3,48	4,09	−0,61	87,5
Total comércio	15,36	12,37	2,98	85,6	21,09	17,92	3,17	79,9
Serviços								
Instituições financeiras	4,11	3,83	0,28	106,3	2,38	2,88	−0,5	90,4
Serviços administrativos, técnicos e profissionais	9,69	9,36	0,32	87,6	18,11	22,85	−4,74	96,9
Serviços de transporte e comunicação	8,16	6,13	2,03	96,7	7,29	6,13	1,16	92,5
Serviços de alojamento e comunitários	9,62	7,15	2,48	83,0	12,11	9,57	2,54	98,7
Serviços médicos e odontológicos	3,78	2,65	1,13	68,3	3,63	3,31	0,32	67,6
Ensino	2,33	1,18	1,15	82,8	4,52	2,4	2,12	83,8
Administração pública	18,40	20,43	−2,03	102,0	14,19	11,57	2,62	108,7
Total serviços	56,10	50,74	5,36	89,5	62,23	58,72	3,51	91,2
Agricultura	0,34	0,34	0,00	65,7	0,11	0,23	−0,12	81,7
Totais e médias	2.224.126	4.768.248	−0,19	86,2	4.027.004	9.943.579	−0,24	93,6

Fonte: Microdados da Rais-Migra Vínculos.

É bom marcar que a variação relativa (para mais ou para menos) na participação dos diversos setores no emprego formal total não tem contrapartida na redução ou no aumento absoluto no número de postos de trabalho existentes. Tanto no Rio como em São Paulo, o número de empregos formais criados a cada ano é bastante alto. Em 1994, como se pode ver na última linha da tabela, o Rio tinha 2,2 milhões de empregos formais, contra 4,8 milhões em São Paulo. Quinze anos mais tarde, os valores tinham praticamente duplicado no Rio, saltando para 4 milhões, e duplicado em São Paulo, chegando a quase 10 milhões de empregos formais. Com isso, a variação relativa negativa da indústria, por exemplo, esconde um aumento real de 80 mil postos de trabalho no Rio e de quase 350 mil em São Paulo. O que vem ocorrendo nas duas metrópoles, pois, é um rearranjo das proporções entre os setores, num cenário de grande crescimento no número global de postos de trabalho em todos os setores, inclusive a administração pública. Esse processo é típico das grandes transformações estruturais geradoras de movimentos de população entre postos de trabalho e regiões geográficas, propício, pois, a afetar as taxas de migração.[109]

A convergência parcial entre as duas metrópoles, num cenário de melhoria das condições do mercado de trabalho, pode ser percebida, também, nos salários pagos. Em 1994, o trabalhador médio da Região Metropolitana fluminense recebia pouco menos de 86% do que seu similar paulista. Em 2008, esse valor tinha subido a perto de 94%. A maior aproximação se deu na indústria como um todo, com os salários fluminenses alcançando e, em alguns casos, ultrapassando os paulistas em segmentos tão importantes como as indústrias metalúrgica e mecânica, os serviços industriais de utilidade pública, no topo da hierarquia da qualidade de em-

---

[109] Ver, uma vez mais, o estudo clássico de Singer (1977a) e também Graham (1970). Ver, ainda, Singer (1977b).

prego industrial, e a construção civil, na base dessa hierarquia.[110] Alguns setores, como o de material de transporte, tiveram forte crescimento no emprego no Rio em pouco espaço de tempo, o que parece estar se refletindo na redução das disparidades salariais relativas à Região Metropolitana de São Paulo.[111]

Em suma, cenários econômicos em parte convergentes vêm reduzindo a relativa complementaridade dos mercados de trabalho das regiões metropolitanas do Rio de Janeiro e de São Paulo, encontrada em 1994, em direção a uma configuração mais competitiva. Ademais, a crescente aproximação dos padrões salariais em subsetores importantes da indústria e dos serviços está em linha com as teorias sobre mercados de trabalho competitivos[112] e tor-

---

[110] As indústrias modernas (metalúrgica, mecânica, de material elétrico, de comunicação e de material de transporte, além das indústrias ditas "urbanas") são, tradicionalmente, as que oferecem melhor qualidade de emprego na indústria, medida por salário pago, estabilidade dos vínculos empregatícios, taxa de formalização dos postos de trabalho (proporção de trabalhadores com carteira assinada) e escolaridade média dos empregados (medida aproximada da qualificação dos postos de trabalho). A construção civil está na base dessa hierarquia de qualidade. Esses critérios foram utilizados por Cardoso (2000), com base nos dados da Rais. Para medida diferente de qualidade de emprego, ver Sabóia (1999), que opera com dados da Pesquisa Mensal de Emprego (PME).

[111] Esse segmento inclui a indústria naval e toda a cadeia automobilística, ambas alvo de políticas públicas específicas que resultaram em grande crescimento no estado do Rio como um todo. Ver Hasenclever et al. (2009). Aspectos como a maior competitividade dos mercados de trabalho e a ação coordenada dos sindicatos de metalúrgicos do Rio e de São Paulo explicam parte importante da redução das disparidades salariais regionais. Ver, a esse respeito, os estudos de Ramalho e Rodrigues (2007) e de Ramalho et al. (2008) sobre a evolução do segmento automotivo no estado do Rio de Janeiro, em comparação com seu similar no ABC Paulista.

[112] Segundo algumas dessas teorias, por vezes muito simplistas, em situações de mercados de trabalho competitivos, trabalhadores de mesma qualificação (ou igualmente produtivos) migrarão em busca dos melhores salários. Isso aumentará a oferta de trabalho onde se pagam os melhores salários, levando, no tempo, a sua redução, com tendência ao equilíbrio entre origem e destino dos trabalhadores. Estudo clássico nessa direção é Greenwood e Hunt (1984).

na plausível a hipótese de que as diferenças iniciais[113] podem ter gerado movimentos migratórios entre as duas regiões metropolitanas, resultando, entre outras coisas, na redução das disparidades salariais. Em outras palavras: a complementaridade inicial sustenta a plausibilidade de pensar em um mercado de trabalho intermetropolitano, que levaria pessoas a buscar ocupação na metrópole vizinha em razão da inexistência de empregos suficientes na de origem. E a competitividade crescente em determinados setores sustenta a plausibilidade da hipótese de um trânsito possível entre as duas regiões metropolitanas em razão dos diferenciais iniciais de salários, hoje em processo de equalização.

Exemplo clássico de complementaridade costuma ser a construção civil: tanto engenheiros quanto pessoal menos qualificado e que não estejam dispostos a mudar de profissão migrarão em situações de crise nos mercados locais de construção, se, tudo considerado (inclusive deixar a família, as redes sociais e a qualidade de vida), os custos de migrar forem suficientemente baixos. E a construção civil é também um caso clássico de migração por complementaridade. Duas regiões que cresçam igualmente ou que estejam igualmente estagnadas podem estimular a disputa pelos melhores talentos por parte das empresas ou a aventura migratória de pessoas descontentes com as condições atuais. Rio de Janeiro e São Paulo viveram as duas situações nos anos 1990 e 2000.

NICHOS DE MERCADO?

Para investigar a hipótese da existência de um mercado de trabalho intermetropolitano ligando Rio de Janeiro e São Paulo, neste estu-

---

[113] E que eram ainda mais marcantes em 1994, segundo a mesma fonte.

do utilizarei a Rais-Migra Vínculos para reconstituir as trajetórias geográficas de três grupos selecionados de ocupações: os operários da construção civil, os trabalhadores das "classes criativas" e os "dirigentes e gerentes" de empresas públicas e privadas, categoria que inclui os altos cargos da administração pública. Parte das razões para a escolha dessas categorias já foi discutida, mas vale a pena sistematizar aspectos adicionais.

1. A construção civil foi um dos setores mais afetados pelas mudanças recentes no mercado de trabalho da Região Metropolitana fluminense. Não apenas cresceu muito o número de postos formais de trabalho existentes (de 94,5 mil, em 1994, para 240,4 mil, em 2008), como ainda, e principalmente, a diferença salarial entre o Rio e a Região Metropolitana paulista saiu de 86% para 112%. Houve, portanto, melhoria salarial relativa de quase 30% em favor dos operários da Região Metropolitana do Rio de Janeiro entre uma ponta e outra do período. Movimento de tal magnitude, considerada a hipótese de que as pessoas migram, sobretudo, em função dos salários, deveria estar gerando trânsito desses operários entre as duas regiões metropolitanas. A hipótese alternativa sustenta que esses trabalhadores não respondem tão rapidamente a tais movimentos, já que não disporiam de informação suficiente para orientar de imediato suas decisões de migração, que obedeceriam principalmente a critérios como as redes sociais e familiares extensas no território.

2. As "classes criativas" (Florida, 2002) e a dos "diretores e gerentes" estão, por hipótese, entre as mais disponíveis para a migração por motivos salariais, posto que, como já mencionado, dispõem de informação mais adequada sobre a dinâmica de seus mercados de trabalho, pois quase sempre estão ocupadas em atividades ligadas de um modo ou de outro às tecnologias de informação e ao mundo do entretenimento, das comunicações etc. Florida (2005) chega mesmo a afirmar que as "classes

criativas" são, em boa medida, desterritorializadas, já que há crescente "competição global pelo talento", isto é, empresas e governos disputariam num mercado global altamente informado as "melhores cabeças" para a melhor performance. Não é necessário aceitar as consequências analíticas extraídas por Florida (como a hierarquia das "cidades globais" segundo a criatividade de suas classes, ou a capacidade para inovação desta ou daquela metrópole explicada pela presença ou não de determinado segmento de classe) para tomar como hipótese plausível de pesquisa a ideia de que o mundo da informação, da criação e do entretenimento é bem-informado, e que as pessoas circulam mais intensamente por suas ocupações do que, por exemplo, os operários industriais ou os da construção civil, tradicionalmente mais "territorializados". Também no caso daquelas ocupações pode estar ocorrendo redução das distâncias entre Rio de Janeiro e São Paulo, algo sugerido pela redução ou anulação das diferenças salariais em setores como prestação de serviços técnicos, profissionais e outros. Uma mirada mais detalhada nas ocupações de direção e gerência e nas classes criativas permitirá avaliar com acuidade a existência de possível estímulo salarial ou ocupacional (resultante do aumento relativo dos postos de trabalho numa ou noutra direção) às migrações intermetropolitanas.

Neste estudo, emprego conceito amplo de dirigentes, recobrindo empresas públicas e privadas e também a administração pública. A suposição, aqui, é a de que, num momento de crescimento geral dos empregos e de evidente carência de pessoal qualificado de alto nível em vários segmentos da economia, é grande a competição pelos melhores talentos, estejam eles no serviço público ou nas empresas privadas. Ademais, a retomada das contratações públicas para carreiras de alto nível com salários competitivos por meio de concursos públicos nacionais tem potencial para gerar movimentos de trabalhadores entre regiões geograficamente próximas, em especial no caso dos trabalhadores mais jovens.

A primeira tarefa é dimensionar esses grupos ocupacionais e em seguida suas migrações intermetropolitanas. Como afirmado, o grupo de referência são as pessoas admitidas em 1994 em uma das duas regiões metropolitanas de interesse. Essas pessoas tiveram suas trajetórias reconstituídas para trás (até 1985) e para a frente (até 2008), segundo a região geográfica de emprego e a ocupação na origem (1994). Antes de expor os percursos migratórios, vejamos a composição básica do universo pesquisado.

A tabela 17 apresenta algumas características das pessoas admitidas em 1994 nas regiões metropolitanas do Rio de Janeiro e de São Paulo. Iniciando pela distribuição das pessoas pelas ocupações existentes (última coluna da tabela), é nítida a dissimilaridade entre as duas distribuições. Cada ocupação da região metropolitana onde sua proporção é mais baixa precisa aumentar 23,7% em sua taxa de participação no emprego total para que as duas distribuições se equivalham.[114] Essa média geral, porém, esconde disparidades muito grandes, em especial no caso dos operários de indústrias metalmecânicas, cuja participação no emprego no Rio precisa aumentar 53,6% para que ela se iguale à de São Paulo, e das ocupações criativas, em que a participação deveria crescer 35,3% para o mesmo resultado. Os operários das indústrias tradicionais do Rio teriam de ver sua participação aumentar 26% para se igualar a São Paulo. Já no caso dos trabalhadores manuais de rotina

---

[114] Essa medida é uma adaptação do índice de dissimilaridade de Duncan e Duncan (1955) e é dada por $ABS[1-(Xi/Yi)]*100$, em que Xi é a participação da ocupação i no emprego total da região metropolitana com maior participação nessa ocupação i e Y é a participação da mesma ocupação no emprego na região metropolitana em que essa ocupação tem a menor participação. Mede, portanto, de quanto a menor participação deve ser acrescida para atingir a maior.

(escritório) e vendedores do comércio, São Paulo deveria aumentar a proporção em 26% e 25%, respectivamente, para se igualar ao Rio. A divergência *setorial* identificada antes para o ano 1994, pois, resultou, por sua vez, em estruturas ocupacionais bem diversas entre as duas metrópoles. No caso dos operários industriais, esses espaços geográficos eram claramente complementares, e não competitivos.

Além de estrutura ocupacional diversa, Rio de Janeiro e São Paulo discrepam de maneira relevante em outros aspectos. Tomando-se, agora, apenas os três grupos ocupacionais em análise aqui (destacados em negrito na tabela 17), é grande a variação segundo o sexo, a idade e a escolaridade dos admitidos, bem como segundo o tamanho das empresas que os admitem. Em São Paulo, as admissões na construção civil, por exemplo, privilegiam os homens com 24 anos de idade ou menos. Perto de 62% dos admitidos estavam nessa faixa etária, contra 23% no Rio de Janeiro. Na verdade, metade ou mais dos admitidos no Rio de Janeiro, nas três ocupações de interesse, tinham entre 25 e 39 anos, enquanto em São Paulo apenas os "criativos" se aproximavam dessa cifra.

Os "dirigentes" fluminenses eram mais escolarizados do que os paulistas. Enquanto apenas 25% dos primeiros tinham menos do que o colegial completo ao ser admitidos em 1994, em São Paulo a taxa foi de 33%, uma diferença de 36% na proporção de pessoas sem ensino superior (completo ou incompleto). Por fim, as ocupações criativas do Rio de Janeiro ocorreram principalmente em empresas de cem empregados *ou menos* (quase 57% do total), enquanto em São Paulo perto de 68% dessas ocupações se deram em empresas com mil empregados *ou mais*. Nas outras ocupações em análise, as diferenças no tamanho das empresas não são tão acentuadas.

TABELA 17 | Admitidos em 1994 nas regiões metropolitanas do Rio de Janeiro e de São Paulo, por grupos ocupacionais e características selecionadas dos admitidos

Grupos ocupacionais	Proporção de homens	Idade até 24 anos	25 a 39 anos	Menos que o colegial completo	Em empresas de menos de 100 empregados	Em empresas de 500 empregados ou mais	Participação no total das admissões de 1994
Rio de Janeiro							
Criativos	42,1	16,0	55,9	12,1	56,6	22,8	3,4
Dirigentes	58,9	10,0	51,4	24,8	46,1	35,1	4,4
Operários da construção civil	97,0	23,0	49,4	96,4	49,1	15,6	9,0
Técnicos (incluem mestres e contramestres)	76,5	18,0	51,2	37,1	49,9	20,4	2,3
Manuais de rotina	47,8	32,1	47,9	53,3	57,2	24,0	22,0
Vendedores do comércio	58,4	40,0	46,6	64,2	80,1	6,3	13,0
Trabalhadores dos serviços em geral	76,4	23,6	52,9	85,3	63,5	14,4	13,6
Operários de indústrias metalmecânicas e elétricas	93,8	17,5	51,7	85,9	54,0	18,3	5,6
Operários da indústria tradicional	60,0	30,6	48,1	91,0	63,8	10,1	7,7
Motoristas	98,7	9,5	54,2	92,4	49,7	25,1	4,6
Outras	80,4	31,3	45,7	78,9	49,6	26,0	4,5
Trabalhadores de serviços de limpeza e conservação, serventia e braçais	68,3	27,7	49,4	93,4	51,0	26,3	10,1

Grupos ocupacionais	Proporção de homens	Idade até 24 anos	25 a 39 anos	Menos que o colegial completo	Em empresas de menos de 100 empregados	Em empresas de 500 empregados ou mais	Participação no total das admissões de 1994
São Paulo							
Criativos	22,9	22,0	48,2	11,6	24,9	66,7	4,6
Dirigentes	49,5	28,4	39,2	33,8	51,7	35,8	3,7
Operários da construção civil	89,6	62,2	27,5	97,2	57,1	12,8	8,5
Técnicos (incluem mestres e contramestres)	63,5	53,2	31,0	37,5	48,9	28,6	2,4
Manuais de rotina	47,9	80,4	14,4	73,9	71,4	13,9	18,6
Vendedores do comércio	48,7	77,2	17,5	85,1	87,8	2,7	10,3
Trabalhadores dos serviços em geral	51,7	55,2	29,6	89,9	69,3	14,7	10,9
Operários de indústrias metalmecânicas e elétricas	80,9	70,1	23,6	89,9	62,8	12,5	8,6
Operários da indústria tradicional	47,9	66,2	24,9	94,2	67,7	11,1	9,7
Motoristas	96,0	42,6	34,0	95,9	71,7	8,3	4,2
Trabalhadores de serviços de limpeza e conservação, serventia e braçais	47,6	54,0	33,3	96,1	49,2	31,7	12,5
Outras	73,4	64,5	23,7	87,4	58,6	19,2	6,2

Fonte: Microdados da Rais-Migra Vínculos.

Os diferenciais de renda por setor econômico entre as duas regiões metropolitanas em 1994, detectados na tabela 16, se refletiram na disparidade ocupacional de renda. É o que mostra a tabela 18. A renda média das ocupações era, em São Paulo, 20% superior à registrada no Rio de Janeiro (R$ 1.319 contra R$ 1.093). Os salários médios no Rio eram mais baixos em todos os grupos ocupacionais. Nas classes criativas, a diferença era de perto de 6%, chegando a 22% na construção civil e a quase 27% entre os gerentes. Note-se que as maiores discrepâncias ocorriam entre os operários das indústrias tradicionais (madeira, calçados, têxtil, gráfica etc.) e nos assalariados dos serviços em geral, com 31% ou mais de desvantagem para o Rio de Janeiro. A tabela sugere, ainda, que não há associação estatística entre os diferenciais de salários das duas metrópoles e as características agregadas dos percursos das pessoas no mercado formal de trabalho. O número médio de vínculos ao longo da trajetória (que inclui os períodos anterior e posterior a 1994) e o tempo total no setor formal, se variam muito entre as ocupações, não variam tanto entre as regiões metropolitanas. Na verdade, a correlação entre as diferenças das três dimensões entre as duas metrópoles é nula.[115] Se tomarmos por referência exclusivamente os salários, a atratividade de São Paulo parece evidente. Num momento de intensa reestruturação econômica, como a que ocorreu depois de 1994, deveríamos esperar movimentos de transferência de pessoas entre o Rio de Janeiro e a metrópole paulista, se o salário fosse a única variável importante nas migrações e se a metrópole vizinha figurasse nas opções empregatícias dos fluminenses.

---

[115] As diferenças de médias entre as duas metrópoles são todas estatisticamente significativas (teste *t* para diferença de médias), com exceção, justamente, do tempo total no setor formal. O fato de serem significativas em termos estatísticos não anula a evidência de que as diferenças são muito pequenas.

TABELA 18 | Renda média (em R$ de julho de 2010) do vínculo de admissão em 1994, total médio de admissões e tempo total no setor formal (meses) dos admitidos em 1994 no Rio de Janeiro e em São Paulo, segundo grupos ocupacionais

Grupos de ocupação	Região metropolitana de São Paulo			Região metropolitana do Rio de Janeiro		
	Renda do vínculo de 1994	Média de vínculos	Tempo no formal	Renda do vínculo de 1994	Média de vínculos	Tempo no formal
Criativos	2.001	7,2	311,1	1.892	6,6	302,6
Dirigentes	2.928	7,5	288,7	2.313	7,0	294,9
Operários da construção civil	1.040	11,1	118,5	854	10,4	119,6
Técnicos (incluem mestres e contramestres)	2.413	9,3	244,9	2.086	8,8	215,7
Manuais de rotina	1.214	8,0	167,1	1.066	7,4	164,2
Vendedores do comércio	1.261	7,9	143,2	989	7,6	138,1
Trabalhadores dos serviços em geral	1.117	8,4	164,3	852	7,6	155,0
Operários de indústrias metalmecânicas e elétricas	1.483	10,6	169,1	1.182	9,4	165,1
Operários da indústria tradicional	1.051	7,4	130,5	782	6,8	119,8
Motoristas	1.376	9,5	184,0	1.202	9,0	169,8
Trabalhadores de serviços de limpeza e conservação, serventia e braçais	1.128	8,5	155,3	1.096	7,5	188,1
Outras	914	7,5	116,6	712	7,2	121,5
Total	1.319	8,4	167,0	1.093	7,8	164,4

Fonte: Microdados da Rais-Migra Vínculos.

CIRCULANDO ENTRE AS METRÓPOLES

Avaliemos, então, as migrações intermetropolitanas e sua relação com os indicadores ocupacionais. Foi dito na apresentação deste capítulo que milhões de pessoas circularam entre Rio de Janeiro e São Paulo entre 1985 e 2008. Ainda assim, é preciso marcar que a propensão majoritária dos admitidos em 1994 no setor formal da Região Metropolitana do Rio de Janeiro (65,7%) foi de permanecer na origem, enquanto 56% dos paulistas experimentaram outros mercados de trabalho além da Região Metropolitana de São Paulo. Entre os que deixaram sua região para ocupar um emprego formal em outra parte (isto é, entre os 56% dos paulistas e os 34,3% dos fluminenses que tiveram sua migração ocupacional registrada pela Rais), 23,6% dos admitidos em São Paulo experimentaram um emprego formal no Rio de Janeiro, e 30,5% dos fluminenses o fizeram na metrópole vizinha. O restante migrou para outras regiões. Logo, as trocas intermetropolitanas, se envolvem número muito alto de pessoas, são minoritárias como destinos migratórios dos trabalhadores formais. Ainda assim, a metrópole vizinha *é o destino modal* dos que deixam uma ou outra região metropolitana.

Quando consideramos *os vínculos* dos admitidos na Região Metropolitana do Rio de Janeiro em 1994, 16,2% foram ocupados por pessoas que tiveram ao menos uma experiência de emprego na Região Metropolitana de São Paulo ao longo de sua trajetória ocupacional total (1985-2008). Na direção oposta, a proporção foi de 17,9%. No total, como mencionado na apresentação deste trabalho, 17,3% de todos os vínculos ocorridos nas duas metrópoles empregaram pessoas que em algum momento migraram entre elas. É esse o universo de análise daqui por diante.

A tabela 19 apresenta a informação agregada da experiência migratória intermetropolitana dos que tiveram vínculo formal nas duas regiões metropolitanas em 1994. A unidade de informação é a proporção de *vínculos* vividos pelas pessoas no período de 1985 a 2008. A intenção, aqui, é avaliar a relação entre o fato de a pessoa ter pelo menos uma passagem pela região metropolitana vizinha e suas chances de mercado, por comparação com a migração para outras regiões (metropolitanas ou não) e a permanência na metrópole de origem. Assim, 26,9% dos vínculos ocupados pelos operários da construção civil admitidos em São Paulo em 1994 se referiram a pessoas que tiveram, ou teriam, pelo menos um vínculo no Rio de Janeiro. Na outra ponta, apenas 14,7% dos vínculos envolveram operários de construção que nunca deixaram a Região Metropolitana paulista (no período de 1985 a 2008). Isto é, a experiência migratória "contamina" mais de 85% da experiência empregatícia desses operários. Trata-se da maior taxa de "contaminação" no universo de vínculos pesquisado. Para que fique claro: um operário admitido em 1994 na Região Metropolitana paulista pode ter tido apenas um vínculo no Rio de Janeiro antes ou depois disso, e depois retornado a São Paulo, onde o restante de sua vida empregatícia ocorreu. O que importa para esta análise é o efeito daquele evento de migração sobre o conjunto da trajetória ocupacional.

Entre os operários da construção civil que se empregaram no Rio de Janeiro em 1994, a passagem por São Paulo entre 1985 e 2008 "contamina" 30% dos vínculos de sua trajetória global. Ou seja, ainda que 40% dos vínculos compreendessem pessoas que não deixaram o Rio no período considerado (proporção mais de duas vezes superior à encontrada em São Paulo), São Paulo tem maior presença na experiência migratória dos fluminenses do que o contrário. Essa proporção resulta não apenas de que mais operários fluminenses migraram para São Paulo, em termos proporcionais, como também do fato de que os que migraram tiveram mais vínculos no período, tanto no caso dos homens quanto no das mulheres. A tabela não mostra, mas a média de vínculos dos homens da construção civil admitidos no Rio e que passaram por São Paulo foi de 12,6 na trajetória total, contra 10,1 dos paulistas que passaram pelo Rio. Entre as mulheres, a diferença foi de 10,7 e

7,6 vínculos, respectivamente. Vale notar que 12,6% dos paulistas e 19,6% dos fluminenses da construção tiveram pelo menos um vínculo na metrópole vizinha. Ou seja, para os operários fluminenses da construção civil, migrar para São Paulo teve como efeito aumentar sua rotatividade global, algo que não aconteceu para os outros dois grupos ocupacionais de interesse aqui.

De fato, trabalhadores "criativos" e gerentes tiveram proporção menor de sua trajetória global afetada pela metrópole vizinha, se considerarmos apenas os vínculos "contaminados" pela migração. Pouco mais de 21% dos vínculos de dirigentes paulistas ocuparam pessoas que tiveram uma passagem pelo Rio, contra 14,1% encontrados entre os fluminenses. E entre os "criativos" as proporções foram ainda menores, pouco inferior a 13% no primeiro caso e perto de 9% no segundo. E não é ocioso insistir que apenas 36,6% dos vínculos dos que se ocuparam em São Paulo em 1994 (considerando-se as trajetórias de todas as ocupações) corresponderam a pessoas que nunca deixaram essa região metropolitana. No caso do Rio de Janeiro, deixar a região metropolitana contamina menos as trajetórias, já que quase 60% dos vínculos acolheram pessoas que nunca a abandonaram.

Por questões de espaço, não posso analisar em profundidade os diferenciais de gênero, mas 13,6% dos vínculos dos homens com origem em São Paulo e 18,3% daqueles com origem no Rio estão associados a uma passagem pela metrópole vizinha. No caso das mulheres, as proporções são de 6,9% e 10,5%, respectivamente. Tomando-se os *indivíduos*, 12,3% dos homens com vínculo original no Rio de Janeiro e 8,3% dos de São Paulo tiveram uma experiência migratória na região metropolitana vizinha, contra 7,1% e 4% das mulheres, respectivamente. No total, metade dos homens paulistas teve ao menos uma experiência de emprego fora de São Paulo (incluindo o Rio e outras regiões do país), contra 35% dos fluminenses, enquanto entre as mulheres as proporções foram de 33% e 20%, respectivamente. Os homens, como já demonstrou a literatura comentada antes, migram muito mais, e sobretudo por questões de trabalho.

TABELA 19 | Total de vínculos das pessoas admitidas nas regiões metropolitanas de São Paulo e do Rio de Janeiro em 1994, segundo a origem do vínculo de 1994, e destino geográfico dos vínculos do período 1985-2008, por grupos ocupacionais na origem

Grupos ocupacionais na origem (1994)	Origem em São Paulo			Origem no Rio de Janeiro		
	Pelo menos um evento na metrópole vizinha	Pelo menos um evento em outras regiões	Não saiu de sua metrópole	Pelo menos um evento na metrópole vizinha	Pelo menos um evento em outras regiões	Não saiu de sua metrópole
Criativos	12,6	41,4	46,0	9,1	25,3	65,7
Dirigentes	21,5	40,9	37,6	14,1	25,4	60,5
Operários da construção civil	26,9	58,4	14,7	29,9	30,5	39,6
Técnicos (incluem mestres e contramestres)	25,9	41,9	32,2	22,6	29,8	47,7
Manuais de rotina	15,8	38,9	45,3	14,7	22,7	62,6
Vendedores do comércio	17,9	40,5	41,6	15,5	20,7	63,8
Trabalhadores dos serviços em geral	15,2	49,7	35,1	11,1	25,8	63,0
Operários de indústrias metalmecânicas e elétricas	24,5	42,6	32,9	28,5	22,5	49,0
Operários da indústria tradicional	10,4	37,1	52,5	9,9	19,1	71,0
Motoristas	14,9	48,2	36,9	13,7	26,8	59,5
Trabalhadores de serviços de limpeza e conservação, serventia e braçais	14,4	50,6	35,0	14,2	27,9	57,9
Outras	19,2	56,3	24,5	14,8	35,4	49,8
Total	17,9	45,5	36,6	16,2	25,1	58,8

Fonte: Microdados da Rais-Migra Vínculos.

De modo geral, a "aventura migratória" está associada à melhoria da renda, não importando a ocupação na origem ou o destino da migração (se a metrópole vizinha ou outras regiões). A associação é mais forte para os que migram entre o Rio e São Paulo do que para os que, tendo tido um emprego nas duas regiões metropolitanas em 1994, se aventuram por outras regiões do país. Ademais, a migração "premia" mais os que deixam o Rio por São Paulo do que o contrário. É o que mostra a tabela 20. Em termos globais, os salários médios por vínculo dos homens que deixaram São Paulo pelo Rio de Janeiro em algum momento da trajetória foram 16% mais altos do que os dos que permaneceram na Região Metropolitana paulista. No caso dos fluminenses que escolheram São Paulo, a diferença em favor dos migrantes foi de 31%. Entre as mulheres, a diferença positiva foi ainda maior, de 28%, no caso das que experimentaram o Rio de Janeiro, tendo saído de São Paulo, e de 50% na direção oposta.

No caso dos homens, entre os fluminenses que migraram para São Paulo, as maiores diferenças relativas de renda (por comparação com os que não migraram) ocorreram entre as classes criativas (89% a mais), seguidas pelos dirigentes (66%) e os vendedores do comércio (63% — para chegar a essas proporções, basta dividir a renda real do destino do migrante pela daqueles que não migraram). Os operários da construção civil também melhoraram (12%), mas bem abaixo da média geral de 31%. Entre os paulistas que experimentaram o Rio, o maior ganho foi dos vendedores do comércio (66%), seguidos de criativos e dirigentes (com 63% de aumento relativo de renda). Nos outros casos, os ganhos foram diminutos ou negativos. Entre os ganhos negativos, contam-se os operários tanto das indústrias modernas quanto das tradicionais e os trabalhadores em serviços de conservação e limpeza, cuja renda média é menor entre os que deixam a Região Metropolitana paulista por sua vizinha fluminense, por comparação com os que permanecem em São Paulo e, por vezes, os que migram para outras regiões. Isso vale também para os trabalhadores dos serviços em geral.

A tabela 20 revela ainda que, entre as mulheres das ocupações mais qualificadas, deixar o Rio de Janeiro por São Paulo está associado a salários muito mais altos do que os das que permanecem na região de origem. Mulheres criativas ou em ocupações técnicas em geral, ao deixarem o Rio por uma experiência em São Paulo, têm renda média de seus vínculos quase duas vezes superior à das que não migram. Parte da explicação do maior "prêmio" para a migração do Rio para São Paulo do que o inverso, tanto para os homens quanto para as mulheres, decorre do fato de a renda ser sempre mais baixa nas ocupações com origem na Região Metropolitana fluminense. Ainda assim, ter uma experiência migratória, com exceção dos operários paulistas, esteve sempre associado a rendas mais altas para homens e mulheres.

Coloquei o "prêmio" da aventura migratória entre aspas porque, pelos dados em análise, não há como saber se as pessoas migraram entre as duas regiões metropolitanas porque já tinham uma oferta ou ao menos uma perspectiva de melhor emprego, tendo-se orientado, neste caso, pela expectativa de melhoria salarial, ou se o fizeram por outras razões e, no destino, encontraram emprego mais bem remunerado do que na origem. Contudo, analisando o resultado global das migrações segundo os diferenciais de renda entre origem e destino, duas dinâmicas adicionais devem ser destacadas. Em primeiro lugar, deixar São Paulo só está positivamente associado à melhoria de renda, de modo geral, para os homens de classes não operárias que escolhem o Rio de Janeiro. Migrar para outras regiões quase sempre está associado a menores salários, relativamente aos que permanecem em São Paulo. Esse movimento permite a seguinte observação provisória: as pessoas, em especial os homens, parecem migrar da Região Metropolitana do Rio de Janeiro apenas se as condições salariais no destino forem vantajosas. Já os que migram de São Paulo parecem mover-se também por outras razões, principalmente se o destino é outra região que não a Região Metropolitana fluminense. O salário não parece ser razão suficiente para explicar por que homens e mulheres deixam a Região Metropolitana paulista por outra região qualquer do país. E eles o fazem *em grande proporção*.

TABELA 20 | Renda média de todos os vínculos dos admitidos nas regiões metropolitanas de São Paulo e do Rio de Janeiro em 1994, por experiências migratórias selecionadas entre 1985 e 2008, segundo o sexo e a ocupação

Sexo e grupos ocupacionais em 1994	Pelo menos uma experiência na metrópole vizinha		Pelo menos uma experiência em outra região geográfica		Não deixou a metrópole de origem	
	Metrópole de origem		Metrópole de origem		Metrópole de origem	
	São Paulo	Rio de Janeiro	São Paulo	Rio de Janeiro	São Paulo	Rio de Janeiro
Masculino						
Criativos	5.559	5.187	3.662	3.603	3.418	2.751
Dirigentes	6.771	4.668	4.560	3.479	4.158	2.810
Operários da construção civil	1.151	1.009	1.084	989	1.144	897
Técnicos (incluem mestres e contramestres)	3.004	3.089	3.052	3.239	3.055	2.299
Manuais de rotina	1.872	1.578	1.580	1.387	1.586	1.225
Vendedores do comércio	2.540	1.791	1.750	1.400	1.531	1.099
Trabalhadores dos serviços em geral	1.197	1.006	1.194	1.042	1.346	899
Operários de indústrias metalmecânicas e elétricas	1.501	1.310	1.619	1.558	1.714	1.196
Operários da indústria tradicional	1.267	1.152	1.201	967	1.331	931
Motoristas	1.410	1.224	1.387	1.207	1.498	1.173
Trabalhadores de serviços de limpeza e conservação, serventia e braçais	1.070	911	963	819	1.129	778
Outras	1.789	1.307	1.191	1.414	1.387	1.188

→

Sexo e grupos ocupacionais em 1994	Pelo menos uma experiência na metrópole vizinha		Pelo menos uma experiência em outra região geográfica		Não deixou a metrópole de origem	
	Metrópole de origem		Metrópole de origem		Metrópole de origem	
	São Paulo	Rio de Janeiro	São Paulo	Rio de Janeiro	São Paulo	Rio de Janeiro
Feminino						
Criativos	3.803	4.069	1.863	2.048	1.979	1.793
Dirigentes	4.464	3.065	2.444	2.207	2.710	2.011
Operários da construção civil	1.315	555	1.045	1.140	1.052	743
Técnicos (incluem mestres e contramestres)	4.353	4.563	2.651	2.071	2.605	1.774
Manuais de rotina	1.904	1.418	1.398	1.294	1.471	1.119
Vendedores do comércio	1.636	1.496	1.306	1.058	1.228	870
Trabalhadores dos serviços em geral	1.241	1.132	1.013	797	1.113	757
Operários de indústrias metalmecânicas e elétricas	1.041	1.045	981	858	1.035	811
Operários da indústria tradicional	874	752	857	685	941	691
Motoristas	1.352	1.083	1.069	1.175	1.203	1.209
Trabalhadores de serviços de limpeza e conservação, serventia e braçais	862	639	751	605	861	629
Outras	1.555	2.593	1.317	1.434	1.391	1.221

Fonte: Microdados da Rais-Migra Vínculos.

A segunda dinâmica adicional relevante é a estabelecida pela categoria profissional dos "dirigentes". Como já se mencionou, num ambiente de crescimento econômico e aumento da demanda por força de trabalho mais qualificada, aumenta a circulação das categorias profissionais de gerência e direção entre empregos, comandada, em geral, pela disputa pelos "melhores talentos". Se considerarmos que a reestruturação produtiva dos anos 1990 privilegiou, num primeiro momento, justamente a redução de níveis gerenciais, o que resultou na demissão de milhares de gerentes e dirigentes em todo o país, e se considerarmos que a retomada do crescimento nos anos 2000 esbarrou justamente na escassez desse tipo de profissional, então era de esperar uma circulação dessas pessoas pelos dois mercados de trabalho mais importantes, em busca da melhor oferta num ambiente de competição acirrada por talentos antes alvo de políticas de reestruturação organizacional e reengenharia. Os dados da tabela 20 são muito contundentes: para homens ou mulheres, deixar o Rio de Janeiro em direção a São Paulo, e vice-versa, está associado ao aumento da renda média de suas trajetórias de 66% e 63%, respectivamente. O aumento é expressivo, também, no caso das mulheres (52% e 65%, respectivamente). É verdade que a associação ocorre também para os que deixam as duas regiões metropolitanas por outras regiões, mas a renda média é apenas 24% mais alta no caso dos que deixam o Rio e 10% no caso de São Paulo. Isso permite uma segunda observação provisória: é provável que os(as) dirigentes e os(as) membros das classes criativas que migram numa ou noutra direção estejam, justamente, *no topo* da hierarquia ocupacional interna a esses segmentos de classe. Nessa hipótese, a migração pode estar representando tanto o coroamento de uma trajetória pretérita de sucesso, reconhecida por dois mercados de trabalho concorrentes, quanto a busca de espaços novos de atuação por parte de talentos emergentes numa ou noutra região metropolitana, que encontram, na região vizinha, o ambiente para o exercício de suas qualificações.

A tabela 21 traz novos elementos em favor da robustez dos achados descritos até aqui. O objetivo da regressão ali transcrita foi isolar o efeito independente da migração para a metrópole vizinha sobre a renda média dos vínculos de toda a trajetória, tendo em vista algumas características demográficas selecionadas (na verdade, as únicas disponíveis na Rais) e alguns indicadores da própria trajetória, como duração média dos vínculos, tempo médio total no setor formal e o total de vínculos na trajetória. Indicadores, portanto, da experiência acumulada e da estabilidade dos vínculos conseguidos. Com poucas exceções, os parâmetros da regressão são muito robustos e mostram que, controlando-se pelos indicadores mencionados, ainda assim a migração do Rio para São Paulo ou na direção oposta está positivamente associada ao aumento da renda (aumento médio de quase R$ 500 na renda média total dos vínculos). No caso do Rio, migrar para outras regiões também se associa à maior renda média dos vínculos, mas em montantes bem inferiores do que no caso da migração para São Paulo. No caso desta região metropolitana, migrar para outra região que não o Rio está negativamente associado à renda média total. E os demais indicadores "afetam" a renda da maneira esperada. Os mais jovens e menos escolarizados ganham menos do que os mais velhos e graduados. Quanto mais vínculos a pessoa tiver (quanto mais rodar entre empregos), menor será sua renda média. Quanto maior a duração de cada vínculo e quanto mais tempo a pessoa permanecer empregada, maior a renda média. E os homens têm renda média superior à das mulheres. O importante a destacar em relação ao modelo é que parece mesmo haver um efeito independente da migração na renda média das trajetórias, ainda que a direção da causalidade não possa ser estabelecida. Isto é, não se pode afirmar que a migração intermetropolitana "causa" maior renda. Pode-se apenas afirmar que as duas dimensões estão positivamente associadas, e de forma mais intensa do que no caso das migrações para outras regiões.

TABELA 21 | Regressão linear (mínimos quadrados) sobre a renda média de todos os vínculos da trajetória 1985-2008 dos admitidos nas regiões metropolitanas do Rio de Janeiro e de São Paulo em 1994

Variações independentes	Metrópole de origem em 1994	
	São Paulo	Rio de Janeiro
	B	B
Constante	2.934,2	2.314,2
Homens	494,1	363,6
Idade (ref. = 50 anos ou mais)		
Até 24 anos	−247,6	−237,5
25 a 29 anos	−261,0	−253,8
30 a 39 anos	−148,2	−226,2
40 a 49 anos	37,6	−60,6
Escolaridade (ref. = superior completo)		
Menos que fundamental	−2.212,5	−2.115,9
Fundamental	−2.029,4	−1.986,7
Médio incompleto	−1.833,2	−1.827,6
Médio completo (inclui superior incompleto)	−1.386,2	−1.435,5
Tamanho médio dos estabelecimentos	**2,8**	62,1
Tempo médio de emprego em meses	1,5	2,2
Tempo total no formal	1,5	1,1
Total de vínculos na trajetória	**−1,6**	−5,4
Teve um vínculo na metrópole vizinha	479,7	489,3
Teve um vínculo em outra região	**−88,7**	192,7
R2	0,27	0,25

Fonte: Microdados da Rais-Migra Vínculos.
Obs.: Valores em negrito não significativos. Os demais, significativos pelo menos em 0,001; indicadores demográficos e tamanho médio do estabelecimento referentes ao vínculo de 1994.

Por fim, o gráfico 9 ilustra os movimentos de assalariados formais das classes criativas, dirigentes e operários da construção civil, contratados nas regiões metropolitanas do Rio de Janeiro e de São Paulo, em 1994, pelo mercado de trabalho brasileiro antes e depois do ano de admissão. Por questões de espaço, ilustro apenas as trajetórias dos homens, que têm, também, maiores taxas de migração do que as mulheres. A ideia é oferecer um quadro visual das migrações geográficas dos homens e destacar as que ocorrem entre Rio e São Paulo. Para isso, construí os seguintes espaços agregados: RM do Rio de Janeiro; RM de São Paulo; outra RM no Sudeste; outra RM no Nordeste; outras regiões geográficas. Os gráficos da esquerda retratam os percursos geográficos dos admitidos no Rio de Janeiro em 1994 e os da direita, os dos admitidos em São Paulo. Trata-se de gráficos de área 100% empilhada, ou seja, cada um retrata a totalidade dos movimentos de cada classe pelos espaços geográficos definidos ao longo de 288 meses (janeiro de 1985 a dezembro de 2008).[116] Para esta análise, foi preciso excluir os duplos vínculos e os vínculos sobrepostos de uma mesma pessoa, já que os gráficos retratam a situação geográfica das classes sociais mês a mês. Os duplos vínculos e os sobrepostos representavam de 12% a 14% de todos os vínculos, dependendo da região metropolitana. Optei, sempre, pelo vínculo de maior duração.

Em termos globais, podemos indicar cinco dinâmicas principais. Primeiro, os gráficos revelam um mecanismo geral pelo qual, nos três grupos ocupacionais, a imensa maioria dos admitidos em 1994 já havia experimentado um evento de emprego formal anteriormente. No caso dos operários da construção civil, por exemplo, 30% dos que seriam admitidos no Rio de Janeiro ao longo de 1994 e 25% dos que o seriam em São Paulo já se encontravam empregados em 1985. Ao iniciar 1994, perto de 85% já estavam no mercado formal. Entre os dirigentes, as proporções eram superiores a 45% em 1985, chegando aos mesmos 85% às vésperas de 1994. Em segundo lugar, cada classe tem um padrão migratório próprio. Os

---

[116] Recuei até 1980 porque a Rais-Migra Vínculos contém os vínculos que estavam no sistema a partir de 1985, não importando quando haviam iniciado. Uma proporção não desprezível (25%) dos admitidos em 1994 nas duas regiões metropolitanas de interesse aqui tinha tido evento de emprego antes de 1985, vínculos que, como foram encerrados depois de 1985, puderam ser captados pelo sistema.

criativos se movem de modo diverso dos dirigentes, que migram de forma distinta dos operários da construção civil. Em terceiro lugar, os admitidos no Rio de Janeiro em 1994 têm padrão migratório distinto dos admitidos em São Paulo. Nos dois casos (ocupação e região metropolitana de origem), as diferenças se expressam tanto em termos da forma da migração quanto do destino geográfico global dos migrantes. Em quarto lugar, nos três grupos ocupacionais selecionados os fluminenses migram mais para São Paulo do que os paulistas para o Rio de Janeiro. Por fim, as taxas de exclusão do setor formal, a partir da admissão em 1994, são altas para os operários da construção civil (65% dos admitidos no Rio e em São Paulo já não estavam no mercado formal em dezembro de 2008), um pouco menores para os dirigentes (51% dos fluminenses e 55% dos paulistas estavam fora) e menores ainda para os criativos (48% no Rio e 47% em São Paulo estavam fora). Vale notar que a proporção de aposentadorias e mortes entre os que deixam a base de dados da Rais é residual (menos de 0,5% nas duas regiões metropolitanas). Os vínculos terminam, em sua maioria, por desligamento ou demissão sem justa causa (mais de 80% deles) ou por término de contrato (entre 6% e 7% dos casos), e isso *independente da idade*. No caso de São Paulo, por exemplo, entre os admitidos em 1994 que tinham 24 anos ou menos, 53% estavam fora do setor formal em dezembro de 2008. A proporção era de 55% entre os com 25 a 29 anos, de 57% entre os que tinham de 30 a 39 anos, 64% dos com 40 a 49 anos e 74% dos com 50 anos ou mais. Se quanto mais velhos, maior a chance de estar fora do setor formal, em qualquer faixa etária a demissão e o desligamento sem justa causa representam 80% ou mais das causas para a perda dos empregos.

Observando os gráficos para o Rio de Janeiro, fica claro que, se 20% ou mais dos vínculos dos operários da construção civil foram contaminados por uma passagem por São Paulo, como já se viu, por outro lado a proporção de homens que permanecem na metrópole vizinha é sempre baixa, nunca superando os 3% em um mês dado.

Isso é ainda mais saliente no caso inverso (paulistas que experimentam o Rio de Janeiro). Como 22% dos operários paulistas da construção experimentaram o Rio de Janeiro, e 20% dos fluminenses experimentaram São Paulo (migração que contamina quase 30% de suas trajetórias), então a baixa proporção encontrada a cada mês esconde a *circulação intensa* dos operários por esses espaços geográficos. Na verdade, os trabalhadores de construção são os mais "desterritorializados" entre todos os grupos ocupacionais, já que pelo menos 80% dos paulistas e 56% dos fluminenses experimentaram outros espaços geográficos em sua vida empregatícia registrada pela Rais.

Algo bem diverso ocorre com as classes criativas. Para começar, a proporção de fluminenses e paulistas que experimentam a metrópole vizinha nesse estrato é bem inferior ao pessoal da construção civil (11,4% no caso dos fluminenses e 14,8% no caso dos paulistas); por outro lado, os criativos permanecem na metrópole concorrente por mais tempo e em maior proporção, principalmente no caso dos admitidos no Rio em 1994. Chegou a 5% a proporção que permaneceu no mercado de trabalho paulista entre fins da década de 1990 e os primeiros anos da década de 2000. Na direção contrária, a proporção girou em torno de 2%. Ou seja, embora os criativos paulistas migrem mais para o Rio do que o contrário, por outro lado permanecem menos tempo e em menor proporção no mercado fluminense. O mesmo se passa entre os dirigentes, e de maneira ainda mais expressiva. Mais de 21% dos dirigentes paulistas passaram pelo Rio de Janeiro (contra menos de 12% na direção oposta), mas é residual a proporção encontrada a cada mês. Entre os paulistas, é maior a participação no Rio *antes* de 1994. A passagem por São Paulo fixa mais os dirigentes nesse território do que o contrário.

A combinação desses dois montantes (taxa elevada de circulação entre as duas regiões metropolitanas e baixa participação proporcional no emprego em determinado momento) é indicador importante de mercado de trabalho intermetropolitano operando para determinados estratos ocupacionais, embora não para todos eles. Isso porque, em conjunto, esses dados denotam *circulação* entre as duas metrópoles. E, de fato, os criativos paulistas que passaram pelo Rio tiveram, em média, 9,6 vínculos formais entre 1985 e 2008, contra 7,9 vínculos dos que não tiveram essa experiência. Entre os dirigentes, os valores foram de 9,5 e 7,5 vínculos, respectivamente. Entre os operários da construção, 14 e 10,6 vínculos em média. Na direção contrária, os criativos fluminenses que experimentaram São Paulo tiveram 10,2 vínculos em média, contra 7,5 dos que não tiveram a experiência. Proporções semelhantes ocorreram para os dirigentes, e os operários de construção que passaram por São Paulo tiveram 16,5 vínculos em média, contra 9,2 dos que não o fizeram. Ou seja, em todos os casos experimentar a metrópole vizinha aumenta a rotatividade entre empregos. Isso poderia indicar que esses trabalhadores pagam um custo maior em termos de instabilidade na trajetória, mas vimos que esse custo parece estar sendo recompensado com melhores salários médios.

Na mesma direção, são intensas, também, as trocas intermetropolitanas. Os criativos do Rio que experimentaram São Paulo trocaram quatro vezes de espaço geográfico, na média do período, migrando do Rio para São Paulo e de volta, e experimentando ainda outras regiões do país, em geral no Sudeste. Os que não experimentaram São Paulo trabalharam em 1,6 lugar distinto apenas. Valores semelhantes ocorreram para os dirigentes, sendo um pouco mais elevada a circulação dos operários de construção (4,6 metrópoles contra 1,8, respectivamente). Criativos e dirigentes paulistas que experimentam o Rio também circulam por quatro espaços geográficos, em média, e os que não têm a experiência fluminense rodam por duas regiões distintas, em média. Os operários de construção circulam muito mais, empregando-se em 5,5 locais diferentes se experimentam o Rio e em 3,4 se não o fazem. Em qualquer caso, passar pela metrópole vizinha está associado a um aumento geral na circulação geográfica das pessoas, e as migrações de retorno à origem, bem como as idas e vindas entre uma e outra, respondem por 60%

ou mais dessa circulação no caso de criativos e gerentes e por cerca de 50% no caso dos operários da construção civil.

GRÁFICO 9 | Migração geográfica de homens admitidos em 1994 nas regiões metropolitanas do Rio de Janeiro e de São Paulo, com trajetórias reconstituídas de 1985 a 2008, por grupos ocupacionais selecionados

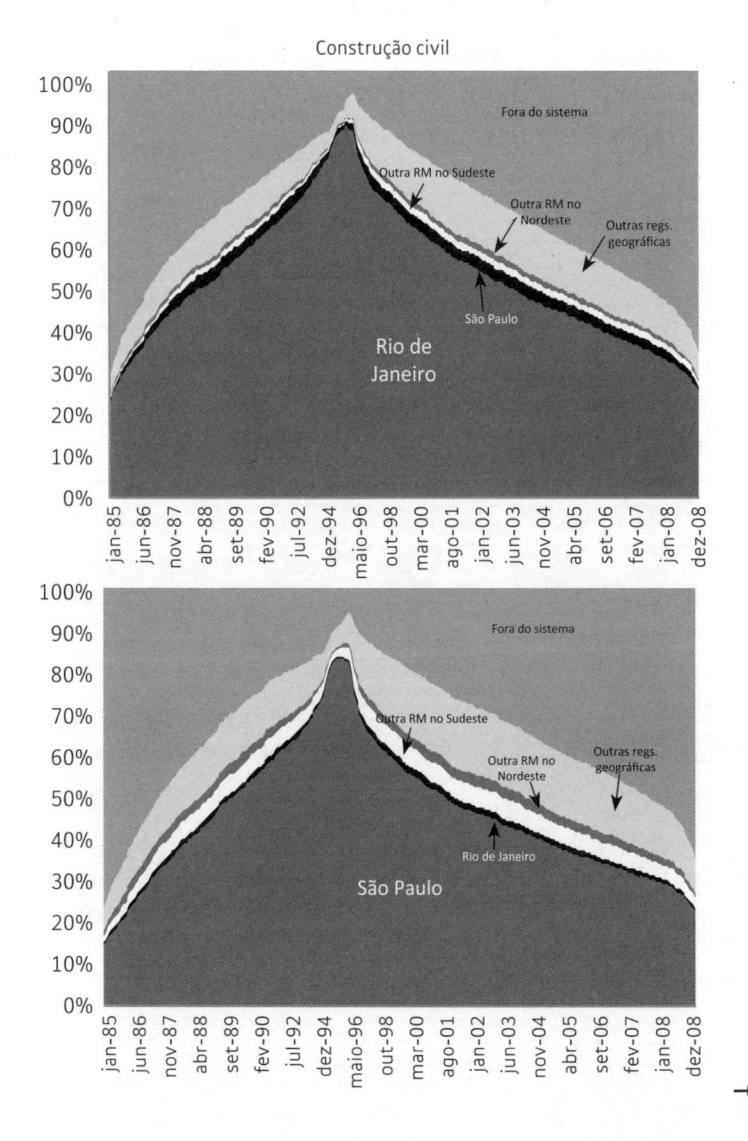

→

Criativos

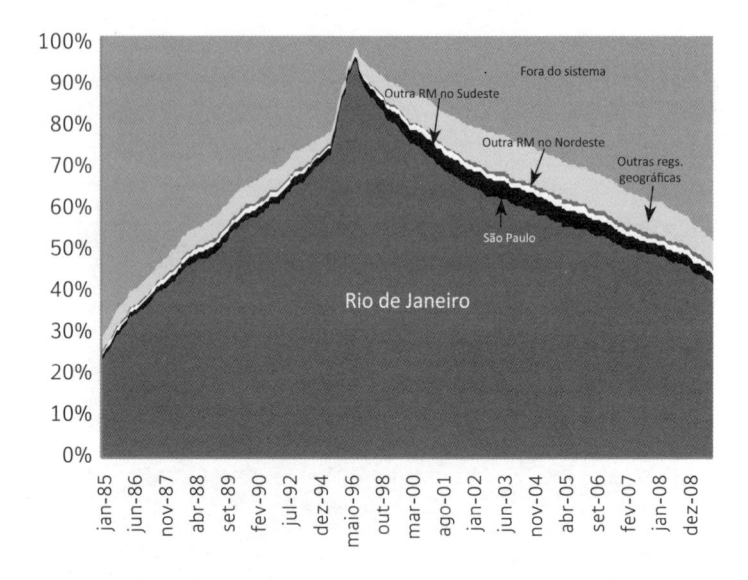

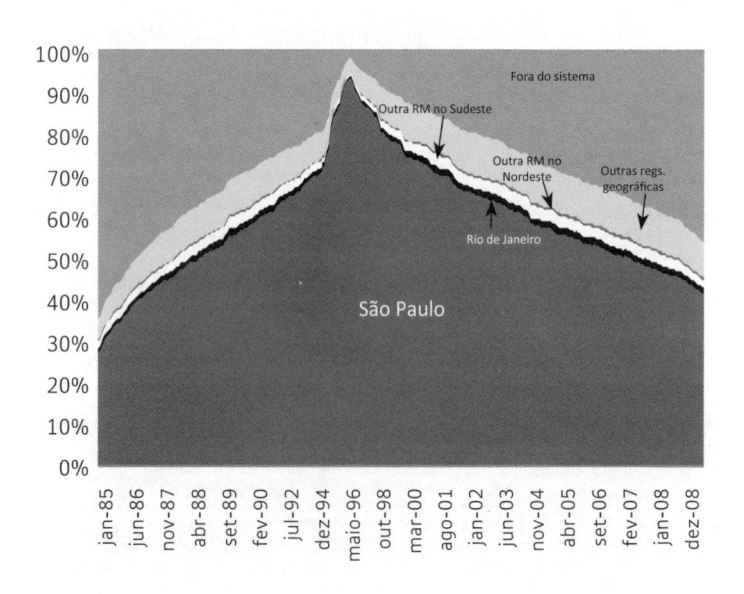

Dirigentes

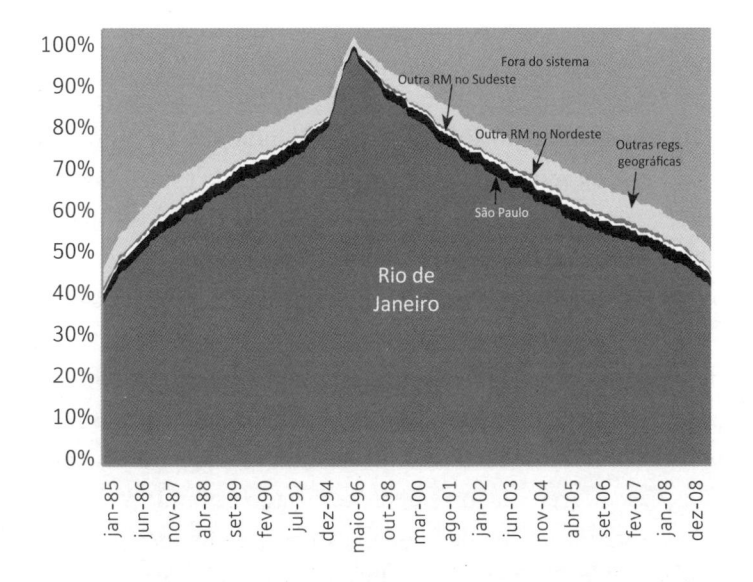

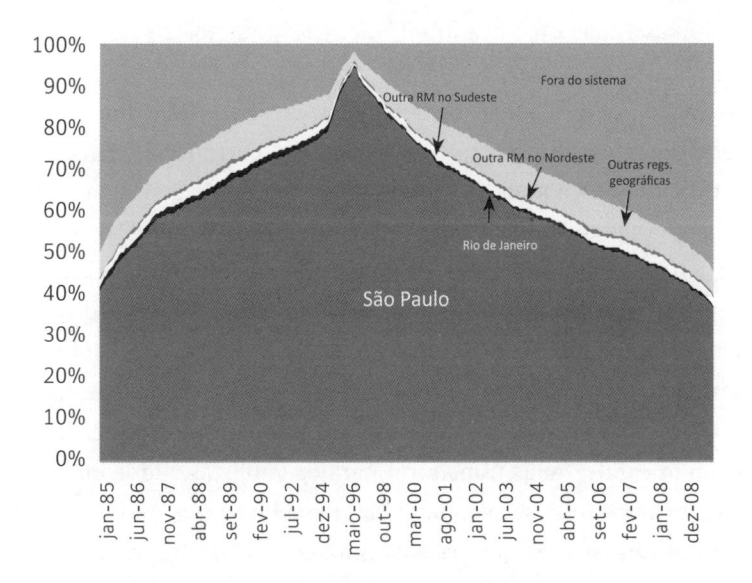

Fonte: Microdados da Rais-Migra Vínculos.

CONCLUSÃO

A pesquisa encontrou indícios muito fortes em favor da existência de um mercado de trabalho conectando as regiões metropolitanas de São Paulo e do Rio de Janeiro. Ainda que a proporção de pessoas que experimentam os dois mercados de trabalho seja minoritária, os valores absolutos envolvidos são elevados (mais de 4 milhões de assalariados entre 1985 e 2008). A experiência intermetropolitana é vivida por pessoas de todos os grupos ocupacionais, com destaque para os operários da construção civil, os técnicos e os operários das indústrias modernas. Homens e mulheres do topo da hierarquia ocupacional também experimentam os mercados metropolitanos vizinhos; porém, uma vez que, no caso dessas ocupações, migrar está fortemente associado à grande melhoria de renda e a maior rotatividade ocupacional e geográfica, é provável que se trate de pessoas no estrato superior dessas categorias ocupacionais (mais qualificado ou "escasso"), que testa suas chances em ambientes cada vez mais competitivos. O caráter de teste da migração fica ainda mais evidente quando se constata que, se 18% dos dirigentes paulistas passaram pelo Rio entre 1985 e 2008, por outro lado nunca mais de 2% deles estavam empregados na região metropolitana vizinha a cada mês no período. Na direção contrária deu-se o inverso. É menor a proporção de dirigentes do Rio que se move para São Paulo (9,8%), mas eles ficam empregados por mais tempo e em maior proporção. Ao que parece, São Paulo termina por se configurar como uma opção de vida, ou de mais longo prazo para os fluminenses que migram, enquanto a experiência no Rio tem caráter mais transitório para os paulistas, ainda que parte expressiva deles se aventure nela. Ressalte-se que isso vale mais para os homens do que para as mulheres. Estas migram a taxas muito inferiores (15,6% dos homens admitidos em São Paulo em 1994 experimentaram o mercado de trabalho formal do Rio entre

1985 e 2008, contra 8% das mulheres), mas, ao migrar, tendem a permanecer por mais tempo no mercado formal de destino.

O estudo revela também a grande fluidez geográfica das categorias ocupacionais menos qualificadas. Cerca de metade dos trabalhadores braçais, dos assalariados dos serviços, dos operários em geral e também dos motoristas admitidos em São Paulo em 1994 experimentou outros mercados de trabalho entre 1985 e 2008. A taxa foi menor no Rio (entre 1/4 e 1/3), mas ainda assim bastante alta. E os trabalhadores mais "desterritorializados" são os da construção civil. Quase metade dos fluminenses e 2/3 dos paulistas experimentaram outros mercados no período, nem sempre com melhorias salariais. Nos dois casos, a metrópole vizinha foi o destino privilegiado das migrações, embora a taxa de permanência no destino, no tempo, tenha sido muito baixa. A circulação intermetropolitana é um fato para todos os que se aventuram pelo menos uma vez no espaço geográfico vizinho. Se a tendência de cada qual é não migrar (com exceção dos operários da construção civil de São Paulo), uma migração levará, quase necessariamente, a um movimento de retorno, e eventualmente a nova migração (quando não resultar na exclusão do mercado formal).

Os dois mercados de trabalho têm características adicionais que ao mesmo tempo facilitam e limitam a circulação de pessoas entre eles. Em primeiro lugar, os empregos são muito instáveis. O tempo médio de permanência nos vínculos foi de 25,6 meses para os admitidos no Rio em 1994 e de 26,7 meses para os paulistas. Estes tiveram, em média, 8,4 vínculos na trajetória total, contra 7,8 dos fluminenses. Nos dois casos, mais da metade teve sete vínculos ou mais. Ou seja, a fluidez dos mercados de trabalho, em tese, facilita a circulação em cada mercado particular, e também entre eles. Em segundo lugar, é grande a taxa de exclusão do mercado formal ao longo do tempo. Mais de quatro quintos dos admitidos em 1994 já tinham tido um emprego formal antes; contudo, mais da metade já estava fora do mercado formal em 2008. Isso quer dizer que os mercados de trabalho das duas metrópoles acolhem novos entrantes (1/5 dos admitidos em 1994 o eram) por meio de dois processos correlatos: a criação de novos empregos e o deslocamento de antigos empregados, não necessariamente os mais velhos. Nos anos 1990, a incorporação de novatos deu-se principalmente pela rotatividade, já que o mercado formal de trabalho gerou poucos novos postos de trabalho. Nos últimos anos, a incorporação dá-se também pela criação de empregos (aspecto discutido longamente no capítulo 2). Contudo, estes estão sendo criados mantendo-se a mesma lógica da rotatividade para os empregos existentes. Como as taxas de exclusão do setor formal continuam altas, levando a que 57% dos admitidos em 1994 já estivessem fora dele em 2008, esses postos de trabalho estão sendo ocupados por novos entrantes, em proporção nunca inferior a 15% a cada ano, segundo a mesma Rais-Migra Vínculos. A migração intermetropolitana, ocorra ela nas franjas mais qualificadas das ocupações ou entre os menos qualificados, não parece capaz de blindar as carreiras contra uma dinâmica comum aos dois mercados.

Por fim, demonstração cabal da existência de um mercado de trabalho intermetropolitano requer um estudo que leve em conta também as empresas. Parte da migração entre as duas regiões metropolitanas pode decorrer de transferências entre unidades da mesma empresa, e nesse caso estaríamos diante de mercados internos às companhias. Parte da migração pode decorrer da transferência de unidades das empresas entre as duas regiões metropolitanas. Nos anos 1990 e 2000, como mostraram Hasenclever e colaboradores (2008, 2009), o Rio de Janeiro perdeu várias sedes empresariais para São Paulo, e isso pode estar explicando parte da migração, por exemplo, das classes criativas e dirigentes. O controle dos movimentos empresariais, possível pela conexão da Rais-Migra Vínculos com a base de empresas que constitui a Rais, permitiria refinar a análise. Demonstrada a relevância da investigação das conexões entre as duas maiores metrópoles do país, fica aqui o convite para que outros se aventurem na ampliação da análise.

5 RACIONALIDADE, CONTEXTO E TRAJETÓRIA:
aspectos da dinâmica sindical brasileira

ASSALARIAMENTO E SINDICALIZAÇÃO

A reestruturação do mercado formal de trabalho no Brasil, discutida no capítulo 2 deste livro, intensa como foi, leva necessariamente à hipótese de que deve ter ocorrido também melhoria nos indicadores mais relevantes de poder dos sindicatos. Isso porque, como é sabido, o sindicalismo nacional depende intensamente da estrutura e da dimensão do mercado formal de trabalho. Como mostrei em Cardoso (2003), cerca de 80% da variação nas taxas de filiação sindical entre 1988 e 1998, período mais agudo da reestruturação econômica neoliberal, podem ser explicados pela variação no emprego nos diversos setores econômicos. Assim, o aumento das taxas de formalidade, que levou à recuperação, em 2009, dos níveis de formalização encontrados em 1981, superior a 50% da população ocupada total, e, mais importante, superior 68% *da população assalariada total*, deveria levar a um aumento das taxas de filiação. Mas isso ocorreu apenas em parte.

Como mostra o gráfico 10, após queda praticamente contínua de 1992 em diante, a partir de 2003 e até 2006 a proporção de assalariados adultos (18 anos ou mais) filiados a sindicatos só aumentou, fazendo prever que o crescimento continuaria acompanhando o movimento do emprego regulado. Mas isso não ocorreu. Em 2007, a taxa voltou aos valores de 1999, variando em torno dos 20% desde então. É bom marcar que estamos falando de variação pequena em termos percentuais, de, no máximo, 3,2 pontos entre o pico (1992) e o nadir (2001) da distribuição, o que, em todo caso, representa alguns milhões de trabalhadores entrando e saindo dos sindicatos ao longo do período. O gráfico não mostra, mas havia 8,8 milhões de assalariados adultos filiados a sindicatos em 2002, contra 11,7 milhões em 2009, ou quase 3 milhões a mais. A taxa de filiação era semelhante, mas, como o mercado de trabalho assalariado ganhou mais de 13 milhões de postos de trabalho no período, o pequeno aumento na taxa de filiados levou a um aumento substancial em seu número absoluto.

GRÁFICO 10 | Variação na densidade sindical da população assalariada adulta. Brasil, 1988-2009

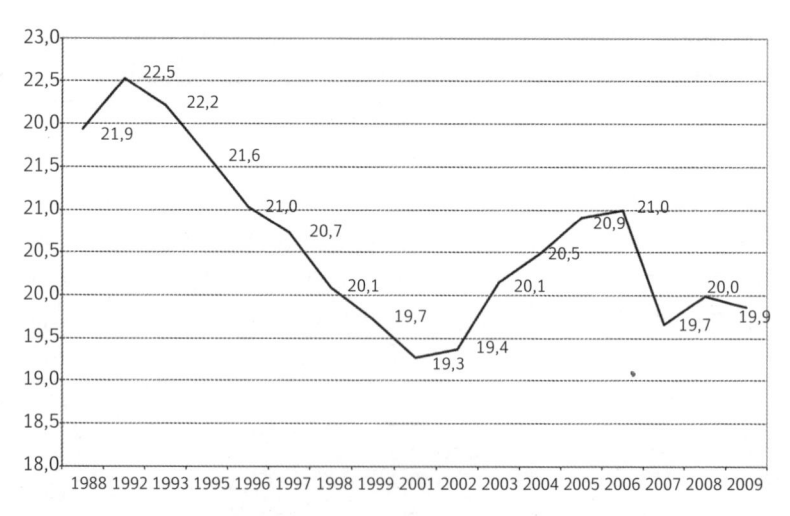

Fonte: Pesquisa Nacional por Amostra de Domicílios (Pnad), vários anos.

A bibliografia recente sobre evolução das taxas de filiação sindical, cujo interesse tem sido grandemente renovado nos últimos anos,[117] confirma tendências detectadas há 15 ou 20 anos: os sindicatos continuaram perdendo adeptos em toda parte, mas, ao mesmo tempo, a hipótese da convergência dos modelos de relações de trabalho em decorrência da globalização não se confirmou.[118] A queda da filiação tem causas diferentes em cada país; em alguns deles, a filiação, na verdade, aumentou até pelo menos meados da década de 2000, caso de Finlândia, Bélgica, Suécia, Austrália e Alemanha Ocidental (Ebbinghaus e Visser, 2000; Checchi e Visser, 2005:8; OIT, 2008). Essa divergência nos padrões internacionais recomenda cautela na construção de explicações gerais para o movimento (majoritariamente cadente) das taxas de filiação e parcimônia no enfrentamento da dinâmica de cada país.

No caso brasileiro, a queda também ocorreu, embora a taxas muito pequenas. O objetivo deste capítulo não é explicar esse movimento, algo já feito no livro citado (Cardoso, 2003, cap. 4). Pretendo, antes, identificar os determinantes da probabilidade de que alguém se filie a um sindicato, mobilizando três ordens de fatores explicativos: (i) a racionalidade individual dos trabalhadores, contrabalançada por argumentos que postulam o caráter eminentemente expressivo de sua ação; (ii) o contexto social e familiar em

---

[117] *Survey* já não tão recente da literatura internacional em diversas áreas do conhecimento é Schnabel (2003). No mesmo livro há uma série de estudos que atualizam boa parte dos temas relevantes na literatura econômica sobre sindicalismo no mundo contemporâneo. Outros estudos serão mencionados ao longo deste trabalho. Ver, ainda, OIT (2008, cap. 3), para dados comparativos internacionais sobre a variação (majoritariamente negativa nos 15 anos terminados em 2005) na densidade sindical (ou taxa de filiação). E há uma infinidade de estudos de caso importantes, como os de Bryson e Forth (2010) e Brownlie (2012), para a Inglaterra; Beck e Fitzenberger (2003) e Fitzenberger et al. (2006), para a Alemanha; Walsh (2009), para a Irlanda; Pal (2008), para a Índia; entre outros.

[118] Para o caso dos países da OCDE, ver Checchi e Visser (2005), que mostram o aumento do desvio padrão da taxa média cadente de filiação nesses países, o que demonstra o aumento da divergência entre eles. Kuruvilla et al. (2002) analisam sete países asiáticos onde a filiação sindical caiu em 25 anos, e Scruggs e Lange (2002) refutam a hipótese da convergência dos modelos de relações industriais.

que a decisão pela filiação ou não é tomada; (iii) e os percursos individuais nesse ambiente, tal como indicados por características atuais das pessoas, tomadas como pontos de passagem, mais do que de chegada, daqueles percursos.

O argumento se divide em duas partes. Na primeira, discuto as linhas mestras de um modelo multivariado de explicação da filiação, formulando hipóteses acerca dos três fatores mencionados. Na segunda parte, em que o modelo é apresentado tomando-se por base a Pesquisa Nacional por Amostra de Domicílios, mostro que essas três dimensões têm impactos importantes sobre as chances de alguém procurar um sindicato, embora as evidências em favor da racionalidade individual sejam muito menos robustas do que nas outras duas.

UM MODELO PARA EXPLICAR A PROPENSÃO A ADERIR A SINDICATOS

O estudo da filiação sindical no Brasil deve sempre levar em conta um elemento constitutivo do direito coletivo do trabalho do país: o trabalhador brasileiro não tem de se filiar ao sindicato de sua categoria para ter direito aos benefícios da negociação coletiva. O Brasil não é um caso isolado, claro. Na França, mais de 90% da população assalariada são cobertos por acordos coletivos, embora os filiados a sindicatos sejam menos de 8% dessa população. O mesmo ocorre em outros países de tradição legislada de relações de trabalho, como Portugal, Argentina ou México,[119] e também em alguns casos de tradição negocial, como a Alemanha, em que os benefícios dos contratos coletivos são estendidos a todos os trabalhadores de determinado ramo da economia, sejam eles filiados ou não (Goerke e Pannenberg, 2004). Dá-se o mesmo na Austrália.[120] Nesses casos, a pergunta fundamental das análises de filiação

---

[119] Para todos esses casos, ver ILO (1997, 2008). Checchi e Visser (2005) e Visser (2006) compararam a variação na densidade sindical nos países da OCDE.

[120] Na Austrália, até 1991, a arbitragem obrigatória por um tribunal arbitral federal também estendia os benefícios da negociação coletiva para filiados e não filiados a

sindical é: por que as pessoas se filiam a sindicatos, se o principal benefício da filiação lhes é estendido independentemente disso? Essa pergunta é relevante também no caso brasileiro. Já foi demonstrado que a grande maioria das hostes sindicais (mais de 50%), quando perguntadas, responde que elas aderiram para usufruir os serviços prestados por suas entidades de classe.[121] De fato, segundo a Pesquisa Sindical do IBGE de 2001, perto de 46% dos sindicatos de trabalhadores urbanos ofereciam serviços médicos e odontológicos. Entre os sindicatos de trabalhadores rurais, essa proporção era menor: 25%. Assistência jurídica era oferecida por 82,3% dos sindicatos de trabalhadores urbanos e por 47,2% dos de trabalhadores rurais. Os números para atividades esportivas e de lazer eram de 41% e 29%, respectivamente.[122] Logo, é muito provável que o assistencialismo seja, de fato, um importante atrativo para boa parte dos trabalhadores. Mas como nem todos os sindicatos prestam serviços (na verdade, metade deles não oferece assistência médica ou odontológica) e como uma proporção relativamente estável de 17% dos sindicalizados dizem que aderem para participar da política,[123] então os serviços não são *o único* atrativo, e talvez não sejam o atrativo mais importante para boa parte das pessoas.

As pesquisas domiciliares existentes no Brasil não costumam perguntar por que a pessoa se filiou a um sindicato. Perguntam apenas se ela é ou não filiada e a que tipo de sindicato (de trabalhadores, de agentes autônomos, de empregadores etc.). Como esse tipo de *survey* inclui, ainda, um conjunto de perguntas sobre características individuais que permitem reconstituir perfis típicos de ca-

---

sindicatos. Com as reformas de 1991 e a instituição da negociação por empresa, a arbitragem federal perdeu espaço na negociação coletiva, mas a norma de extensão dos acordos a todos os membros da empresa permanece. Ver Waddoups (2005).

[121] Ver Cardoso (2003, cap. 4).

[122] Proporções construídas com base em: <ftp://ftp.ibge.gov.br/Indicadores_Sociais/Sindicatos_Indicadores_Sociais_2001/tabelas_completas.zip>, tab. 65.

[123] Essa proporção aparece na Pnad de 1988 e na PME de 1996, únicas que perguntaram pelas razões para a filiação a sindicatos. Ver Cardoso (2003, cap. 4).

tegorias teoricamente relevantes para o problema em questão aqui, tudo o que se pode fazer é buscar associações entre a probabilidade de adesão a sindicatos e esses perfis típicos, na hipótese de que os que se decidem pela filiação *são diferentes* dos que se decidem por não participar da vida associativa sindical. Não se pode dizer que tal ou tal característica "causa" a filiação, mas pode-se dizer se, e em que medida, tal ou tal característica aumenta ou diminui a probabilidade de que a pessoa seja filiada. Não é pouca coisa, claro. Mas é muito diferente de responder *por que* a pessoa se filiou.

Ainda assim, hipóteses acerca da existência de condições individuais e sociais mais ou menos propícias à filiação orientarão o esforço analítico que aqui se fará. Como já se disse, parte dessas hipóteses mobiliza argumentos que tomam o indivíduo como referência, enquanto outra parte trata do contexto no qual esse mesmo indivíduo toma suas decisões. Um terceiro conjunto de elementos se refere ao percurso social das pessoas, consolidado em características adquiridas ao longo da vida. Vejamos cada um deles.

CUSTO-BENEFÍCIO

Mesmo que os benefícios da negociação coletiva não possam ser tomados como motivo para a adesão aos sindicatos, já que mesmo os não filiados são cobertos pelos acordos coletivos firmados, no Brasil essas instituições oferecem outros benefícios claramente mensuráveis a seus membros, como o acesso a serviços de saúde, advocatícios, de lazer e outros. Fazem-no, ademais, a preço e qualidade que podem ser comparados aos do mercado. Logo, parece plausível formular a hipótese de que a filiação seja fruto, sobretudo, de um cálculo de custos e benefícios materiais que, por sua própria natureza, é estritamente individual. As pessoas se relacionariam com sua entidade de classe como um balcão de serviços acessado ou não segundo conveniências também individuais, cujo principal parâmetro é a renda pessoal ou familiar. Ou seja, se o trabalhador tem nos serviços prestados o único motivo para se filiar, e se, para uma mesma unidade de renda, ele considerar vantajoso o preço pago pelos serviços sindicais por comparação com outros ofertados no mercado, ele se filiará. Se tal hipótese faz sentido, dever-se-ia esperar uma forte associação entre renda individual e probabilidade de filiação, mas não uma associação linear. Isso porque, mesmo supondo competitivos os preços dos serviços sindicais, isto é, supondo que, a certo padrão mínimo de qualidade aceitável pelos trabalhadores, eles não encontrarão serviço equivalente mas com melhor preço no mercado, esses serviços nunca serão gratuitos (como o são os serviços estatais), já que a possibilidade de acesso a eles é dada pela filiação sindical, que implica o pagamento de cotizações mensais. Logo, haverá um patamar mínimo de renda que habilita a pessoa a se filiar, abaixo do qual a probabilidade de filiação será próxima de zero. No outro extremo, se a hipótese em discussão for plausível, deverá haver um patamar de renda a partir do qual o trabalhador preferirá pagar mais por um serviço mais caro mas que ofereça melhor qualidade, simplesmente porque pode arcar com esse custo. A probabilidade de filiação, então, deveria decrescer a partir desse patamar de renda, supondo, repita-se, que o acesso aos serviços sindicais fosse o único móvel da filiação; supondo, portanto, agentes racionais agindo de maneira estritamente instrumental. Nesse sentido, a relação entre renda pessoal e probabilidade de filiação teria a forma de um U invertido, aumentando com a renda até determinado ponto e caindo a partir de então.

Essa hipótese será analisada no modelo multivariado proposto a seguir, mas creio ser necessário avaliá-la em separado, tendo em vista a importância que, desde Olson (1965), adquiriu o argumento que postula a racionalidade individual como motor da ação coletiva. O gráfico 11 mostra a densidade sindical segundo os vintis da distribuição da renda horária dos trabalhadores assalariados em 2009. Por ela, somos levados a pôr sob suspeita o argumento da estrita racionalidade instrumental, já que a densidade sindical cresce linearmente segundo a renda. Na verdade, depois do 13º vintil (ou os 35% mais "ricos" entre os assalariados) a inclinação da curva aumenta sensivelmente, de sorte que, a cada 5% na escala da distribuição de renda, cresce em quase cinco pontos percentuais a taxa de filiação sindical. Entre os 20% mais "ricos" na escala (vintis 17 a 20), a densidade era superior a 35% em 2009, chegando a mais de 45% no estrato superior de renda. Entre os 20% mais "pobres", a taxa não chegava a 10%.[124]

GRÁFICO 11 | Densidade sindical por vintis da distribuição da renda horária. Trabalhadores assalariados. Brasil, 2009

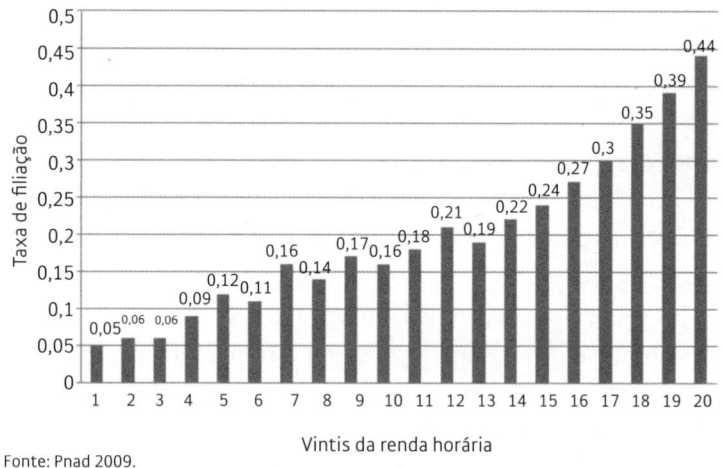

Fonte: Pnad 2009.

Pode-se argumentar que a renda do trabalho assalariado é muito baixa no Brasil, e que a distribuição de renda não capta a capacidade

---

[124] É bom marcar que, na busca da reversão da taxa de filiação no topo da distribuição de renda, o exercício proposto aqui foi replicado para a distribuição em centis, resultando em movimento ascendente ainda mais acentuado a partir da mediana.

de consumo das pessoas.[125] Poderia ser o caso de que, mesmo no topo da distribuição de renda, o salário médio fosse baixo o suficiente para impedir que as pessoas adquirissem serviços competitivos no mercado, estando obrigadas a aceitar os termos oferecidos pelos sindicatos. Ainda que se possa manter a hipótese acerca da baixa taxa de filiação entre os assalariados de menor renda (que não poderiam comprar esses serviços, o que se sustenta pelo fato empírico de que, entre os 20% mais pobres, a taxa média de filiação é de 7%, segundo o mesmo gráfico 11), diante desses dados seria preciso reformular a segunda parte do arrazoado: se a renda do trabalho assalariado for muito baixa tendo em vista os custos de serviços médicos, dentários e outros ofertados no mercado, a filiação sindical deverá crescer linearmente com a renda individual, sempre postulando o acesso aos serviços como móvel único do trabalhador individual. A dificuldade com essa hipótese é que, para sustentá-la com segurança, seria preciso levantar preços médios de serviços advocatícios, médicos, dentários e de lazer e compará-los com os que são oferecidos pelos sindicatos e, em seguida, com a renda individual dos trabalhadores, sindicalizados ou não. Não há como fazer isso aqui, e a análise dos dados, neste caso, não pode ser senão indicativa.

De todo modo, já vimos que pelo menos 17% dos trabalhadores brasileiros dizem que se filiaram a sindicatos para participar da política. Ou seja, sua decisão não pode ser inteiramente reduzida a uma equação de custo-benefício material parametrizada pela renda, como no caso do acesso a serviços prestados pelos sindicatos.[126] Com Hirschman (1982, 1984), é possível dizer que as pessoas obtêm

---

[125] O valor de corte do 20º vintil de renda em 2009 era R$ 19,78 por hora, o equivalente a R$ 3.800,00 mensais (em valores de dezembro de 2011).

[126] É claro que há aqueles que se beneficiam materialmente da participação na vida sindical, como os dirigentes e militantes, que têm seu sustento assegurado pela instituição. É possível, nesses termos, ter com ela (a política sindical) uma relação instrumental, mas esta nunca será estrita ou exclusiva, já que é da lógica da ação coletiva sindical a produção de bens públicos *para outros*, os membros da instituição (Offe, 1985).

benefícios pessoais de caráter expressivo, não instrumental, quando participam na vida pública. A sensação (não meramente ilusória, segundo o mesmo Hirschman) de que se está "fazendo alguma coisa" ou "tomando o destino nas próprias mãos" pode ser suficiente para levar alguém a participar, mesmo em condições em que a participação seja irracional tendo em vista objetivos materiais mensuráveis, como a manutenção do emprego, por exemplo. Ainda mais se, como veremos, esse sentimento for compartilhado por outras pessoas do grupo próximo, no trabalho, na vizinhança ou na família. Ainda assim, é muito provável que esse motivo para filiação também esteja associado à renda. Mostrei em outro lugar que, quanto mais bem remunerados os trabalhadores, maior sua taxa global de participação na vida pública (Cardoso, 1999a). Pesquisas domiciliares que mensuram a cultura política no país também concluem, invariavelmente, na mesma direção (Cardoso, 2003). Logo, caso exista (ou revele-se no modelo multivariado), é de esperar que o efeito decrescente ou negativo do crescimento da renda sobre a probabilidade de filiação dos trabalhadores que agem instrumentalmente seja em parte compensado pelo efeito positivo do mesmo indicador sobre a probabilidade de participação na vida pública dos trabalhadores que agem segundo valores outros que não a estrita instrumentalidade.[127]

Ainda no âmbito das explicações racional-individualistas para a filiação sindical, é possível argumentar que, para boa parte das pessoas, a decisão de participar não tem como parâmetro único os custos ou benefícios derivados da vida associativa. Hipótese forte nesse sentido, sobretudo na literatura econômica sobre densidade sindical, deriva das chamadas teorias do "costume social" (de origem em Ackerlof, 1980, e operacionalizadas pela primeira vez, no caso da densidade sindical, por Booth, 1985),[128] segundo as

---

[127] Elster (1989) menciona a importância do indivíduo "kantiano", que age segundo máximas morais, e não instrumentais, para o sucesso da ação coletiva, do que a filiação sindical pode ser tomada como um caso específico.

[128] Textos posteriores que discutem e testam essa hipótese são Naylor (1990); Booth (1995); Goerke e Pannenberg (2004); e Checchi e Visser (2005).

quais existiria, nas "comunidades", um conjunto de normas consuetudinárias que as pessoas obedeceriam por medo de sanções decorrentes da perda de reputação pela não obediência. A partir de determinado patamar de densidade sindical, as pessoas se filiariam simplesmente para "não ficar mal" entre os pares. Essa abordagem é interessante por se contrapor ao postulado clássico do *free rider* como resultado mais provável da ação coletiva de grandes grupos (Olson, 1965), e a hipótese é a de que, quanto mais pessoas do grupo próximo do indivíduo (na empresa, na região geográfica ou no setor econômico) se filiem a sindicatos, maior será o incentivo para que a pessoa também se filie, para manter sua reputação como membro pleno da comunidade, quaisquer que sejam os benefícios dessa reputação. O referente principal da filiação seria a "comunidade" à qual o trabalhador pertenceria, que nutriria valores mais ou menos favoráveis à participação. Voltarei a essa hipótese ao final da seção seguinte, pois pretendo testá-la no modelo multivariado em preparação aqui. Antes, cabe um comentário crítico a seus pressupostos.

Embora interessante, por interpor instituições e costumes entre a pessoa e seus representantes, ampliando, com isso, o escopo interpretativo das razões para a filiação, parte da literatura sociológica contemporânea veria com suspeição a hipótese do "costume social". A noção de *comunidade* nela pressuposta pode ser criticada de muitas maneiras, assim como a de "receio de perda de reputação". Segundo certa leitura das tendências contemporâneas, as relações sociais estariam tornando-se cada vez mais individualizadas e independentes de grupos de referência de qualquer tipo. Nesse novo ambiente, os indivíduos teriam uma relação reflexiva com sua própria trajetória, podendo *escolher* suas identidades em lugar de estarem submersos em ambientes identitários tradicionais, o que reduziria a importância dos laços comunitários na conformação da identidade individual e, com isso, o custo da perda desses laços (Giddens, 1999; Lash, 2002; Inglehart e Welzel, 2005). Teorias do relativismo moral[129] também apontam na mesma direção, isto é, os postulados éticos na sociedade contemporânea seriam também fruto de uma relação reflexiva do indivíduo com suas próprias convicções (Scanlon, 1998), o que poderia, potencialmente, reduzir o custo individual de sanções por perda de reputação, mesmo que participar da ação coletiva fosse socialmente considerado "o que se deve fazer". É que seria sempre possível, segundo essa mesma literatura, escolher outros grupos de referência, outras "comunidades" de pertencimento, sem grandes perdas para o que Giddens denomina "segurança ontológica" do indivíduo.

É verdade que abordagens como essas também podem ser criticadas como excessivamente benevolentes com os postulados racional-individualistas do pós-materialismo ou da pós-modernidade (como encontrados em toda pureza em Inglehart e Welzel, 2005), que dariam pouca atenção aos aspectos identitários da ação individual e de grupo, sobretudo nos países do Terceiro Mundo. Aqui, talvez ainda seja lógico falar em "comunidades de trabalho" em sentido moderno (Castel, 1998), já que o trabalho assalariado regulado e protegido pelo Estado ainda é elemento central das biografias e dos sonhos de parte não negligenciável das pessoas, como venho argumentando neste livro.[130] Essas comunidades não terão, certamente, o mesmo sentido das "comunas culturais" de Castells (1997:65), cujo centro identificador são valores étnicos, religiosos, sexuais ou outros. Elas serão, ainda, coletividades articuladas em torno de interesses materiais muito precisos, relacionados com emprego e salários. Dizendo de outro modo, pelo menos em um aspecto importante (a renda), a sociedade brasileira não equacionou o problema crucial de prover as necessidades básicas da população que vive do trabalho, que, nesse aspecto, está mais próxima

---

[129] Uma boa discussão sobre essas teorias é Kymlicka (1991), texto criticado por Bauman (1998:231 e ss.).
[130] Ver também Cardoso (2010).

do "reino da necessidade"[131] do que de outro reino qualquer em que imperem valores estritamente pós-materialistas. Essa população ainda depende das redes de proteção social típicas da "sociedade salarial".[132] E estamos, uma vez mais, de volta ao problema do pretenso crescimento da classe média no Brasil.

De fato, tomando-se a Pnad 2009, descobre-se que perto de 32% da população assalariada brasileira ocupada ganhavam um salário mínimo por mês ou menos. Até dois salários mínimos ganhavam 72% dos assalariados brasileiros. Considerando-se *as famílias dos assalariados*, 24% tinham renda familiar até dois salários mínimos, e 43%, até três. Por fim, nada menos que 46% dessas famílias tinham renda domiciliar *per capita* igual ou menor do que um salário mínimo. Ou seja, a capacidade de consumo de grande parte das pessoas e de suas famílias, expressa pela renda, está muito aquém de qualquer ideia de um reino "pós-materialista", ainda que para uma parcela dessa mesma população, posta no topo da distribuição de renda, valores associados a essa condição talvez estejam sendo professados e mesmo reproduzidos de uma geração a outra.

CONTEXTO

Essas considerações sugerem que, ainda que sociologicamente ingênua, a hipótese do "costume social" traz uma intuição de meu ponto de vista incontroversa: as escolhas individuais raramente são decisões isoladas, e isso tanto mais quanto mais importantes forem as redes sociais (que incluem pessoas e instituições, próximas ou distantes) para a sustentabilidade material e ontológica das

---

[131] Pensada aqui como a "inescapável privação dos bens necessários" (Bourdieu, 1984:372).

[132] Sem contar que uma parte substancial dela (em torno de 20% em 2009, segundo dados em <www.ipeadata.gov.br>) encontrava-se abaixo da linha de pobreza.

pessoas.[133] Elas (as decisões) ocorrem em um ambiente estratégico, no qual os possíveis parceiros de ação não são apenas agentes virtuais ou prováveis, mas pessoas que o trabalhador encontra em seu dia a dia de trabalho, nas relações vicinais e familiares e no grupo ampliado de amigos e colegas. É muito provável que uma parte não negligenciável dessas relações seja mobilizada na tomada de decisão pela filiação ou não. As teorias do "costume social" partem desse pressuposto, como vimos, mas na forma restrita do "medo de perda de reputação". Aqui, o argumento é de outra natureza. Sustento que as pessoas *consultam* as outras, debatem com elas, constroem com elas a decisão de aderir ao sindicato. A relação relevante para a análise não é aquela entre o indivíduo e sua instituição de representação, mas entre um conjunto de indivíduos do qual a pessoa é parte e aquela mesma instituição.

Se isso faz sentido, é possível dar um passo adiante e sustentar que as decisões individuais, quando políticas (como a decisão de se filiar a um sindicato), têm quase sempre no horizonte a ação provável de outros trabalhadores, filiados reais ou potenciais. Isto é, a decisão política é, por definição, estratégica (Crouch, 1980; Offe, 1985). É claro que ela pode levar em conta unicamente percepções individuais sobre o cenário provável e sobre a ação esperada, nele, dos outros eventuais parceiros ou adversários. Mas, no caso dos trabalhadores, a ação política é quase sempre comunicativa (Pizzorno, 1974, 1978), ou negociada constantemente com os pares atuais ou potenciais, com os quais aquele que se decide pela filiação passará a compartilhar seu horizonte decisório (ou estratégico). Esse processo é também o processo de construção e afirmação de identidades coletivas e, por conseguinte, de delimitação de espaços sociais de coabitação, que, por serem relacionais, isto é, por estarem em relação com outros espaços de natureza semelhante, são em si mesmos, por *différence* (Bourdieu,

---

[133] A importância das redes para a sobrevivência no mercado de trabalho foi demonstrada pela primeira vez por Granovetter (1974). Estudo divisor de águas no Brasil é Marques (2010).

1984), definidores do que as pessoas são. São espaços identitários, constituídos de um conjunto de referências recíprocas e expectativas de ação que, por sua vez, conformam *o que a sociedade é*. É nesse sentido preciso que a ação política é não apenas contextual, mas também e imediatamente constitutiva do contexto, ou da sociedade. Desse ponto de vista, dificilmente a decisão pela filiação será estritamente instrumental, ou informada por uma instrumentalidade material em um espaço de completa liberdade de escolha informada pela renda. Entre suas consequências não antecipadas está a demarcação de esferas de identidade (social e política igualmente) que definem possibilidades de ação, restringindo ou ampliando o escopo das escolhas individuais, segundo o caso. É justamente a restrição ou não da liberdade de escolha na ação política sindical que merece um comentário mais demorado, antes de continuarmos na definição do modelo multivariado de "explicação" da probabilidade de filiação.

LIBERDADES E O HORIZONTE DA AÇÃO

A afirmação, em atos como a filiação a um sindicato, de que se é parte de um grupo de referência, "cobra seu preço", por assim dizer, na forma de lealdade de grupo ou facção, ou seja, de compromissos mútuos que serão validados ou rechaçados, por exemplo, nas eleições sindicais. Nesses termos, a decisão de se filiar instaura um ambiente de expectativas mútuas entre possíveis filiados e dirigentes que tem consequências do ponto de vista do horizonte da ação individual, que passa a ser, de algum modo, balizada pela ação do grupo. Isso pode ser lido em termos de custos e benefícios, embora não imediatamente materiais. Pode-se argumentar que o indivíduo bem-informado é capaz de mensurar, com razoável grau de previsibilidade, quanto de sua liberdade de ação será perdido (ou talvez ampliado) ao se decidir pela adesão a um sindicato. Antecipando uma conclusão, eu diria que, se a liberdade de escolha tem mais valor para o indivíduo do que a segurança socioeconômica que o sindicato eventualmente possibilite, a pessoa não se filiará, o contrário sendo também verdadeiro. O cálculo em tela será, então, de dupla natureza. Primeiro, é possível comparar a liberdade atual (liberdade de não participar) com as restrições que a participação imporá. Em segundo lugar, é possível compará-la (a liberdade atual) com a eventual ampliação das possibilidades de ação decorrente da associação a um grupo maior.

A liberdade atual do não filiado é "liberdade negativa". Liberdade dos modernos (Berlin, 1958), está associada ao direito natural ("Os homens nascem livres…"), estando na base da boa sociedade tal como pensada pela tradição liberal. Não é uma *capacidade*, mas um *estado* do ser, nos termos de Bobbio (2000), e é nesses termos que se encontra consagrada na legislação sindical da maioria dos países, na fórmula "ninguém está obrigado a se filiar a um sindicato". Trata-se de liberdade de *não ser coagido* a fazer algo contra sua vontade. Sua contrapartida, pois, são os custos de fazer algo, ou de participar. Essa estrutura de custo-benefício é a que está por trás dos modelos do *free rider*. Participar da vida sindical significa abrir mão de minha liberdade de fazer outra coisa qualquer de meu interesse ou prazer, ou mesmo de não fazer coisa alguma. Por que me filiaria, se tenho acesso aos benefícios da ação coletiva, mesmo não participando?

Mas é possível comparar a liberdade negativa atual com os benefícios da participação, pensada não tanto como restrição de liberdade, mas como ampliação das capacidades dos agentes, sendo, portanto, liberdade "positiva".[134] O indivíduo talvez considere que

---

[134] A liberdade positiva está no âmago da tradição democrática, com origem no *Contrato social*, de Rousseau, para quem temos o direito (na verdade, o dever) de participar das decisões coletivas, que constituem a autoridade que, ao final, nos vincula (limitando, nos termos atuais, a liberdade negativa). A enunciação da liberdade positiva estabelece uma distinção entre uma moralidade privada (reino da liberdade negativa) e uma ética pública, voltada para o bem comum, sendo, portanto, aspecto decisivo do ideal republicano e da noção correlata de cidadania que orienta boa parte das democracias contemporâneas. A literatura sobre isso é tão vasta que seria ocioso indicar um único conjunto de textos, mas ver Turner (1990).

sua posição atual pode ser melhorada se seu sindicato tiver maior poder de barganha com os empregadores, poder de que a taxa de filiação é um indicador importante (embora não único, como mostrado em Cardoso, 1999b). Nesses termos, a decisão de se filiar levaria em conta não tanto ganhos ou perdas atuais de liberdade, mas ganhos ou perdas de capacidade de ação (e eventualmente de benefícios materiais) *no futuro*. Esse elemento é crucial aqui. O cálculo lastreado na liberdade negativa e que pode resultar no *free rider* leva em conta o *status quo atual*. Escolho não participar porque a participação *restringiria* minhas possibilidades atuais de escolha. O cálculo lastreado na liberdade positiva tematiza o horizonte da ação possível, projetando no futuro a decisão tomada hoje.

Ora, no futuro, as margens de incerteza aumentam significativamente. E as instituições, já mostrou Mary Douglas, são mecanismos decisivos de redução da incerteza quanto aos desdobramentos futuros dos atos individuais, entre outras coisas porque constroem salvaguardas destinadas a diluir os possíveis equívocos individuais na dinâmica coletiva mais geral e padronizam as expectativas daqueles com os quais a instituição se relacionará (Douglas, 1979). As instituições, para usar um termo de Wanderley Guilherme dos Santos, reduzem "os custos do fracasso" da ação coletiva (Santos, 2006). Uma vez mais com Pizzorno (1978), a adesão ao sindicato seria uma maneira de trocar a liberdade negativa atual por maior segurança, ou previsibilidade, das ações futuras e de suas consequências, institucionalmente processadas. A instituição "cobra seu preço" em termos de lealdade, mas pode recompensar a lealdade com ganhos institucionais aos quais os não membros não terão acesso.[135]

---

[135] Não me refiro apenas aos serviços sindicais. Em processos de intensa reestruturação econômica, como o vivido pelo Brasil nos anos 1990, e, mais recentemente, quando as taxas de desemprego saltaram de 4% para 12% da PEA, naquelas categorias profissionais em que os sindicatos tiveram poder de intervenção nos processos de demissão decorrentes da reestruturação produtiva, o critério da filiação ou não ao sindicato pode ter sido decisivo na escolha dos demitidos.

LIBERDADES E CONTEXTO

O fato, pois, de que o futuro (mais ou menos incerto) está em jogo nos cálculos que levam ou não à filiação tem pelo menos duas consequências do ponto de vista das redes sociais de referência dos trabalhadores. Em primeiro lugar, é de esperar que, por mais isolada que seja a decisão, ela resultará tanto de um processo de autorreflexão, que leva em conta a própria trajetória individual, quanto da busca de informações junto a terceiros, em geral colegas de trabalho, sejam eles filiados ou não, dirigentes ou não do sindicato. A busca tem, pois, natureza diversa para trabalhadores recém-chegados e para aqueles com mais tempo de emprego no setor econômico ou na profissão que define a base sindical. Para os recém-chegados, a prospecção de informações é mais custosa e incerta. Porque o sindicato é uma instituição de representação de interesses que, portanto, organiza as preferências de filiados e não filiados, opondo grupos que, no mínimo, se identificam com correntes diferentes em disputa pelo poder sindical, dificilmente serão isentos os juízos que as pessoas emitirão, quando consultadas por aquele que pensa em se filiar. Este, porém, não terá como julgar adequadamente as intenções subjacentes a esta ou àquela declaração sobre o sindicato, de modo que o custo de se informar está contaminado pela incerteza na confiabilidade do juízo das pessoas consultadas.[136]

No caso dos trabalhadores com mais tempo de emprego no mesmo setor econômico, essa incerteza é menor, mesmo que a pessoa tenha sido contratada recentemente no emprego atual. Ocorre que, como mostrou Thompson (1987), a *experiência* do trabalho e, eventualmente, da ação coletiva marca-se nas trajetórias das pessoas, contribuindo para consolidar, entre elas, disposições mais ou menos bem-delineadas sobre o sindicato. Essas disposições

---

[136] Isso pode, eventualmente, aumentar o peso relativo de pessoas do grupo próximo (como a família ou os amigos) na construção da decisão de se filiar. Volto ao ponto adiante.

não precisam ter a forma de "o sindicato é eficiente na defesa de meus interesses". Podem significar, simplesmente, que "o sindicato é bom", ou que "gosto desse ou daquele dirigente".[137] Contudo, e este é o ponto importante aqui, as ações sindicais mais ou menos bem-sucedidas no passado serão levadas em conta não como elementos estritamente individuais de informação, mas como história compartilhada (isto é, como identidade coletiva), eventos sobre os quais os pares conversaram e em relação aos quais se posicionaram ao longo do tempo, consolidando em cada um as referidas disposições mais ou menos duráveis sobre sua instituição de representação. O custo da informação, nesse caso, está em grande medida diluído no passado, reduzindo em muito a incerteza da escolha por filiar-se ou não, que se pautará por juízos mais ou menos esclarecidos sobre a ação sindical pretérita, agora projetada no futuro.

Interessa reter, dessa primeira consequência da mobilização do futuro na tomada de decisão, a ideia de que, neófito ou veterano, o trabalhador mobilizará informações em que a interveniência atual ou passada dos colegas de trabalho ou de profissão é decisiva, mesmo que incerta no caso dos recém-chegados (que, por isso mesmo, talvez recorram a outros centros de informação e aconselhamento, como a família ou os amigos).

Mas há uma segunda consequência importante decorrente da mobilização do futuro no cálculo individual pela filiação. Se aquele que decide se filiar o fizer por achar que seu ato dará mais força ao sindicato, é de esperar que busque convencer outros a fazer o mesmo. Nesse momento, seu ato individual, que de outra maneira poderia ser lido como estritamente instrumental, converte-se de maneira imediata em ato político, uma vez que verbaliza um projeto de intervenção no ambiente e convoca adeptos para viabilizá-lo. Em lugar de

---

[137] Esse último exemplo é típico da identificação política em ordens representativas tradicionais, como o populismo, por exemplo (Laclau, 2005), mas não está ausente das democracias modernas, nas quais a informação para o voto é cada vez mais obtida de maneira fragmentada em mídias fugazes, como a televisão.

relacionar-se com os pares na qualidade de simples "consumidor" de informação para agir, passa a exercer sobre eles uma influência que pode mudar o curso atual de suas vidas.

Se tudo isso faz sentido, então é possível reforçar a ideia de que a decisão pela filiação quase nunca é estritamente individual. Ou melhor, se ainda é o trabalhador individual quem decide pela adesão ou não ao sindicato, ele o faz em um ambiente em que outros também estão tomando decisões estratégicas, na mesma direção ou contrariamente, e essas decisões são levadas em conta por ego, que pode inclusive ser levado a agir em uma direção contrária a seu interesse material imediato,[138] simplesmente porque "todos estão se filiando". Aqui fechamos o ciclo, retornando à hipótese do "costume social", agora, porém, em bases sociologicamente mais consistentes.

CONTEXTO SOCIAL

A mensuração desse fenômeno não é trivial. Como identificar, nas pesquisas domiciliares utilizadas aqui, o grupo de referência da ação de um trabalhador qualquer? Uma alternativa é seguir sugestão de Goerke e Pannenberg (2004) e utilizar a taxa de sindicalização do setor da economia em que o indivíduo trabalha como medida aproximada do efeito de pressões sociais sobre a probabilidade de a pessoa se filiar. Como já se disse, a suposição aqui, contrariamente à hipótese das teorias da ação coletiva que postulam o *free rider* como o resultado mais provável nessas situações, é a de que, quanto maior a filiação em determinado setor, maiores as pressões sociais (dos pares) para que o indivíduo se filie. A variável

---

[138] Em regimes autoritários, a participação sindical pode significar risco de morte, de perda de emprego ou de perseguição política em outras esferas da vida, como a família ou os círculos de amizade. Em regimes democráticos em que não haja legislação de proteção para a representação trabalhadora, a militância pode também resultar em perda de emprego, discriminação em promoções nas empresas etc.

é uma medida apenas aproximada, obviamente, já que o ideal seria trabalhar com um indicador geograficamente mais próximo do indivíduo, por exemplo, a taxa de sindicalização setorial na cidade onde a pessoa trabalha. Mas as amostras da Pnad utilizadas neste estudo não permitem desagregações até esse nível, nem mesmo no nível estadual, com confiabilidade. O máximo que se consegue é acessar a taxa de filiação no setor econômico em âmbito nacional.

Mas esse talvez não seja o problema mais importante. Além de ser um indicador que peca por não levar em conta o nível geográfico, a variável resultante é metodologicamente complexa, pois está correlacionada com a variável dependente. Se o trabalhador trabalha em um setor com probabilidade 0 de filiação, ele não será filiado, por definição. O mesmo vale para setores com probabilidade 1, quando então o indivíduo será filiado, também por definição. Dizendo de outra maneira, a probabilidade do setor é a mesma probabilidade do indivíduo. Em um setor com taxa de filiação de 30%, o *best guess* que posso ter sobre alguém empregado nele é de que a probabilidade de que seja filiado é de 30%. Para tentar contornar essa situação, calculei a taxa média de filiação nos 185 setores em que havia trabalhadores assalariados em 2004, e nos 165 de 1996,[139] e agrupei os setores em quintis da distribuição da taxa de filiação. No primeiro quintil, então, estão os setores entre os 20% com menor taxa de filiação, enquanto no quintil superior estão os setores com maior taxa de filiação. O indicador é tratado como variável categórica, o que facilita a apreensão de seu efeito sobre as chances de alguém ser filiado. Os valores de corte para a construção dos quintis foram os seguintes:

---

[139] A partir de 2002, mudou-se a codificação de setor econômico na Pnad. Porém, como trabalho com a distribuição em percentis, a comparação entre 1996 e 2004 não está de todo comprometida. E é bom salientar que este capítulo foi originalmente escrito em 2006, quando a última Pnad disponível era a de 2004. Mantive os modelos relativos a este ano, para evitar que os milhões de novos empregos criados entre 2004 e 2009 contaminassem a análise.

TABELA 22 | Valores de corte para construção dos quintis da distribuição setorial da densidade sindical. Brasil, assalariados, 1996 e 2004

Quintis	Valor de corte	
	1996	2004
20%	8,6	7,8
40%	15,6	14,4
60%	23,0	21,2
80%	32,9	30,2

Fonte: Pnad 1996 e 2004.

Note-se que são valores muito semelhantes, que refletem a leve queda na densidade sindical entre 1996 e 2004. Devem-se ler esses dados da seguinte maneira: em setores com densidade sindical entre 8,7% e 15,5% (segundo quintil), a chance de que um trabalhador seja filiado será x% maior (ou menor) do que a de um trabalhador do primeiro quintil, que será usado como referência no modelo multivariado. A ideia, aqui, como já se disse, é a de que quanto maior a densidade sindical setorial, maiores as pressões sociais para que a pessoa se filie.

FAMÍLIA

De modo geral, os modelos explicativos disponíveis sobre a densidade sindical trazem a suposição (quase nunca explicitada) de que as razões mobilizadas pelas pessoas levam em conta apenas informações relativas ao mundo do trabalho e os interesses por ele suscitados e organizados. São raros modelos que incluem a influência de variáveis do contexto familiar.[140] Mas sugeri que a família é um dos

---

[140] Uma exceção é o modelo econométrico temporal de Schnabel e Wagner (2005), que inclui a profissão do pai como variável independente, na forma de uma variável *dummy* para "pai operário", na suposição de que a origem social do trabalhador

possíveis grupos de referência para a tomada de decisão, principalmente em situações de incerteza quanto às razões ou intenções dos colegas de trabalho. Uma maneira de apreender o papel do grupo doméstico nesse processo mais geral de tomada de decisão é imaginar que o grau de politização, ou de abertura à participação na vida pública, não está aleatoriamente distribuído pela população trabalhadora. Há o contexto social mais geral, discutido antes. Mas parece plausível sustentar que a tradição de participação de um membro da família pode ter influência sobre os demais, pelas mesmas razões já apontadas, ou seja, o caráter identitário da pertença a um grupo, que poderia levar a que a pessoa agisse em determinada direção porque "é assim que deve ser", com o proviso de que os laços familiares podem, eventualmente (e mesmo nas famílias nucleares modernas), ser ainda mais estreitos que os laços com colegas de trabalho ou com redes vicinais e de amizade. Essa hipótese se sustenta pelo fato de que pesquisa de opinião pública realizada em 2002 encontrou que 65% dos brasileiros "confiavam muito" em suas famílias, enquanto 20% confiavam, sem qualificativos. A confiança nos amigos, somando as duas categorias, chegou a meros 30%, mesma taxa quando o alvo eram os colegas de trabalho (Almeida e colaboradores, 2004). Além disso, tomando-se a Pnad 2004, entre as famílias com dois membros ou mais na PEA assalariada, a probabilidade de que pelo menos um deles fosse filiado a um sindicato era de 23,4%. Contudo, havendo um filiado, a probabilidade de haver um segundo era de 30,3%. Faz sentido, pois, formular a hipótese de que o ambiente familiar pode ter efeito sobre as chances de adesão a sindicatos, e aqui estou supondo que esse efeito seja positivo.

Uma pesquisa domiciliar como a Pnad não permite esquadrinhar todos os aspectos (desde logo hipotéticos) da questão. Porém, é possível construir alguns indicadores aproximados do que pode

---

afeta sua propensão para se sindicalizar. Aqui, como veremos, utilizo indicador diferente, talvez mais adequado, relativo à tradição de assalariamento na família.

ser denominado, aqui, *dimensão sociofamiliar* da decisão de aderir a um sindicato. Serão três os indicadores incluídos no modelo multivariado: (i) a existência, no grupo doméstico de moradia, de outros familiares filiados a sindicatos; (ii) algo que denominei "cultura do salariado" na família, medida em termos da proporção da população economicamente ativa familiar que tinha um emprego assalariado formal, seja no setor público, seja no privado; (iii) por fim, o tipo de família. Vejamos como esses indicadores foram construídos.

A existência de outros familiares filiados tomou como referência apenas famílias com pelo menos duas pessoas na PEA assalariada. O indicador deve ser lido como o efeito da existência de outro filiado no mesmo grupo doméstico na probabilidade de a pessoa de referência do modelo estatístico (daqui por diante, "ego") ser filiada. A variável é complexa do ponto de vista metodológico, já que o fato de haver um segundo membro adepto de sindicato *supõe* a existência do primeiro. Ou seja, onde há dois ou mais filiados, há um, e a pessoa de referência, mesmo não estando nos dois lados da equação, está pressuposta na variável independente. Como a hipótese faz sentido teoricamente, e como parece haver uma associação empírica mensurável entre a proporção de filiados na família e a chance de que ego também seja filiado, decidi apresentar dois modelos, um com e outro sem essa variável, por motivos apresentados mais adiante.

O segundo indicador de contexto familiar importante é o que denominei "cultura do salariado" na família. Nas análises correntes, quando a classe social é levada em conta, quase sempre se inclui a profissão do pai da pessoa de referência, na suposição de que a origem social é mais bem apreendida pela trajetória paterna (como em Schnabel e Wagner, 2005) e de que "o processo de socialização inicial na família é um importante determinante da filiação sindical" (Goerke e Pannenberg, 2004:491). A profissão do pai é medida tradicional nas análises de mobilidade social, como se sabe,[141] e,

---

[141] O texto mais importante e influente dessa tradição é, sem dúvida, Erikson, Goldthorpe e Portocarrero (1979).

pelo menos no caso da Alemanha, onde tem sido utilizada com mais frequência, tem-se revelado indicador relevante da probabilidade de filiação. Isso pode ter relação com o caráter institucionalmente mais estruturado do mercado de trabalho e das carreiras naquele país, bem como com o fato de que a mobilidade social é, ali, bem menos intensa do que nos outros países da OCDE, como mostraram Erikson e Goldthorpe (1992), texto reavaliado em Müller e Pollak (2004). Ou seja, a tradição de trabalho manual dos pais tem maior probabilidade de ser herdada pelos filhos naquele país do que em outra parte, e a condição de trabalhador manual do pai transferiria para a geração seguinte um conjunto de disposições para a ação que incluiria a participação na ação coletiva sindical.[142]

Embora exista na Pnad 1996, na de 2004 a informação sobre profissão do pai não está disponível, impossibilitando a comparação entre os dois períodos. Por isso, sugiro este indicador alternativo, que é a proporção dos membros da PEA familiar assalariados com carteira ou funcionários públicos. Como os sindicatos, em geral, organizam o mercado formal de trabalho, é de esperar que, quanto maior a taxa de formalidade da PEA familiar, medida como proporção de trabalhadores registrados e funcionários públicos, maiores as chances de encontrarmos adeptos a sindicatos. Além disso, a hipótese subjacente ao uso desse indicador é a de que a densidade das experiências de assalariamento no grupo doméstico, com tudo o que isso implica em termos de incertezas socioeconômicas no país,[143] aumentaria a pro-

---

[142] O fordismo deu origem a um "estatuto profissional" na Europa baseado no tipo ideal do "pai provedor", que ocuparia o mesmo emprego por toda a vida, estruturando a identidade de sua família em torno de sua própria. Esse modelo entrou em crise nos anos 1980 e talvez já não tenha vigência nos dias de hoje. Contudo, a hipótese da influência do pai nas atitudes e ações dos filhos relacionadas com o mundo do trabalho ainda toma, mesmo que implicitamente, o "pai provedor" como modelo. Ver Supiot (1999).

[143] O desemprego ocasional é um indicador importante, mas não único, da insegurança assalariada no país. Talvez tão importante quanto seja o fato de que, entre os trabalhadores formalmente empregados em 2004, segundo a Rais, 30% estavam no emprego atual há menos de um ano. Até dois anos, tínhamos 45% dos ocupados com carteira assinada. Fonte: Informação tabulada diretamente do CD da Rais.

babilidade de que pelo menos um membro tivesse contato ao menos eventual com a entidade sindical, seja no local de trabalho, seja junto a membros do grupo próximo.

A variável em questão assume três valores: baixa cultura do salariado, média e alta cultura, resultantes da agregação da distribuição da proporção de assalariados formais na PEA familiar. Famílias com baixa cultura salarial têm até 1/3 de seus membros economicamente ativos nessa condição. Média cultura agrega de 1/3 a menos de 100%, enquanto famílias com alta cultura salarial têm 100% de seus membros assalariados. A agregação não obedeceu a critérios teóricos, mas, sim, à distribuição real das probabilidades, e procurou-se assegurar que cada categoria tivesse, *grosso modo*, 1/3 das famílias.

Por fim, o terceiro indicador relacionado com o contexto familiar é o tipo de família. A suposição, aqui, é de que casais sem filhos, bem como pessoas de famílias quebradas sem filhos (com agregados), terão maior probabilidade de adesão a sindicatos do que aqueles oriundos de famílias de casais com filhos ou em que apenas um dos cônjuges esteja presente, também com filhos. O elemento decisivo, pois, é a presença ou não de filhos na família, que reduziria, supõe-se, a disponibilidade de tempo para a participação.[144]

TRAJETÓRIA

Injunções contextuais e racionalidade individual são os mais importantes fatores explicativos da ação nas ciências sociais, conquanto por vezes concorrentes segundo a abordagem teórica escolhida.

---

[144] É importante marcar que menos de 1% dos sindicatos no país oferecia serviços de creche em 2001, ano do censo sindical já mencionado antes. "Atividades educacionais" estavam presentes em pouco mais de 20% deles, não sendo possível discriminar que tipo de serviço educacional era oferecido. De todo modo, dificilmente assalariados com filhos procurariam os sindicatos em busca de serviços para estes últimos.

Mas se as pessoas agem racional ou expressivamente em condições dadas, suas escolhas e decisões configuram, no tempo, um percurso condicionado e por vezes irrecorrível, resultante de ações que se perderam em um passado mais ou menos remoto e que continuam a vinculá-las mesmo contra sua vontade. Em qualquer ponto no tempo, o que uma pessoa é resulta de uma sucessão de imposições, escolhas e decisões condicionadas que configuram o que estou denominando, aqui, trajetória individual. Uma pessoa é, sempre e ao mesmo tempo, um conjunto de possibilidades (um *poder ser* socialmente condicionado) e o resultado mais ou menos bem-sucedido de projetos cotidianamente repostos, revistos e redefinidos de intervenção no ambiente (Bourdieu, 1984). Mais ainda, esses resultados não são aleatórios ou estritamente individuais, sendo, com toda a probabilidade, tipicamente compartilhados com outras pessoas, de tal modo que, em qualquer ponto no tempo, será sempre possível elaborar hipóteses acerca das probabilidades de percurso de grupos de indivíduos, tendo em vista determinadas características por eles compartilhadas no ponto de partida.[145]

Desse ponto de vista, quando dizemos que um filho de operário tem maior (ou menor, não importa) chance de ser filiado a sindicatos, estamos mobilizando contextos, escolhas passadas e percurso individual para elaborar uma hipótese acerca da ação provável de todos os indivíduos com essa mesma característica. É claro que a pessoa não "escolhe" ser filho de operário; mas, sendo filho (contexto familiar), ao afirmarmos aquela probabilidade, estamos dizendo que suas oportunidades de vida não estão totalmente abertas no ponto de partida e que as escolhas que fizer trarão consigo, ao longo da vida, essa marca. As sociedades são tanto mais fluidas,

---

[145] Essa suposição está na origem das mais importantes teorias existentes sobre classes sociais e sustenta, em parte, a petição de validade do discurso das ciências sociais, pelo menos naquelas teorias que têm na *explicação* (e, portanto, previsão) da ação sua pedra de toque. As tradições marxista e durkheimiana se enquadram nesse pressuposto, mas Weber, com sua definição de classe social como componente *causal* de oportunidades de vida, não está longe desse ideal de ciência social.

isto é, mais abertas à mobilidade social, quanto menos os percursos dependerem daquela condição inicial (Erikson e Goldthorpe, 1992). A trajetória individual pode, nesse sentido, anular inteiramente a probabilidade dada no ponto de partida, ou pode reproduzi-la e transferi-la a gerações posteriores.

Em qualquer caso, uma pesquisa como a Pnad não faz outra coisa senão "parar o tempo" e cortar transversalmente os percursos individuais no estado em que se encontravam no momento da investigação. A sociedade não "é" o que a pesquisa encontrou. A sociedade "está" assim naquele momento, e o que vemos são resultados instáveis de percursos individuais cristalizados em uma estatística que já não reflete esses mesmos percursos no momento em que é publicada.

Essa breve digressão, talvez um tanto pessimista quanto às possibilidades analíticas de pesquisas desse tipo, tem o único objetivo de chamar a atenção para a natureza das proposições que normalmente formulamos com base nelas. Ao dizer, por exemplo, que a escolaridade afeta a probabilidade de alguém ser filiado a um sindicato, estamos dizendo, em geral de forma inteiramente inadvertida, que a decisão por se qualificar ou não[146] compartilha com a decisão de se filiar a um sindicato o mesmo ambiente lógico, ou estratégico. O que estou sugerindo é que esse ambiente não é outra coisa senão a trajetória individual como atualização constante de projetos de intervenção no ambiente social. Como resultado de decisões passadas que tinham o futuro como horizonte, a escolaridade atual é um ponto de chegada a ser provavelmente superado no momento seguinte, assim como a filiação sindical, o emprego e tudo o mais que configure a identidade individual. É nesse sentido preciso que a escolaridade atual, a qualificação *on the job*, o tempo de emprego e outros indicadores do mesmo tipo podem, mesmo em sua natureza estática e fotográfica, ser tomados como aspectos da trajetória de alguém, resultantes de

---

[146] Ou de investir ou não em seu próprio capital humano, dirão os economistas.

escolhas condicionadas em um ambiente do qual faziam parte a escola, o mercado de trabalho, a família e também o sindicato.

QUALIFICAÇÃO

Na população assalariada, a qualificação profissional é, sem dúvida, um dos aspectos mais importantes dessa síndrome de decisões interligadas e sucessivas que configuram o percurso (e a identidade) individual. Em geral construída a partir de códigos de ocupação, a qualificação dos trabalhadores assalariados será medida, aqui, a partir da interação entre o logaritmo natural da renda horária e do tempo no emprego atual em meses. Proponho que esse indicador seja mais robusto do que qualquer outro construído a partir dos códigos de ocupação. Há três razões principais para isso. Em primeiro lugar, porque, nas pesquisas domiciliares, os códigos ocupacionais estão sujeitos a erros de mensuração não diretamente controláveis, seja pelo entrevistador, seja pela pessoa que presta as informações, em geral a que está presente no domicílio no momento da visita do entrevistador. Sobretudo, não se deve esperar que esses erros estejam aleatoriamente distribuídos pelas ocupações existentes, sendo mais prováveis nas ocupações mais qualificadas e complexas.

Em segundo lugar, é possível demonstrar que, para um conjunto crescente de ocupações, em todos os ramos da economia, a qualificação é cada vez menos uma questão relacionada com postos específicos de trabalho e cada vez mais um campo de disputa denotando processos sociais de delimitação de competências (Zarifian, 2004) associadas àqueles mesmos postos que, por exemplo, definem certas ocupações como femininas ou masculinas,[147] ou impõem barreiras

---

[147] Ver Hirata (2002), em especial os capítulos 10 e 13. Trabalho pioneiro e divisor de águas é Kergoat (1978).

à entrada relacionadas com a escolaridade ou a experiência (Castro, 1993; Machado, 1996), ou ainda com questões religiosas ou raciais (Guimarães, 1998). Os códigos ocupacionais das pesquisas domiciliares são, por assim dizer, surdos em relação a essas injunções.

Uma terceira razão reside em que a intensa reestruturação de funções que teve lugar nos últimos anos em todo o mundo, e no Brasil igualmente, não foi acompanhada de uma revisão adequada dos códigos ocupacionais utilizados. Ainda que uma intensa revisão da classificação utilizada até 1999 tenha sido empreendida para o Censo de 2000 e incorporada nas Pnads a partir de 2002, a matriz dessa nova classificação é o *International Standard Code of Occupation* (Isco), de 1988, não refletindo, portanto, o processo real de reestruturação dos anos 1990. Nesse sentido, é cada vez mais difícil, empiricamente, utilizar as tradicionais classificações de ocupação como meio para acessar a qualificação real das pessoas ocupadas.

Por essas razões é que proponho outra medida de qualificação, que faz interagir dois critérios correlatos, mas não idênticos: sua "raridade", expressa em seu valor de mercado capturado em parte pela renda, e a possível aquisição de qualificação prática decorrente da permanência no emprego. Cada indicador apresenta vantagens e desvantagens, mas o argumento é o de que, juntos, suprem deficiências mútuas, com ganhos analíticos importantes na elaboração de modelos econométricos como o proposto aqui.

De fato, indivíduos muito estáveis não necessariamente desempenham funções importantes ou qualificadas. Maior tempo de emprego não indica, necessariamente, maior qualificação, ao passo que a renda mais alta é, em geral, indicador disso. Do mesmo modo, indivíduos muito qualificados podem ser altamente instáveis em seus empregos, sobretudo nos processos produtivos atuais. Tome-se o caso da assim chamada "classe criativa", que vem constituindo um mercado de trabalho global por desempenhar funções facilmente desterritorializáveis (Florida, 2002, 2005), ou mesmo funções antes cativas das empresas, mas hoje terceirizadas e contratadas por tarefas e por prazo determinado, como as de planejamento estratégico e engenharia de negócios, por exemplo. Nesses casos, o tempo de emprego também não é indicador adequado da qualificação, mas a renda, sim. Como vimos no capítulo 3, a terceirização de posições superiores na escala ocupacional vem reduzindo, ao longo do tempo, o efeito de ter carteira assinada sobre a chance de acesso às melhores posições.

Mas há casos, bastante comuns, em que o tempo de emprego está diretamente relacionado com a contínua qualificação dos indivíduos, *independentemente da renda*. Nos processos contemporâneos de trabalho industrial, a qualidade total quase sempre vem associada a programas de treinamento *on the job* estreitamente dependentes da estabilidade no emprego. Não apenas no que se refere às ocupações operárias, mas também em todo o organograma envolvido na produção e no controle da qualidade, tempo crescente de emprego será sinônimo de maior qualificação, por comparação com aqueles com menos tempo na mesma empresa. Entretanto, isso não quer necessariamente dizer *mais renda*, na medida em que, de modo geral, as empresas que dispõem de planos de carreira sempre estabelecem um teto para cada progressão. Uma vez atingido esse teto, o trabalhador não terá aumentos de renda, a menos que mude de ocupação ou de emprego. Isso quer dizer que, quanto mais passa o tempo e desde que o trabalhador continue se habilitando ao aprendizado de novas funções, menos a renda expressará sua qualificação relativa. Nesse caso específico, o tempo de emprego é melhor indicador de qualificação do que a renda, ou seja, o tempo "corrige" a distorção da pequena ou nula diferença de renda entre os trabalhadores.

Se esses argumentos favorecem a utilização da interação das duas variáveis como indicador de qualificação, por outro lado, é possível obstar que a qualificação *não* cresce exponencialmente em função do tempo ou da renda, mesmo em processos reestruturados de produção em que a cada mês, por exemplo, o operário ou o engenheiro seja obrigado a aprender toda uma nova tarefa. Uma tarefa nova aprendida a cada mês não significa necessariamente nova destreza ou novas capacidades físicas e/ou mentais incorporadas. Na verdade, pode-se dizer que, quanto mais qualificado o trabalhador, menor a carga requalificante de novas tarefas. Isto é, para um neófito em uma linha de montagem, o primeiro posto de trabalho representa um conjunto completo de novas informações e aprendizado, entre as quais se devem incluir a cultura empresarial, as regras da convivência no trabalho, a adequação a rotinas, o aprendizado da hierarquia etc., coisas que se diluem no tempo quanto mais tarefas ele aprende. Nessa ordem de razões, a curva do aprendizado, após o período inicial de aquisição de novas informações, tenderá a perder inclinação por referência ao número de tarefas, como na figura a seguir:

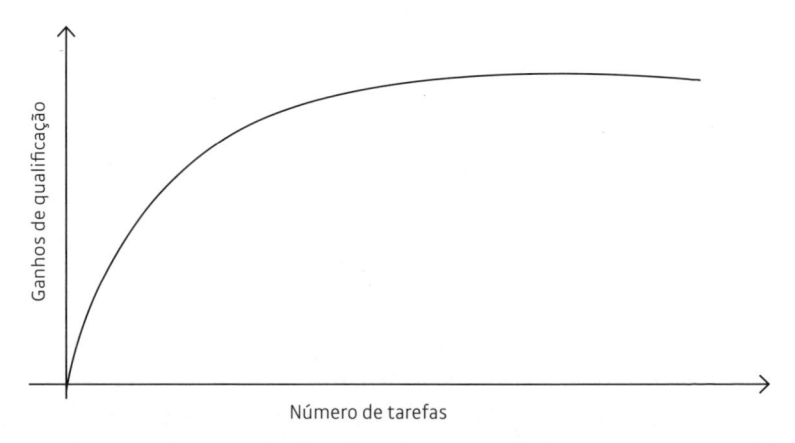

As primeiras tarefas implicarão um acréscimo exponencial de aprendizado: como fazer, com quem dialogar, quais os colegas de trabalho, como agir com o supervisor etc. Isso ocorrerá até um momento em que, tendo sido "incorporadas" a cultura fabril e as habilidades do *métier*, cada nova tarefa acrescenta cada vez menos informação e habilidades ao que já foi acumulado pelo trabalhador. Se isso é plausível, quanto mais cresce a qualificação, isto é, quanto maiores e mais diversificados as habilidades e os conhecimentos, mais a multiplicação do tempo de emprego pela renda do indivíduo a estaria superestimando. Logo, se, quanto mais passa o tempo, menor a chance de aquisição de novas habilidades, então não faria sentido usar o mesmo multiplicador (o tempo linear) para a renda, já que cada nova unidade de tempo implica uma menor unidade possível de aquisição de qualificação. É por essa razão que utilizo o logaritmo do tempo de emprego e o logaritmo da renda[148] na interação. Ademais, para evitar que casos extremos introduzam distorções na análise, transformei a variável derivada da interação entre os dois indicadores em decis de sua distribuição. Com isso, cada novo degrau na escala de qualificação engloba 10% do total de indivíduos em seus vínculos. É preciso ficar claro que essa medida é relativa ao emprego atual. Esse limite rebaixa a qualificação quanto mais instáveis forem os vínculos do trabalhador. Para evitar que esse problema introduza um viés importante na análise, incluí no modelo a experiência na força de trabalho (isto é, a diferença entre a idade em que a pessoa começou a trabalhar e a idade atual), também na forma de seu logaritmo e pelas mesmas razões apontadas antes.

A outra medida de qualificação utilizada é a escolaridade, indicador tradicional de "capital humano" na análise social. A diferença em relação à clássica equação de Mincer (1974) é que a transformo em variável *dummy*, para apreender o efeito independente de cada ano de escolaridade na probabilidade de filiação, supondo

---

[148] Note-se que essa concepção de aquisição de qualificação é diversa da discutida em Lin (2001:134-135), para quem a acumulação de capital humano ao longo do tempo é linear, enquanto a aquisição de capital social é que é vista como curvilínea nos moldes aventados como hipótese aqui.

que esse efeito não seja o mesmo para todos os indivíduos nem a cada ano de escolaridade em particular (Harmon e colaboradores, 2001). Ou seja, o efeito médio de um ano de escolaridade (apreendido quando esta é tratada como variável contínua) não capta o fato de que pode haver variação importante ano a ano, escondida no efeito médio da equação tradicional. Tanto nesse caso quanto no da qualificação em decis, a hipótese a ser investigada aqui, acompanhando achados anteriores,[149] é a de que, quanto maior a qualificação dos trabalhadores assalariados, maior a probabilidade de que sejam filiados a sindicatos, sobretudo porque a escolaridade e a qualificação profissional estão fortemente correlacionadas com o acesso à informação política e sobre o sindicato e com a participação na vida pública em geral.

IDADE

Outro elemento fortemente condicionante das possibilidades no mercado de trabalho e, com elas, das chances de se filiar a um sindicato é a idade do trabalhador. Característica individual indicativa por excelência de um percurso, a idade pode facilmente ser correlacionada com eventos históricos relevantes para a organização sindical e política de um país, razão pela qual podemos falar em efeitos de coorte na dinâmica participativa mais geral. Além disso, a idade denota ciclos de vida, "etapas" prováveis de incorporação das pessoas em cursos padronizados ou institucionalizados de ação na escola, no trabalho, na família etc. Sua importância para a compreensão das chances de filiação reside, justamente, na correlação provável entre essas etapas e certas necessidades emergentes

---

[149] Ver Cardoso e Comin, 1997; Cardoso, 1999; e Cardoso, 2003, cap. 4.

dos trabalhadores, sejam elas materiais, como o acesso a serviços, ou simbólicas, como a participação política.

Com isso em mente, duas hipóteses serão investigadas aqui. Em primeiro lugar, supondo que a filiação expresse, sobretudo, racionalidade instrumental-material (nomeadamente, o interesse individual nos serviços sindicais), seria de esperar um crescimento da probabilidade de filiação com a idade, tanto mais intenso quanto mais velhas as pessoas. De um lado, porque, ao se atingir a idade de entrada no ciclo de vida familiar, é aumentada a probabilidade de demanda por recursos de saúde, por comparação com jovens ainda solteiros. De outro, e idealmente, a proximidade da aposentadoria e de seus percalços (principalmente o aumento da dependência de serviços precários de saúde pública) deveria estimular os mais velhos a procurar os serviços sindicais em maior proporção, tanto em relação aos jovens solteiros quanto a pessoas mais maduras, porém distantes da idade de aposentadoria. Contudo, essa tendência geral pode ser contra-arrestada pelo fato de que, na dinâmica do mercado de trabalho no Brasil, o emprego com carteira assinada, tradicionalmente correlacionado com altas taxas de filiação, ocorre em menor proporção entre os mais velhos. Uma proporção importante deles talvez não possa aderir a sindicatos, simplesmente porque já não são assalariados formais.

Em segundo lugar, sabemos que uma parte não desprezível (embora minoritária) dos brasileiros assegura que aderiu aos sindicatos para "participar da política". É possível levantar a hipótese de que essa participação também tem seu ciclo próprio, crescendo com a idade até certo ponto, digamos, a maturidade laboral e política, e caindo a partir de então, seja por exaustão, seja porque as pessoas mais velhas passam a considerar que "chegou a hora" de os mais jovens assumirem o ônus de participar. O efeito da idade seria semelhante ao encontrado nas equações de renda: um U invertido.

OUTROS INDICADORES RELEVANTES

A história está expressa na idade das pessoas e em um conjunto de decisões tomadas no curso de vida, hoje cristalizadas na escolaridade, na qualificação e em outros indicadores semelhantes. Mas ela está expressa, também, no território. De fato, o local de moradia é o ponto de confluência dos diversos determinantes, limites e oportunidades da ação individual e de grupo. Sua importância não deve ser negligenciada e pode ser apreendida por uma proposição singela: não há filiados onde não existem sindicatos. Do mesmo modo, a densidade da presença sindical em determinada região, medida também em termos numéricos, mas sobretudo em termos de sua *visibilidade* pública, pode levar a que mesmo os não filiados alimentem julgamentos e cultivem disposições duráveis sobre ela,[150] que podem levar ou não, em algum momento, à adesão.

A tabela 23 traz a distribuição dos sindicatos de assalariados existentes em 2001 segundo as regiões do país, bem como a participação da PEA assalariada adulta (18 anos ou mais) em cada região e o número médio de trabalhadores assalariados por sindicatos existentes. A região Sul é, sem dúvida, aquela com maior presença sindical relativa, já que 16% da PEA assalariada estavam empregados ali, mas a região concentrava mais de 25% dos sindi-

---

[150] Sustentei em outro lugar (Cardoso, 2003) que os sindicatos estiveram entre as entidades mais bem avaliadas do país nos anos 1980, entre filiados e não filiados igualmente, posição perdida nos anos 1990 em razão da crise geral de representatividade que se abateu sobre eles. Muito daquela legitimidade deveu-se ao papel por eles assumido na definição de alternativas de organização social e na defesa da democracia.

catos existentes. Na verdade, todas as regiões tinham proporcionalmente mais sindicatos do que PEA relativa, exceto a região Sudeste, que empregava quase metade dos assalariados adultos, mas acolhia apenas 31% dos sindicatos existentes em 2001. Como consequência, havia um sindicato para cada 7 mil trabalhadores no Sudeste, enquanto no Sul essa proporção era de um para 2,8 mil. É claro que a maior "rarefação" da presença sindical no Sudeste pode estar escondendo o fato de que, ali, os sindicatos são maiores (porque as bases territoriais das categorias, ou seja, os municípios, também o são), tendo resistido mais intensamente ao processo de fragmentação da estrutura sindical ocorrido depois da Constituição de 1988 (analisado em Cardoso, 2003). É nesse sentido que maior densidade (numérica) da malha sindical nem sempre quererá dizer maior visibilidade pública do sindicalismo. Ainda assim, é possível esperar que a maior densidade da presença sindical esteja correlacionada com a taxa de adesão a sindicatos.

TABELA 23 | Distribuição dos sindicatos de assalariados, da PEA assalariada e do número médio de assalariados para cada sindicato existente, segundo as regiões do país. Brasil, 2001

Região	Sindicatos (%)	PEA assalariada adulta	Assalariados/ sindicatos
Norte	7,02	5,1	3.197
Nordeste	28,15	21,7	3.409
Sudeste	31,07	49,2	6.998
Sul	25,12	16,0	2.821
Centro-Oeste	8,64	7,9	4.054
N	9.981	44.085.216	4.417

Fonte: Pesquisa Sindical 2001 e Pnad 2001.

Esse movimento pode estar sendo compensado pelo fato de que a reemergência do sindicalismo nos anos 1980 teve em São Paulo e na região Sudeste do país seu epicentro. Essa é também a região mais industrializada e concentradora dos serviços modernos, e ainda que tenhamos observado um processo lento de descentralização da industrialização rumo a regiões mais remotas, como o Centro-Oeste e o Nordeste (Sabóia, 2000), esse movimento não mudou a estrutura da malha industrial brasileira. Por isso, dever-se-iam esperar taxas mais altas de sindicalização nos estados daquela região. Por outro lado, o Nordeste concentra boa parte do trabalho rural no país, e as taxas de sindicalização no campo costumam ser altas, o que faz prever um efeito positivo dessa região sobre chances de filiação.

A posição na ocupação dos assalariados também deve ser incluída no modelo multivariado, já que a adesão a sindicatos não é indiferente ao fato de o trabalhador ser registrado ou não, empregado no setor público ou privado. Deve-se esperar efeito positivo do registro em carteira e do emprego público, por comparação com o emprego doméstico e o emprego não registrado. Efeito positivo, também, terá a tempo de emprego atual, pelas mesmas razões apontadas para a experiência na força de trabalho. Por fim, a cor e o gênero foram incluídos para controlar minimamente pela heterogeneidade da força de trabalho assalariada. O modelo completo para os anos 1996 e 2004 aparece na tabela 24.

Desde logo é importante marcar que apresento o efeito líquido de cada variável sobre a probabilidade de filiação e sua significância estatística na coluna seguinte. Os dados devem ser lidos como se segue: tomando-se a posição na ocupação, em 1996, ser servidor público reduzia em 20% a chance de que a pessoa fosse filiada, por comparação com ser assalariado com carteira (registrado). Em 2004, esse efeito era de quase 30%. O crescimento da probabilidade entre os trabalhadores registrados deu-se, também, em relação aos assalariados sem carteira, permanecendo a mesma nos outros casos.

TABELA 24 | Modelo logístico multivariado para a probabilidade de
filiação a sindicatos. Brasil, 1996 e 2004

Indicadores	1996	Sig. 1996	2004	Sig. 2004
Renda em vintis (ref. = 1º vintil)		0,000		0,000
2º vintil	−18,1	0,119	−38,3	0,000
3º vintil	−35	0,001	−40,6	0,000
4º vintil	−23,1	0,031	−50,1	0,000
5º vintil	28,3	0,064	−53,6	0,000
6º vintil	10,1	0,503	−64,6	0,000
7º vintil	16,7	0,326	−53,9	0,000
8º vintil	40,8	0,051	−53,6	0,000
9º vintil	7,6	0,680	−56,3	0,000
10º vintil	33,3	0,110	−50,5	0,000
11º vintil	21,4	0,282	−48,1	0,000
12º vintil	18,8	0,340	−49,2	0,000
13º vintil	19,4	0,332	−52,7	0,000
14º vintil	12,3	0,524	−45,4	0,000
15º vintil	17,0	0,397	−46,1	0,000
16º vintil	25,0	0,222	−42,4	0,000
17º vintil	25,1	0,227	−43,7	0,000
18º vintil	27,1	0,205	−41,7	0,000
19º vintil	29,6	0,175	−32,6	0,009
20º vintil	14,6	0,484	−32,1	0,012
Experiência na força de trabalho em vintis (ref. = 1º vintil)		0,000		0,000
2º vintil	27,2	0,001	20,7	0,026
3º vintil	44,0	0,000	42,8	0,000
4º vintil	49,4	0,000	47,1	0,000
5º vintil	60,4	0,000	59,7	0,000
6º vintil	56,5	0,000	56,9	0,000
7º vintil	68,4	0,000	51,4	0,000
8º vintil	86,6	0,000	76,8	0,000
9º vintil	72,9	0,000	71,1	0,000
10º vintil	63,5	0,000	79,2	0,000
11º vintil	101,6	0,000	69,0	0,000
12º vintil	79,9	0,000	80,5	0,000

→

13º vintil	85,6	0,000	95,6	0,000
14º vintil	95,2	0,000	91,9	0,000
15º vintil	60,3	0,000	95,8	0,000
16º vintil	77,2	0,000	89,0	0,000
17º vintil	88,2	0,000	108,6	0,000
18º vintil	101,4	0,000	89,4	0,000
19º vintil	110,6	0,000	100,4	0,000
20º vintil	158,1	0,000	109,0	0,000
Posição na ocupação **(ref. = assalariado com carteira)**		0,000		0,000
Servidor público	−20,1	0,000	−29,4	0,000
Assalariado sem carteira	−73,6	0,000	−80,1	0,000
Doméstico com carteira	−88,0	0,000	−87,9	0,000
Doméstico sem carteira	−94,5	0,000	−93,0	0,000
Idade (ref. = 18-24 anos)		0,000		0,000
25 a 29	32,9	0,000	26,0	0,000
30 a 34	43,0	0,000	50,5	0,000
35 a 40	46,2	0,000	56,7	0,000
41 a 49	47,0	0,000	38,6	0,000
50 ou mais	20,9	0,039	31,8	0,001
Região (ref. = Centro-Oeste)		0,000		0,000
Norte	−2,8	0,679	4,3	0,446
Nordeste	17,1	0,002	44,5	0,000
Sudeste	−5,2	0,243	15,5	0,000
Sul	28,8	0,000	33,9	0,000
Anos de estudo (ref. = 15 ou mais)		0,000		0,015
0 ano	−11,5	0,058	2,7	0,665
1 ano	−5,4	0,561	−2,8	0,764
2 anos	−14,2	0,043	−12,2	0,099
3 anos	−22,0	0,000	−0,8	0,904
4 anos	−24,0	0,000	−4,2	0,407
5 anos	−20,0	0,000	2,8	0,627
6 anos	−10,8	0,100	−0,9	0,888
7 anos	−19,0	0,002	3,3	0,608
8 anos	−13,3	0,006	6,8	0,159
9 anos	−24,0	0,001	7,1	0,337
10 anos	−18,8	0,004	16,2	0,018

→

11 anos	−17,2	0,000	1,8	0,616
12 anos	−13,8	0,059	−11,9	0,056
13 anos	−15,0	0,077	−7,6	0,246
14 anos	12,0	0,880	12,6	0,066
Cor (ref. = não brancos)	−8,0	0,001	−10,6	0,000
Sexo (ref. = feminino)	26,8	0,000	23,1	0,000
Tempo de emprego em meses	0,2	0,000	0,1	0,000
Tem outro filiado na família	2179,8	0,000	3627,4	0,000
Decis de qualificação (ref. = 10º decil)		0,000		0,000
1º decil	−53,9	0,000	−61,8	0,000
2º decil	−62,5	0,000	−69,3	0,000
3º decil	−65,4	0,000	−60,9	0,000
4º decil	−63,4	0,000	−54,5	0,000
5º decil	−62,1	0,000	−44,0	0,000
6º decil	−54,3	0,000	−41,2	0,000
7º decil	−45,2	0,000	−37,0	0,000
8º decil	−36,9	0,000	−28,6	0,000
9º decil	−25,2	0,000	−15,1	0,001
Tipo de família (ref. = casal sem filhos)		0,000		0,000
Casal com filhos	−16,6	0,000	−13,8	0,000
Mãe com filhos	−9,7	0,028	−8,8	0,019
Outro tipo	7,1	0,160	18,0	0,000
Cultura do salariato na família (ref. = baixa)		0,236		0,000
Média	8,3	0,277	22,4	0,001
Alta	4,2	0,565	12,0	0,063
Taxa setorial de filiação (ref. = 1º quintil)		0,000		0,000
2º quintil	8,9	0,145	25,9	0,000
3º quintil	66,4	0,000	62,0	0,000
4º quintil	117,1	0,000	89,2	0,000
5º quintil	238,4	0,000	204,4	0,000
Constante	−89,0	0,000	−86,3	0,000
PEA assalariada adulta (N da amostra)	80.377		111.713	
Falso R^2 (Nagelkerke)	0,43		0,44	

Fonte: Pnad 1996 e 2004.

DISCUSSÃO

Primeiramente, chama a atenção, no modelo, a significância estatística da grande maioria dos indicadores, com exceção daqueles de escolaridade para 2004 e de renda e de cultura do salariado na família para 1996. Um ou outro valor das variáveis *dummy* pode não ter significância, mas as variáveis em si mesmas têm. A segunda observação preliminar diz respeito à estabilidade dos efeitos independentes, que, em boa parte dos casos, variaram muito pouco no espaço de oito anos coberto pelas pesquisas. Tome-se o caso da experiência na força de trabalho, retratada no gráfico 12. Tanto em 1996 quanto em 2004, mais anos de experiência significam, *grosso modo*, maior taxa de filiação, com variação a cada novo vintil muito semelhante na maioria dos casos. De tal modo que uma pessoa no último 20º da distribuição do tempo na força de trabalho tinha, em 1996, probabilidade de filiação 158% maior do que outra pessoa no primeiro 20º, valor que caíra para 109% em 2004, ainda assim uma distância expressiva.[151] Essa estabilidade no efeito dessa e de outras variáveis é em parte surpreendente, tendo em vista o aumento significativo de 39% na PEA assalariada no período,[152] e considerando as mudanças na estrutura econômica que levaram, por exemplo, a uma redução da participação da indústria no emprego global, indústria que, historicamente, sempre apresentou as maiores taxas de filiação sindical no país. Assim, em 1996, ela ocupava 17,3% da PEA adulta

---

[151] A apreensão desses efeitos pode ser intuitivamente expressa como segue: se a probabilidade de filiação de alguém no primeiro vintil for 10% em 1996, a probabilidade do último vintil será de 25,8% (10 + 158%). Em 2004, será de 20,9% (10 + 109%).

[152] Os dados foram ponderados para refletir o peso de cada indivíduo na amostra expandida. O peso utilizado para cada pessoa foi: NovoPeso = (PesoAtual * tamanho da amostra)/amostra expandida. Com isso, evita-se o risco de obter valores significativos unicamente em razão do número de casos da amostra expandida.

assalariada, mas tinha 24,3% dos filiados a sindicatos, de modo que a taxa de filiação setorial era de 30%, segundo a mesma Pnad. Em 2004, esse quadro era de 16,8% de participação da indústria na PEA assalariada, congregando 22,6% dos filiados a sindicatos, sendo de 27,5% a taxa setorial de filiação.

GRÁFICO 12 | Efeito líquido da experiência na força de trabalho na probabilidade de filiação a sindicatos. Brasil, 1996 e 2004

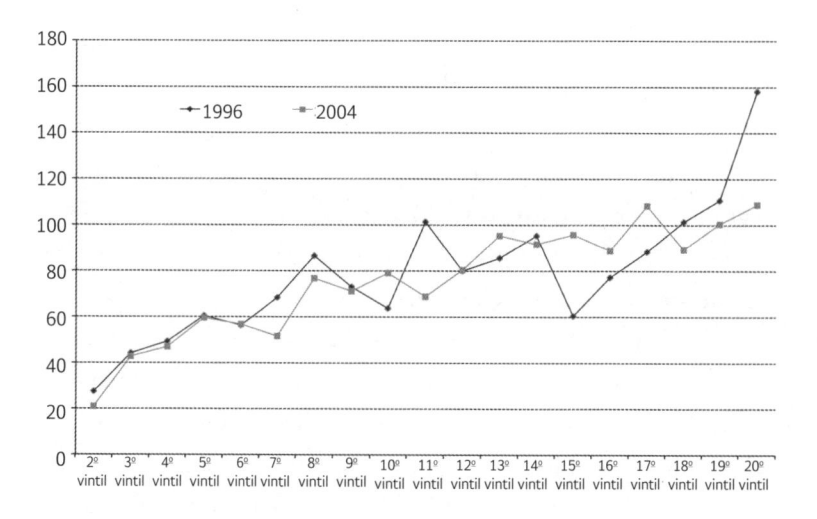

Fonte: Tabela 24.

Iniciemos a discussão pela renda. É interessante constatar a ausência de significância estatística desse indicador em 1996, sobretudo porque, em 2004, revelou grande poder de previsão da filiação, com todos os parâmetros sendo significativos, ao menos no nível 0,01. Como a escolaridade tem movimento inverso, sendo significativa em 1996, mas não em 2004, poderia ser o caso de que o modelo estivesse "escolhendo" uma pela outra em cada período. Isso porque renda e escolaridade estão fortemente associadas em toda parte, e no Brasil igualmente, e, aqui, os retornos médios para cada ano de educação tendem a ser maiores do que em outros países (Rocha et al., 2012). Porém, rodando o modelo para 1996 sem a escolaridade, os parâmetros da renda continuam sem significância estatística, situação só revertida quando se exclui a variável "qualificação", fruto de interação entre renda e tempo de emprego. É esta última, portanto, que está anulando o efeito independente da renda, algo que não ocorre em 2004.

Além disso, em 2004, quando controlado pelos demais indicadores, o efeito da renda, que antes era quase perfeitamente linear (ver gráfico 11), agora tem a forma de U, caindo até o quinto vintil (ou 25% da distribuição de renda) e crescendo a partir de então. O gráfico 13 mostra essa distribuição. Mostra também uma curva polinomial de terceiro grau ajustada aos dados, com R^2 de 0,79, que deixa mais claro o efeito em U. Esse efeito é *oposto* ao que seria de esperar, tendo em vista a hipótese racional-instrumental de que a principal atratividade dos sindicatos está na prestação de serviços. Isso porque *todos* os intervalos de renda têm menor probabilidade de filiação do que o primeiro, de menor renda média. Isto é, tudo o mais permanecendo constante, os trabalhadores mais pobres entre os pobres (5% inferior da distribuição de renda) terão mais chances de aderir a sindicatos do que todos os outros. E os trabalhadores mais "ricos" (situados entre os 10% de maior renda) só não têm maior probabilidade de ser filiados do que os trabalhadores muito pobres. Essa distribuição (em conjunto com a da experiência na força de trabalho, discutida anteriormente) está mais próxima da hipótese da maior informação como conducente à adesão a sindicatos. Isso ficará mais claro na análise dos demais indicadores.

GRÁFICO 13 | Efeito da renda em vintis sobre a probabilidade
de filiação a sindicatos

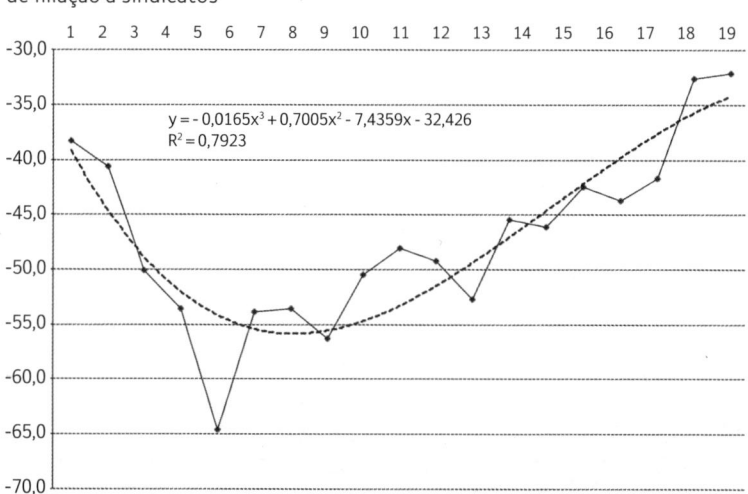

$$y = -0,0165x^3 + 0,7005x^2 - 7,4359x - 32,426$$
$$R^2 = 0,7923$$

Fonte: Tabela 24.

Como mencionado, os anos de estudo apresentaram efeito independente praticamente nulo em 2004, assumindo valores na direção esperada em 1996, mas apenas na ponta da distribuição. Ou seja, em acordo com a hipótese já discutida, não há um impacto linear dos anos de estudo na probabilidade de filiação, mas ter 15 anos de estudo aumenta muito essa probabilidade por comparação com todas as outras categorias de escolaridade, exceto a penúltima (14 anos). Note-se que os parâmetros significativos em 1996 apresentam tendência semelhante à da renda, embora menos intensa (como mostra o R^2 da equação no gráfico 14), com trabalhadores mais escolarizados (14 e 15 anos de estudo) sendo mais propensos à filiação do que todos os demais.[153] Esse movimento também sugere

---

[153] É bom registrar, em favor da estratégia analítica escolhida, que, rodando o modelo com anos de estudo como variável contínua, seríamos levados a concluir que cada ano a mais de escolaridade em 1996 acresceria 0,9% (parâmetro significativo em 0,001) na probabilidade de filiação, algo que não pode ser sustentado no modelo com *dummies*. Em 2004, o acréscimo seria de 0,4%, embora não significativo.

que trabalhadores mais informados procuram mais intensamente os sindicatos, o que parece estar configurando uma síndrome de condicionantes apontando para trabalhadores mais experientes, informados e qualificados. Continuemos nessa pista.

GRÁFICO 14 | Efeito líquido da escolaridade na probabilidade de filiação. Brasil, 2004

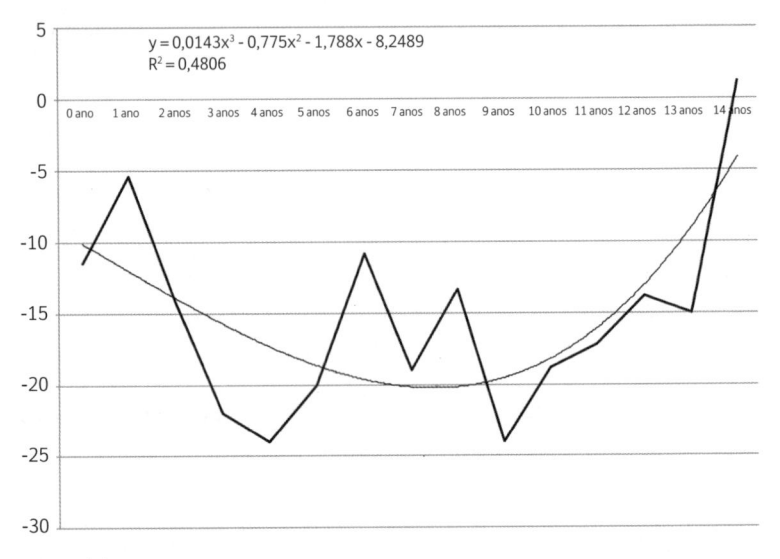

$$y = 0,0143x^3 - 0,775x^2 - 1,788x - 8,2489$$
$$R^2 = 0,4806$$

Fonte: Tabela 24.

Talvez o indicador mais poderoso nesse sentido seja a qualificação, que tem efeito praticamente linear em 2004 (exponencial em 1996), sempre em favor dos mais qualificados. Um assalariado no segundo decil de qualificação tinha 70% menos chance de ser filiado do que um colega no 10º decil (maior qualificação). Daí por diante, cada novo decil de qualificação aumenta, *grosso modo*, 10% naquela probabilidade. O mesmo ocorre em 1996 a partir do quinto decil de qualificação (gráfico 15). Na mesma direção está o tempo de emprego em meses. Cada mês acrescenta 2% à probabilidade de filiação em 1996, efeito que cai para 1% em 2004, talvez refletindo o fato de que a reestruturação produtiva já se tinha consolidado e a dinâmica do mercado de trabalho já se acomodara, reduzindo o efeito da permanência do emprego sobre as chances de se filiar. Seja como for, esses indicadores em conjunto consolidam impressões presentes na bibliografia e comentadas anteriormente, segundo as quais a adesão a sindicatos no Brasil é tanto maior quanto mais bem qualificados os trabalhadores, seja essa qualificação medida em termos de escolaridade formal, renda, tempo de emprego, seja ela fruto da interação entre esses elementos. Não deixa de ser curioso que as populações que talvez mais ganhassem materialmente com a filiação, isto é, os trabalhadores na base da pirâmide de qualificação e de renda, sejam as que apresentam menor probabilidade relativa de pertencer a sindicatos. Voltarei a isso na conclusão.

GRÁFICO 15 | Efeito da qualificação. Brasil, 1996 e 2004 (ref.: 10º decil)

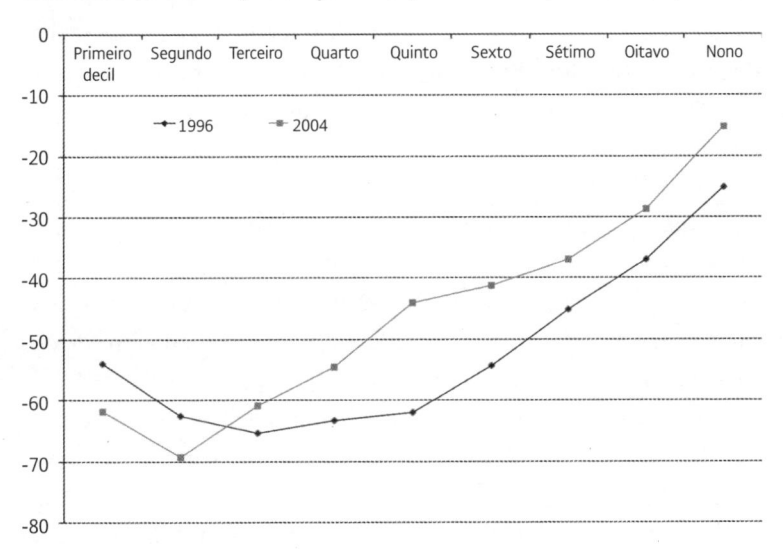

Fonte: Tabela 24.

No caso da região, em 1996, os efeitos encontrados dão razão parcial à hipótese da densidade numérica de sindicatos, já que o Sul do país apresentava a maior chance relativa e era lá que era encontrado o maior número de sindicatos por trabalhador assalariado. O Nordeste aparecia em segundo lugar, embora a densidade sindical fosse um pouco maior no Norte. Mas, em 2004, esses valores variaram significativamente. Ser assalariado no Sul aumentava em 34% a chance de ser filiado, comparando-se com trabalhadores do Centro-Oeste. Mas no Nordeste a taxa relativa chegava a 44%. De qualquer modo, o que parece incontestável é que, nas duas regiões com alta densidade de sindicatos por unidade da PEA, Sul e Nordeste, a probabilidade de adesão a sindicatos era significativamente maior do que nas outras regiões, incluindo-se aí o Sudeste, berço do novo sindicalismo brasileiro. Esse achado corrobora evidências anteriores que, embora menos robustas, sugeriam o mesmo elemento de fundo, isto é, o fato de que, no Brasil, fundar sindicatos foi, durante boa parte dos anos 1980, sinônimo de organização dos trabalhadores e não de mera constituição de instituições de fachada — os "sindicatos de carimbo" (Cardoso, 1999). Ao menos no Sul e no Nordeste, o aumento da malha sindical parece estar levando ao aumento da competição por adeptos, o que pode estar resultando em maior taxa relativa de filiação regional.

Também reproduzindo achados anteriores, os homens têm mais chances de ser filiados do que as mulheres (em torno de 25% nos dois períodos) e os brancos são menos filiados do que os demais grupos de cor, embora a diferença seja pequena em termos percentuais.

As variáveis de contexto, apesar dos problemas metodológicos envolvidos em sua construção discutidos antes, parecem decisivas para as chances diferenciais de adesão a sindicatos. No caso da família, a presença de outro membro filiado aumenta consideravelmente a probabilidade de ego também ser filiado. É claro que esse indicador sofre de um problema de autocorrelação, já que se há um segundo filiado na família, então há um primeiro, e ego está pressuposto na variável independente. Para tentar contornar de outro ângulo essa situação, rodei separadamente um modelo para a pessoa de referência (chefe) da família e outro para os filhos, mas apenas para o ano 2004. A ideia era evitar a autocorrelação, mesmo ao risco de perda de graus de liberdade decorrente da drástica redução do tamanho das amostras. No caso do chefe da família, a principal consequência foi a queda no R^2 para 0,25, mas os parâmetros mantiveram, *grosso modo*, sua significância, e a escolaridade tornou-se significativa até o nono ano de estudo (ver tabela para pais e filhos no anexo).[154] Mas o efeito independente da existência de outro membro filiado na família permanece muito alto, aumentando em quase 300% a chance de o chefe também ser filiado. No caso dos filhos, o efeito da queda no número de casos é mais intenso, reduzindo a significância estatística de boa parte dos indicadores. Mas aqueles com impacto maior no modelo geral permanecem importantes, como a qualificação e o tempo de emprego (renda e anos de estudo não afetam a probabilidade dos filhos, provavelmente em razão de sua pequena variância, dependente do ciclo de vida). Sobretudo, ter outro membro da família filiado aumenta em 100% as chances dos filhos, confirmando, nas duas direções (dos responsáveis para os filhos, e vice-versa), a hipótese de que o contexto familiar deve ser levado em conta em qualquer tentativa de explicar a propensão à adesão a sindicatos no Brasil, que deve ser tomada, aqui, não apenas como o resultado de um cálculo individual de custo-benefício, mas como uma decisão que, em muitos casos, é compartilhada com outros membros da família.

A cultura do salariado na família também se mostrou significativa, embora apenas para 2004. O aumento nas chances de filiação para famílias com média ou alta cultura salarial não foi expressivo, contudo, não passando de 22% em relação às famílias com baixa cultura salarial. Esse achado deve estar refletindo o fato de que outros indicadores correlatos (como a posição na ocupação

---

[154] A diminuição do número de casos obrigou também à recodificação da experiência de vintis para decis, já que não havia casos suficientes para compor uma distribuição com corte em 5%.

e, possivelmente, a taxa setorial de filiação) estejam "roubando" dessa variável seu possível efeito independente. Mas não há como afirmá-lo de forma categórica, e fica a sugestão para maiores explorações da hipótese em outros estudos dessa natureza.

O contexto socioeconômico da decisão mostrou-se altamente significativo, em que pese aos problemas de construção da variável independente, não facilmente contornáveis, mas nem por isso impeditivos da análise. Quanto maior a densidade sindical setorial, maiores as chances relativas de que a pessoa empregada nesse setor também seja filiada. O efeito é estável e semelhante nos dois pontos no tempo, sugerindo robustez e permanência em favor da hipótese do "costume social".

CONCLUSÃO

Contexto, escolha racional e trajetória individual são dimensões analiticamente plausíveis e, ao que parece, empiricamente complementares na explicação da filiação sindical. Parece haver um pouco de cada qual na decisão pela adesão a sindicatos, e contexto e trajetória (esta última expressa sobretudo na qualificação profissional) não apenas se mostraram, de longe, mais significativos em termos estatísticos, como ainda apresentaram efeito independente muito alto sobre as chances de filiação. Tudo indica que a mera alusão a um cálculo racional materialmente interessado não é suficiente para explicar por que as pessoas aderem a sindicatos. Os dados disponíveis (que, em qualquer hipótese, devem sempre ser corroborados por investigação qualitativa junto a adeptos de sindicatos) parecem não deixar dúvidas de que as decisões políticas, como a de se filiar a um sindicato, quase nunca são individuais, e as pesquisas sobre o tema, nacional ou internacionalmente, devem incorporar em seus modelos explicativos os contextos familiar, de amizade e profissional como condicionantes das escolhas.

ANEXO
MODELO LOGÍSTICO MULTIVARIADO para probabilidade de filiação da pessoa de referência no domicílio e para os filhos. Brasil, 2004

Indicadores	Filhos	Sig.	Pessoa de referência	Sig.
Renda em vintis (ref. = 1º vintil, ou 5% mais pobres)		0,151		0,000
2º vintil	2,5	0,941	−31,8	0,009
3º vintil	−8,5	0,802	−35,5	0,006
4º vintil	−10,1	0,761	−47,0	0,000
5º vintil	−14,2	0,659	−49,4	0,000
6º vintil	−37,1	0,184	−66,0	0,000
7º vintil	−17,9	0,568	−55,1	0,000
8º vintil	−17,4	0,582	−52,5	0,000
9º vintil	−31	0,289	−55,8	0,000
10º vintil	−35,1	0,213	−45,9	0,000
11º vintil	−19,6	0,536	−45,1	0,000
12º vintil	−30,4	0,302	−43,6	0,001
13º vintil	−35,5	0,219	−46,1	0,000
14º vintil	−36,4	0,202	−41,0	0,002
15º vintil	−20,3	0,523	−37,1	0,007
16º vintil	−22,6	0,473	−35,5	0,012
17º vintil	−14,6	0,662	−37,4	0,008
18º vintil	−15,8	0,641	−36,3	0,012
19º vintil	−19	0,576	−24,9	0,117
20º vintil	−29,5	0,375	−18,9	0,263
Experiência em decis (ref. = 1º decil, ou 10% menos experientes)		0,407		0,046
2º decil	3,2	0,766	8,9	0,116
3º decil	−1,6	0,880	3,1	0,625
4º decil	12,4	0,177	4,9	0,503
5º decil	6,7	0,474	18,6	0,021
6º decil	5,1	0,607	14,5	0,090
7º decil	6,6	0,538	21,6	0,023
8º decil	10,6	0,345	15,7	0,115

→

9º decil	−1,4	0,905	17,7	0,111
10º decil	31,7	0,080	36,4	0,007
Posição na ocupação (ref. = assalariado com carteira)		0,000		0,000
Servidor público	−37,4	0,000	−29,8	0,000
Assalariado sem carteira	−87,1	0,000	−74,1	0,000
Doméstico com carteira	−77,5	0,000	−84,1	0,000
Doméstico sem carteira	−94,9	0,000	−93,1	0,000
Idade (ref. = 18-24 anos)		0,034		0,000
25 a 29	20,5	0,003	10,3	0,107
30 a 34	11,4	0,264	31,7	0,000
35 a 40	5,8	0,669	28,2	0,002
41 a 49	7,4	0,668	15,9	0,090
50 ou mais	−19,9	0,334	17,6	0,109
Região (ref. = Centro-Oeste)		0,004		0,000
Norte	−14,8	0,259	5,6	0,399
Nordeste	24,3	0,035	54,7	0,000
Sudeste	7,5	0,434	23,5	0,000
Sul	20,3	0,074	54,6	0,000
Anos de estudo (ref. = 15 ou mais, ou universidade completa)		0,002		0,000
0 ano	−20,6	0,324	−20,3	0,001
1 ano	107,7	0,005	−32,3	0,000
2 anos	−4,3	0,857	−28,5	0,000
3 anos	−15,7	0,400	−22,1	0,001
4 anos	−8,3	0,573	−24,0	0,000
5 anos	0,3	0,983	−26,2	0,000
6 anos	23,3	0,196	−16,8	0,018
7 anos	8,8	0,575	−19,8	0,003
8 anos	20,9	0,078	−14,1	0,007
9 anos	12,7	0,391	−12,1	0,139
10 anos	26,7	0,044	−2,5	0,745
11 anos	6,2	0,422	−6,8	0,126
12 anos	−25,4	0,013	−6,7	0,441

→

13 anos	−13,4	0,233	−4,2	0,639
14 anos	8,7	0,468	8,0	0,397
Cor (ref. = não brancos)	−4,2	0,362	−10,7	0,000
Sexo (ref. = feminino)	3,7	0,429	3,0	0,552
Tempo de emprego em meses	0,2	0,002	0,1	0,000
Tem outro filiado na família	99,9	0,000	292,7	0,000
Decis de qualificação (ref = 10º decil)		0,000		0,000
1º decil	−80,6	0,000	−47,3	0,000
2º decil	−84,2	0,000	−56,9	0,000
3º decil	−75,6	0,000	−48,6	0,000
4º decil	−69,5	0,000	−41,4	0,000
5º decil	−60,6	0,000	−28,3	0,000
6º decil	−58	0,000	−26,1	0,001
7º decil	−54,4	0,000	−24,2	0,001
8º decil	−42,1	0,000	−19,2	0,002
9º decil	−22,8	0,037	−9,3	0,078
Tipo de família (ref. = casal sem filhos)		0,677		0,000
Casal com filhos	4,3	0,379	−7,5	0,028
Mãe com filhos	2,7	0,814	−26,6	0,000
Outro tipo	−	−	−3,0	0,521
Cultura do salariato na família (ref. = baixa)		0,114		0,339
Média	−14,9	0,070	−0,4	0,962
Alta	−9,7	0,279	3,7	0,650
Taxa setorial de filiação (ref. = 1º quintil)		0,000		0,000
2º quintil	62,3	0,000	20,8	0,000
3º quintil	105	0,000	60,7	0,000
4º quintil	149,1	0,000	87,0	0,000
5º quintil	294,9	0,000	200,1	0,000
Constante	−69,5	0,007	−60,4	0,000

CONCLUSÃO

O MERCADO DE TRABALHO deixou de interessar aos sociólogos e sociólogas. Contam-se nos dedos os(as) que, no Brasil, se dedicam aos diversos aspectos de sua dinâmica, e as exceções foram mobilizadas em vários momentos da análise apresentada aqui. Mas são exceções. Em face disso, espero ter apresentado argumentos convincentes para a necessidade do olhar sociológico sobre aspectos como a informalidade, a estrutura mais geral do mercado de trabalho e sua dinâmica histórica, a discriminação racial, a mobilidade ocupacional, a filiação sindical e, também, sobre o tema candente da emergência de uma nova "classe média" no Brasil. Esses temas estão, hoje, sob o domínio quase exclusivo da ciência econômica. É claro que a economia tem muito a dizer sobre eles, e as análises podem mesmo ser muito sofisticadas. Mas elas pecam, muitas vezes, pela simplificação excessiva *dos pressupostos* de que partem, isto é, o homem racional maximizador de utilidades em um ambiente de informação disponível a todos, ambiente que, deixado a si mesmo, produziria equilíbrio entre oferta e demanda e entre salários e lucros, gerando bem-estar para o maior número possível de agentes. Como o mundo não cabe nos modelos, o que os extravasa é em geral encarado como ruído ou imperfeição. E, mesmo quando a "imperfeição" se torna o principal elemento analítico dos modelos, ainda assim é como imperfeição.

O capitalismo globalizado dominado pelas finanças pode estar produzindo a falsa impressão de que a acumulação depende cada vez menos das pessoas ou do mundo real. Parte não desprezível dos gestores dos grandes fundos de investimento (isto é, os especuladores) talvez alimente a ilusão de operar em um ambiente virtual sem lastro na "economia real", já que sua atividade cotidiana se limita à análise da variação de cifras e gráficos que apenas longinquamente remetem aos ativos palpáveis que descrevem ou representam. A ciranda financeira aproxima as zonas periféricas do centro de acumulação do sistema, extraindo delas o excedente de maneira mais ou menos direta (como argumentei no capítulo 1), mas ao mesmo tempo estabelece multidimensional e higiênica distância das mazelas que provoca na vida de milhões, às vezes bilhões, de pessoas.[155] Em seu escritório no topo de um edifício em Wall Street ou na rua São Bento (em São Paulo), um grande especulador pode operar sem culpa, já que seu mundo cabe na tela do computador e se evanesce quando porventura falta luz.

Ora, a sociologia opera, bem ao contrário, a partir da ideia de que as relações econômicas estão imbricadas nas relações sociais, não podendo delas ser extricadas por meio de abstrações modelares ou pelas virtualidades tangíveis da especulação financeira. As relações sociais, as instituições, as identidades são *constitutivas* da dinâmica econômica, que se tece nelas, com elas e por meio delas. A economia constrói modelos econométricos para mostrar que a

---

[155] Em um livro perturbador e essencial, Clapp (2011) mostra que, ao se transformar em objeto de especulação financeira, os alimentos tornados *commodities* passaram a ter seu preço determinado não pela capacidade de produção mundial, ou pela escassez, ou por qualquer outra dinâmica econômica "real", e sim pela voracidade de grandes fundos e conglomerados financeiros em controlar, a distância higiênica das populações famintas da África ou do "Sul Global", as curvas de retorno de seus investimentos. O capitalismo financeirizado financeirizou também a comida, gerando insegurança alimentar de grandes proporções e em escala planetária.

raça não tem relevância decisiva no acesso à renda no Brasil, mas a sociologia mostra que ela é central na compreensão das chances de acesso a posições na hierarquia ocupacional, punindo os não brancos. A economia trata como segmentos os mercados formal e informal de trabalho, mas a sociologia, atenta à circulação das pessoas pelo espaço social, descobre sua imbricação inescapável. E descobre, ademais, que o "informal" é densamente regulado por dimensões não redutíveis à racionalidade econômica, como a moral familiar, a responsabilidade de grupo, a solidariedade e, sobretudo, a confiança entretecida nas redes sociais, algo que não está de modo algum ausente das zonas de regulação densa no centro do sistema. A economia busca razões instrumentais para explicar a filiação a sindicatos, mas a sociologia está atenta a questões identitárias, contextuais e morais, não redutíveis à maximização de utilidades. Não nega a racionalidade individual, claro que não. A razão, de resto, é definidora da condição humana, mas a sociologia não reduz as pessoas a sua dimensão *instrumental*, menos ainda *individual*.

A louvação da "nova classe" média padece desse reducionismo, nutrido, ademais, por certa fixação à renda como medida de todas as coisas. Em uma ordem na qual tudo é monetizado, é claro que a renda é meio de acesso ao bem-estar material. Se a cultura é, em grande parte, também mercantilizada, o bem-estar simbólico é do mesmo modo dependente da renda, mas apenas em parte. Muito da "felicidade" tem a ver com a segurança ontológica construída nos ambientes dos quais a renda é estruturante longínquo: a família, as redes de amizade, as instituições que sustentam e galvanizam a solidariedade social, mesmo quando são construídas para aumentar a segurança de acesso à renda, como é o caso dos sindicatos. São essas bases de construção de segurança ontológica que sustentam as relações econômicas "informais", e é a rarefação delas que torna inseguras as condições, de si mesmas estruturalmente instáveis, de obtenção de renda por parte de nossa "classe média".

Cada capítulo trouxe sua própria conclusão, e não é o caso de resumi-las. Gostaria apenas de indicar que os argumentos desenvolvidos neste estudo convocam o leitor a deitar mãos à obra na tarefa, sempre renovada, de decifrar os dilemas atuais do Brasil. Cada capítulo está longe de esgotar as múltiplas dimensões dos temas que aborda, mas espero ter ido tão longe quanto possível na resposta às perguntas formuladas em cada um. Infelizmente, quando pomos ponto final em uma investigação, o mundo já deixou de ser o mesmo, e são raros os trabalhos que têm vida mais longa do que nossa própria frustração. Este terá cumprido sua tarefa se despertar no leitor mais perguntas do que as que tentou responder, instando-o a buscar novas e melhores respostas.

REFERÊNCIAS

ACKERLOF, George A. A theory of social custom, of which unemployment may be one consequence. *Quarterly Journal of Economics*, n. 95, p. 749-775, 1980.

AGUAYO-TÉLLEZ, Ernesto; MUENDLER, Marc-Andreas; POOLE, Jennifer P. Globalization and formal sector migration in Brazil. *World Development*, v. 28, n. 6, p. 840-856, 2010.

ALEMÃO, Ivan; SOARES, José L. Conciliar é "legal"? Uma análise crítica da aplicação da conciliação na Justiça do Trabalho. *Revista Justiça do Trabalho*, ano 26, n. 30, 2009.

ALMEIDA, Alberto C.; SCHROEDER, Andréia; CHEIBUB, Zairo (Orgs.). *Pesb*: Pesquisa Social Brasileira, 2002 (banco de dados). Niterói: UFF. In: Consórcio de Informações Sociais, 2004. Disponível em: <www.nadd.prp.usp.br/cis/index.aspx>. Acesso em: jan. 2006.

ALVES, José Eustáquio D. *A transição demográfica e a janela de oportunidade*. São Paulo: Instituto Fernand Braudel, 2008. Disponível em: <http://pt.braudel.org.br/pesquisas/arquivos/downloads/a-transicao-demografico-e-a-janela-de-oportunidade.pdf>. Acesso em: abr. 2012.

AMADEO, Edward; CAMARGO, José M. Instituições e mercado de trabalho no Brasil. In: CAMARGO, J. M. (Org.). *Flexibilidade do mercado de trabalho no Brasil*. Rio de Janeiro: FGV, 1996. p. 47-94.

ANTICO, Cláudia. Por que migrar? In: PATARRA, Neide et al. *Migrações, condições de vida e dinâmica urbana*. Campinas: IE-Unicamp/Fapesp, 1997.

ANTUNES, Ricardo. *Riqueza e miséria do trabalho no Brasil*. São Paulo: Boitempo, 2006.

ARAÚJO, Clara; PICANÇO, Felícia; SCALON, Celi. *Novas conciliações e antigas tensões?* Gênero, família e trabalho em perspectiva comparada. São Paulo: Edusc, 2007.

BAENINGER, Rosana. *Região, metrópole e interior*: espaços ganhadores e espaços perdedores nas migrações recentes. Brasil, 1980-1996. Tese (doutorado em sociologia) — IFCH-Unicamp, Campinas, 1999.

BALTAR, Paulo E. A.; LEONE, Eugenia T.; MAIA, Alexandre G.; SALAS, Carlos; KREIN, José Dari; MORETTO, Amilton; PRONI, Marcelo W.; SANTOS, Anselmo. Trabalho no governo Lula: uma reflexão sobre a recente experiência brasileira. *Global Labour University Working Papers*, v. 9, p. 1-38, 2010. Disponível em: <www.cesit.org/download.php?tipo=publicacoes&codigo=19>. Acesso em: set. 2011.

BALTAR, Paulo E. A.; PRONI, Marcelo W. Sobre o regime de trabalho no Brasil: rotatividade de mão de obra, emprego formal e estrutura salarial. In: OLIVEIRA, Marco A.; MATTOSO, Jorge L. (Orgs.). *Crise e trabalho no Brasil*: modernidade ou volta ao passado? São Paulo: Scritta, 1996. p. 109-150.

BANGASSER, Paul E. The ILO and the informal sector: an institutional history. *Employment Paper*, Genebra: OIT, 2000/9.

BARBOSA, Alexandre de F. *A formação do mercado de trabalho no Brasil*. São Paulo: Alameda, 2008.

BARROS, Ricardo P. de; CAMARGO, José M.; MENDONÇA, Rosane. Determinantes da pobreza no Brasil. *Série Seminários*, Ipea, v. 19, n. 96, 1996.

_____; MENDONÇA, Rosane. Os determinantes da desigualdade no Brasil. *Texto para Discussão*, Ipea, n. 377, 1995.

____; ____. Flexibilidade do mercado de trabalho brasileiro: uma avaliação empírica. In: CAMARGO, José M. (Org.). *Flexibilidade do mercado de trabalho no Brasil*. Rio de Janeiro: FGV, 1996. p. 157-201.

____; ____. A absorção de mão de obra no setor de serviços. *Dados*, Iuperj, v. 40, n. 1, p. 23-39, 1997.

BAUMAN, Zygmunt. *O mal-estar da pós-modernidade*. Rio de Janeiro: Zahar, 1998.

BEAVERSTOCK, Jonathan V. Transnational elites in the city: British highly-skilled inter-company transferees (ICTs) in New York City's financial district. *Journal of Ethnic and Migration Studies*, v. 31, n. 2, p. 245-268, 2005.

BECK, Martin; FITZENBERGER, Bernd. Changes in union membership over time: a panel analysis for West Germany. *Discussion Paper*, Centre for European Economic Research, n. 3-42, 2003.

BERLIN, Isaiah. *Two concepts of liberty*. Oxford: Clarendon, 1958.

BILSBORROW, Richard E. (Org.). *Migration, urbanization and development*: new directions and issues. Nova York: UNFPA/Kluwer, 1996.

BOBBIO, Norberto. *Igualdade e liberdade*. Trad. Carlos Nelson Coutinho. 4. ed. Rio de Janeiro: Ediouro, 2000.

BOITO, Armando. *Sindicalismo de Estado no Brasil*: uma análise crítica da estrutura sindical. São Paulo: Hucitec; Campinas: Unicamp, 1991.

BOLTANSKI, Luc; CHIAPELLO, Ève. *The new spirit of capitalism*. Londres/Nova York: Verso, 2005.

BOOTH, Alison L. The free rider problem and a social custom model of trade union membership. *Quarterly Journal of Economics*, n. 100, p. 253-261, 1985.

____. *The economics of trade unions*. Cambridge: Cambridge University Press, 1995.

BOURDIEU, Pierre. *Distinction*. Harvard: Harvard University Press, 1984.

BRANCO, Roberto Castello. Crescimento acelerado e o mercado de trabalho: a experiência brasileira. *Revista Brasileira de Economia*, v. 33, n. 2, p. 247-286, 1979.

BRESSER-PEREIRA, Luiz C. *A taxa de câmbio no centro da teoria do desenvolvimento.* 2011. Disponível em: <www.bresserpereira.org.br/papers/2011/431-Macro-c%C3%A2mbio-centro-teoria-desenvolv-Est-Avan%C3%A7ados.pdf>. Acesso em: abr. 2012.

BRITO, Fausto. O deslocamento da população brasileira para as metrópoles. *Estudos Avançados*, v. 20, n. 57, p. 221-236, maio/ago. 2006.

____; MARQUES, Denise. As grandes metrópoles e as migrações internas: um ensaio sobre o seu significado recente. In: IV ENCONTRO NACIONAL SOBRE MIGRAÇÕES. *Anais...* Rio de Janeiro: Abep, 2006.

BROWNLIE, Nikki. *Trade union membership 2011.* Londres: Department for Business, Innovation and Skills, 2012.

BRUNO, Miguel et al. Finance-Led Growth Regimen no Brasil: estatuto teórico, evidências empíricas e consequências macroeconômicas. *Revista de Economia Política*, n. 31, v. 5 (ed. especial), p. 730-750, 2011.

BRYSON, Alex; FORTH, John. Trade union membership and influence 1999-2009. *NIESR Discussion Paper*, n. 362, 2010.

CACCIAMALI, Maria C. *Mercado de trabalho brasileiro*: um palco para a reprodução das desigualdades (temas para uma agenda de pesquisa). São Paulo: FEA-USP, 1996. Mimeogr.

CAIADO, Maria Celia S. *Estruturação intraurbana e contrapartidas sociodemográficas*: a diferenciação socioespacial da população da região do Distrito Federal e entorno. Tese (doutorado em demografia) — IFCH-Unicamp, Campinas, 2004.

CAMPANTE, Filipe R.; CRESPO, Anna R. V.; LEITE, Phillippe G. P. G. Desigualdade salarial entre raças no mercado de trabalho urbano brasileiro: aspectos regionais. *Revista Brasileira de Economia*, v. 58, n. 2, p. 185-210, 2004.

CARDOSO, Adalberto M. *Sindicatos, trabalhadores e a coqueluche neoliberal*: a Era Vargas acabou? Rio de Janeiro: FGV, 1999a.

_____. *A trama da modernidade*: pragmatismo sindical e democratização no Brasil. Rio de Janeiro: Revan, 1999b.

_____. *Trabalhar, verbo transitivo*: destinos profissionais dos deserdados da indústria automobilística. Rio de Janeiro: FGV, 2000.

_____. *A década neoliberal e a crise dos sindicatos no Brasil*. São Paulo: Boitempo, 2003.

_____. *A construção da sociedade do trabalho no Brasil*: uma investigação sobre a persistência secular das desigualdades. Rio de Janeiro: FGV, 2010.

_____; COMIN, Alvaro A. Centrais sindicais e atitudes democráticas. *Lua Nova*, Cedec, v. 40, n. 41, p. 167-192, 1997.

_____; _____; GUIMARÃES, Nadya A. Le rejetés de la modernisation. *Sociologie du Travail*, v. 49, p. 54-68, 2004.

_____; LAGE, Telma. *As normas e os fatos*: desenho e efetividade das instituições de regulação do mercado de trabalho no Brasil. Rio de Janeiro: FGV, 2007.

CARDOSO, Fernando H. et al. *São Paulo 1975*: crescimento e pobreza. São Paulo: Loyola, 1976.

CARLEY, Mark. *Trade union membership 2003-2008*. 2009. Disponível em: <www.eurofound.europa.eu/docs/eiro/tn0904019s/tn0904019s.pdf>. Acesso em: abr. 2012.

CARTER, Miguel. *Combatendo a desigualdade social*: o MST e a reforma agrária no Brasil. São Paulo: Unesp, 2010.

CARUSO, Luis A.; PERO, Valéria. Empregabilidade e reconversão profissional: trabalhadores desligados da indústria. *São Paulo em Perspectiva*, Seade, v. 11, n. 1, p. 70-81, 1997.

CARVALHO, Laura; KUPFER, David. Diversificação ou especialização: uma análise do processo de mudança estrutural da indústria brasileira. *Revista de Economia Política*, v. 31, n. 4, p. 618-637, out./dez. 2011.

CASTEL, Robert. *As metamorfoses da questão social*: uma crônica do salário. Petrópolis: Vozes, 1998.

CASTELLS, Manuel. *La questión urbana*. Buenos Aires: Siglo XXI, 1976.

_____. *The power of identity*. Londres: Blackwell, 1997.

CASTRO, Nadya A. Qualificação, qualidades e classificações. *Educação & Sociedade*, v. 14, ago. 1993.

CHAVES, Maria de Fátima G. *Mulheres migrantes*: senhoras de seu destino? Uma análise da migração interna feminina no Brasil: 1981/1991. Tese (doutorado em demografia) — IFCH-Unicamp, Campinas, 2009.

CHECCHI, Daniele; VISSER, Jelle. Pattern persistence in European trade union density: a longitudinal analysis 1950-1996. *European Sociological Review*, v. 21, n. 1, p. 1-21, 2005.

CLAPP, Jennifer. *Food*. Londres: Polity, 2011.

CROUCH, Colin. *Trade unions*: the logic of collective action. Glasgow: Fontana, 1980.

CUNHA, José Marques P. Mobilidade espacial e expansão urbana: o caso da Região Metropolitana de São Paulo. Tese (doutorado em sociologia) — IFCH-Unicamp, Campinas, 1994.

_____. A mobilidade pendular: uma contrapartida da migração intrametropolitana. In: VI ENCONTRO NACIONAL DA ANPUR. *Anais...* Brasília, 22-26 maio 1995. p. 518-525.

_____; DEDECCA, Claudio S. Migração e trabalho na Região Metropolitana de São Paulo-Brasil: uma abordagem mais justa! *Scripta Nova*, v. 81, n. 94, 2001. Disponível em: <www.ub.es/geocrit/sn-94-81.htm>. Acesso em: jul. 2010.

CURI, Andréa Z.; MENEZES-FILHO, Naércio A. Os determinantes das transições ocupacionais no mercado de trabalho brasileiro. *Estudos Econômicos*, v. 36, n. 4, p. 867-899, 2006.

DOUGLAS, Mary. *How institutions think*. Syracuse: Syracuse University Press, 1979.

DUNCAN, Otis D.; DUNCAN, Beverly. A methodological analysis of segregation indexes. *American Sociological Review*, v. 20, n. 2, p. 210-217, 1955.

DURHAM, Eunice R. *A caminho da cidade*: a vida rural e a migração para São Paulo. São Paulo: Perspectiva, 1973.

EBBINGHAUS, Bernard; VISSER, Jelle. *Trade unions in Western Europe since 1945*: the societies of Europe. Nova York: Grove's Dictionaries, 2000.

ELSTER, Jon. *The cement of society*: a study of social order. Cambridge: Cambridge University Press, 1989.

ERIKSON, Robert; GOLDTHORPE, John H. *The constant flux*: a study of class mobility in industrial societies. Oxford: Oxford University Press; Nova York: Clarendon, 1992.

_____; _____; PORTOCARRERO, Luciene. Intergenerational class mobility in three Western European societies: England, France and Sweden. *The British Journal of Sociology*, v. 4, n. 40, p. 415-441, 1979.

EVANS, Alan W. The assumption of equilibrium in the analysis of migration and interregional differences: a review of some recent research. *Journal of Regional Science*, v. 30, n. 4, p. 515-531, 1990.

FERNANDES, Danielle C. Raça, origem socioeconômica e desigualdade educacional no Brasil: uma análise longitudinal. In: XXV ENCONTRO ANUAL DA ANPOCS. *Anais...* Caxambu, out. 2001.

FILGUEIRAS, Vitor A. *Estado e direito do trabalho no Brasil*: regulação do emprego entre 1988 e 2008. Tese (doutorado em sociologia) — UFBA, Salvador, 2011.

FITZENBERGER, Bernd; KOHN, Karsten; WANG, Qingwei. The erosion of union membership in Germany: determinants, densities, decompositions. *Discussion Paper*, Institute for the Study of Labor (IZA), n. 2193, 2006.

FLORIDA, Richard. *The rise of the creative class*: and how it's transforming work, leisure, community and everyday life. Nova York: Basic Books, 2002.

_____. *The flight of the creative class*: the new global competition for talent. Nova York: HarperCollins, 2005.

FREGUGLIA, Ricardo da S. *Efeitos da migração sobre os salários no Brasil.* Tese (doutorado em economia) — PEA-USP, São Paulo, 2007.

FUKUYAMA, Francis. *Trust.* Nova York: Free Press, 1995.

GASPARINI, Leonardo; TORNAROLLI, Leopoldo. Labor informality in Latin America and the Caribbean: patterns and trends from household survey microdata. *Desarollo y Sociedad*, n. 63, p. 13-80, 2009.

GIAMBIAGI, Fabio; CASTELAR, Armando. *Além da euforia.* Rio de Janeiro: Campus-Elsevier, 2012.

GIDDENS, Anthony. *As consequências da modernidade.* São Paulo: Companhia das Letras, 1999.

GOERKE, Lászlo; PANNENBERG, Markus. Norm-based trade union membership: evidence for Germany. *German Economic Review*, v. 5, n. 4, p. 481-504, 2004.

GOLGHER, André B. *Os determinantes da migração e diferenciais entre migrantes e não migrantes em Minas Gerais.* Tese (doutorado em demografia) — Cedeplar-UFMG, Belo Horizonte, 2001.

GOOTDIENER, Mark. *A produção social do espaço.* São Paulo: Edusp, 1993.

GRAHAM, Douglas H. Divergent and convergent regional economic growth and internal migration in Brazil: 1940-1960. *Economic Development and Cultural Change*, v. 18, n. 3, p. 362-382, 1970.

GRANOVETTER, Mark. *Getting a job.* Cambridge: Cambridge University Press, 1974.

GREENWOOD, Michael J.; HUNT, Gary L. Migration and interregional employment redistribution in the United States. *American Economic Review*, v. 74, p. 957-969, 1984.

GUIMARÃES, Antônio S. As desigualdades raciais e de gênero. In: *Um sonho de classe.* São Paulo: Hucitec, 1998. p. 111-147.

_____. *Preconceito racial:* modos, temas e tempos. São Paulo: Cortez, 2008.

_____. Colour and race in Brazil: from whitening to the search for afrodescent. In: XVII ISA WORLD CONGRESS OF SOCIOLOGY. *Annals...* Gothenburg, jul. 2010.

GUIMARÃES, Nadya A. *Caminhos cruzados.* São Paulo: Ed. 34, 2004.

_____. *Trajetórias inseguras, autonomização incerta:* os jovens e o trabalho em mercados sob intensas transições ocupacionais. 2007. Disponível em: <www.centrodametropole.org.br/pdf/2007/nadya_03.pdf>. Acesso em: jul. 2007.

_____. *À procura de trabalho:* instituições do mercado e redes. Belo Horizonte: Argvmentvm, 2009.

_____. O que muda quando se expande o assalariamento (e o que o debate da sociologia pode ajudar a compreendê-lo)? *Dados,* Iuperj, v. 54, n. 4, p. 533-567, 2011.

_____; CARDOSO, Adalberto; ELIAS, Peter; PURCELL, Kate (Orgs.). *Mercado de trabalho e oportunidades:* reestruturação econômica, mudança ocupacional e desigualdade na Inglaterra e no Brasil. Rio de Janeiro: FGV, 2008.

_____; HIRATA, Helena (Org.). *Desemprego:* trajetórias, identidades, mobilizações. São Paulo: Senac, 2006.

HARMON, Colm; WALKER, Ian; WESTERGÅRD-NIELSEN, Niels C. Public funding and private returns to education (project). *Education and earnings in Europe:* a cross country analysis of the returns to education. Cheltenham, UK/Northampton, MA: E. Elgar, 2001.

HARRIS, John R.; TODARO, Michael P. Migration, unemployment, and development: a two-sector analysis. *American Economic Review,* v. 60, n. 1, p. 126-142, 1970.

HASENBALG, Carlos A. *Discriminação e desigualdades raciais no Brasil.* Belo Horizonte: UFMG, 2005 (1979).

____; SILVA, Nelson do V. *Origens e destinos*: desigualdades sociais ao longo da vida. Rio de Janeiro: Topbooks, 2003.

____; ____; LIMA, Marcia. *Cor e estratificação social.* Rio de Janeiro: Contracapa, 1999.

HASENCLEVER, Lia et al. *A indústria carioca no contexto fluminense e brasileiro, 1996-2005.* Relatório de consultoria preparado para o Instituto Pereira Passos. Rio de Janeiro, 2008. Mimeogr.

____. *O município do Rio de Janeiro ainda mergulhado em resultados medíocres*: a indústria entre 1996 e 2008. Relatório de consultoria preparado para o Instituto Pereira Passos. Rio de Janeiro, 2009. Mimeogr.

HECKMAN, James; PAGÉS, Carmen. The cost of job security regulation: evidence from Latin American labor markets. *Working Paper*, Inter-American Development Bank, n. 430, 2000.

HIRATA, Guilherme Issamu; MACHADO, Ana Flavia. Escolha ocupacional e transição no Brasil metropolitano: uma análise com ênfase no setor informal. *Economia Aplicada*, v. 14, n. 4, p. 299-322, 2010. Versão on-line.

HIRATA, Helena. *Nova divisão sexual do trabalho?* Um olhar voltado para a empresa e a sociedade. São Paulo: Boitempo, 2002.

____; HUMPHREY, John. Trabalhadores desempregados: trajetórias de operárias e operários industriais no Brasil. *Revista Brasileira de Ciências Sociais*, ano 5, n. 11, 1989.

HIRSCHMAN, Albert O. Shifting involvements: private interest and public action. In: *The Eliot Janeway lectures on historical economics in honor of Joseph Schumpeter; 1979.* Princeton, NJ: Princeton University Press, 1982.

____. *Getting ahead collectively*: grassroots experiences in Latin America. Nova York: Pergamon, 1984.

HYMAN, Richard. Five alternative scenarios for West European unionism. In: MUNCK, Ronaldo; WATERMAN, Peter (Ed.). *Labour worldwide in the era of globalization*: alternative union models in the new world order. Nova York: St. Martin's, 1999. p. 121-130. International Political Economy Series.

IBGE. *Pesquisa Economia Informal Urbana (Ecinf)*. Nota técnica. 1997. Disponível em: <www.ibge.gov.br/home/estatistica/economia/ecinf/notatecnica.pdf>. Acesso em: jan. 2012.

_____. *Estatísticas do século XX*. Rio de Janeiro, 2002.

_____. *Regiões de influência das cidades — 2007*. Rio de Janeiro, 2008.

_____. *Censo Demográfico de 2010*: resultados gerais da amostra. Rio de Janeiro, 2012.

ILO. *World employment report 1996-97*. Genebra: Bureau of Public Information, 1997.

_____. *World of work report 2008*: income inequalities in the age of financial globalization. Genebra: ILO, 2008.

INGLEHART, Ronald; WELZEL, Christian. *Modernization, cultural change, and democracy*: the human development sequence. Nova York: Cambridge University Press, 2005.

KERGOAT, Danièlle. Ouvrières = ouvriers? Propositions pour une articulation théorique de deux variables: sexe et classe sociale. *Critiques de l'Économie Politique*, n. 5, p. 65-97, 1978.

KHAMIS, Melanie. A note on informality in the labor market. *IZA Discussion Paper*, Institute for the Study of Labor, n. 4676, 2009.

KORZENIEWICZ, Patricio; MORAN, Timothy P. *Unveiling inequality*: a world-historical perspective. Nova York: Russel Sage, 2009.

KREIN, Dari; BIAVASCHI, Magda. As instituições públicas e o processo de flexibilização das relações de trabalho no Brasil. In: 31º ENCONTRO ANUAL DA ANPOCS. *Anais...* 2007.

KURUVILLA, Sarosh; DAS, Subesh; KWON, Hyunji; KWON, Soonwon. Trade union growth and decline in Asia. *British Journal of Industrial Relations*, v. 40, n. 3, p. 431-461, 2002.

KYMLICKA, William. *Liberalism, community and culture*. Oxford: Clarendon, 1991.

LACLAU, Ernesto. *La razón populista*. Buenos Aires: Fondo de Cultura Económica, 2005.

LASH, Scott. *Critique of information*. Londres: Sage, 2002.

LAVINAS, Lena. Empregabilidade no Brasil: inflexões de gênero e diferenciais femininos. *Textos para Discussão*, Ipea, n. 826, 2001.

LEE, Everett. Uma teoria sobre migração. In: MOURA, H. *Migração interna*: textos selecionados. Fortaleza: Banco do Nordeste do Brasil S.A., 1980 (1966).

LIN, Nan. *Social capital*: a theory of social structure and action. Cambridge: Cambridge University Press, 2001.

LOBO, Carlos F. *Dispersão espacial da população nas regiões de influência das principais metrópoles brasileiras*. Tese (doutorado em geografia) — UFMG, Belo Horizonte, 2009.

_____; MATOS, Ralfo. Migrações e a dispersão espacial da população nas regiões de influência das principais metrópoles brasileiras. *Revista Brasileira de Estudos Populacionais*, v. 28, n. 1, p. 81-101, jan./jun. 2011.

LOPES, Juarez B. *Crise do Brasil arcaico*. São Paulo: Difel, 1967.

_____. *Sociedade industrial no Brasil*. 2. ed. São Paulo: Difel, 1971a (1964).

_____. *Desenvolvimento e mudança social*: formação da sociedade urbano-industrial no Brasil. São Paulo: Nacional, 1971b.

_____. Desenvolvimento e migrações: uma abordagem histórico--estrutural. *Estudos Cebrap*, n. 6, 1973.

LUHMANN, Niklas. *Trust and power*. Chichester: Wiley, 1979.

MACHADO, Lucília R. S. Qualificação do trabalho e relações sociais. In: *Gestão do trabalho e formação do trabalhador*. Belo Horizonte: MCM, 1996. p. 13-40.

MAGALHÃES, Cláudia P. Análise das estratégias de inserção no mercado de trabalho brasileiro: trabalhadores por conta própria e empregadores. Dissertação (mestrado em economia) — Cedeplar-UFMG, Belo Horizonte, 2003.

MAGALHÃES, Marisa V. *O Paraná e suas regiões nas décadas recentes*: as migrações que também migram. Tese (doutorado em demografia) — Cedeplar-UFMG, Belo Horizonte, 2003.

MALONEY, William F. Does informality imply segmentation in urban labor markets? Evidence from sectoral transitions in Mexico. *World Bank Economic Review*, n. 13, p. 275-302, 1999.

MARQUES, Eduardo C. L. As redes sociais importam para a pobreza urbana? *Dados*, Iuperj, v. 52, n. 2, p. 471-505, 2009.

_____. *Redes sociais, segregação e pobreza*. São Paulo: Unesp, 2010.

MASSEY, Douglas S. The social and economic origins of immigration. *Annals of the American Academy of Political and Social Science*, n. 510, p. 60-72, jul. 1990.

MENEZES-FILHO, Naércio A.; MUENDLER, Marc-Andreas. Labor reallocation in response to trade reform. *CESifo Working Paper*, n. 1936, 2007.

_____; _____; RAMEY, Garey. The structure of worker compensation in Brazil, with a comparison to France and the United States. *Review of Economics and Statistics*, v. 90, n. 2, p. 324-346, 2008.

MINCER, Jacob. *Schooling, experience, and earnings, human behavior and social institutions, 2*. Nova York: National Bureau of Economic Research (distrib. por Columbia University Press), 1974.

MOTIM, Benilde M. L. *Famílias migrantes na Região Metropolitana de Curitiba*: sociabilidade e estratégias de sobrevivência. Tese (doutorado em história) — UFPR, Curitiba, 1999.

MÜLLER, Walter; POLLAK, Reinhard. Social mobility in West Germany: the long arms of history discovered? In: BREEN, Richard (Ed.). *Social mobility in Europe*. Oxford: Oxford University Press, 2004. p. 77-113.

MUNIZ, Jerônimo O. Sobre o uso da variável raça-cor em estudos quantitativos. *Revista de Sociologia e Política*, v. 18, n. 36, p. 277-291, 2010.

NAYLOR, Robin A. A social custom model of collective action. *European Journal of Political Economy*, n. 6, p. 201-216, 1990.

NERI, Marcelo C. *A nova classe média*: o lado brilhante dos pobres. Rio de Janeiro: FGV/CPS, 2010.

_____; GIOVANINI, Fabiano S. Negócios nanicos, garantias e acesso a crédito. *Revista de Economia Contemporânea*, v. 9, n. 3, p. 643-669, 2005.

NOGUEIRA, Arnaldo M. *Modernização conservadora do sindicalismo brasileiro*: a experiência do Sindicato dos Metalúrgicos de São Paulo. Dissertação (mestrado) — Unicamp, Campinas, 1990.

OFFE, Claus. *Disorganized capitalism*. Cambridge: MIT Press, 1985.

OIT. *World of work report*. Genebra, 2008.

_____. *Panorama laboral*. Genebra, 2011. Disponível em: <www.oitbrasil.org.br/content/panorama-laboral-2011>. Acesso em: jan. 2012.

OLIVEIRA, Francisco. *Economia brasileira*: crítica da razão dualista. São Paulo: Cebrap; Petrópolis: Vozes, 1972.

OLIVEIRA, Kleber F.; JANNUZZI, Paulo de M. Motivos para migração no Brasil e retorno ao Nordeste. Padrões etários por sexo e origem/destino. *São Paulo em Perspectiva*, v. 7, n. 4, p. 134-143, 2005.

OLSON, Mancur. *The logic of collective action*. Cambridge: Harvard University Press, 1965.

OREIRO, José L.; FEIJÓ, Carmem A. Desindustrialização: conceituação, causas, efeitos e o caso brasileiro. *Revista de Economia Política*, v. 30, n. 2 (118), p. 219-232, 2010.

ORELLANO, Veronica I. F.; PAZELLO, Elaine T. Evolução e determinantes da rotatividade da mão de obra nas firmas da indústria paulista na década de 1990. *Texto para Discussão*, Eesp-FGV, n. 270, 2010.

PAIXÃO, Marcelo; ROSSETO, Irene; MONTOVANELE, Fabiana; CARVANO, Luiz M. (Orgs.). *Relatório anual das desigualdades raciais no Brasil; 2009-2010*. Rio de Janeiro: Saeser/IE-UFRJ/Garamond, 2010.

PAL, Rupayan. Estimating the probability of trade union member-ship in India: impact of communist parties, personal attributes and industrial characteristics. *Working Paper*, Indira Gandhi Institute of Development Research, n. 015, 2008. Disponível em: <www.igidr.ac.in/pdf/publication/WP-2008-015.pdf>. Acesso em: abr. 2012.

PASTORE, José. *A agonia do emprego*. São Paulo: LTr, 1997.

_____. *A modernização das instituições do trabalho*: encargos so-ciais, reformas trabalhista e sindical. São Paulo: LTr, 2005.

PATARRA, Neide L. et al. *Migrações, condições de vida e dinâmica urbana*. Campinas: IE-Unicamp/Fapesp, 1997.

PERLMAN, Janice E. *O mito da marginalidade*: favelas e política no Rio de Janeiro. Rio de Janeiro: Paz e Terra, 1977. Col. Estudos Brasileiros, 18.

PERO, Valéria. *Terciarização e qualidade no emprego no início dos anos 1990*. Tese (doutorado em economia) — IEI-UFRJ, Rio de Janeiro, 1995.

_____; URANI, André. Determinantes do excesso de mão de obra do setor formal do mercado de trabalho metropolitano. In: IPEA. *Perspectivas da economia brasileira 1994*. 1993.

PETRUCCELLI, José Luis. A cor denominada. *Texto para Discussão*, IBGE, n. 3, 2000.

PIZZORNO, Alessandro. Los sindicatos y la acción política. In: PIZ-ZORNO et al. *Economia y política en la acción sindical*. Buenos Aires: PYP, 1974. Col. Cadernos de Passado e Presente, 44.

_____. Political exchange and collective identity in industrial con-flict. In: CROUCH, Colin; PIZZORNO, Alessandro (Orgs.). *The re-surgence of class conflict in Western Europe since 1968*. Londres: MacMillan, 1978.

POCHMANN, Marcio. *O emprego na globalização*. São Paulo: Boi-tempo, 2001.

_____. *Nova classe média?* O trabalho na base da pirâmide social brasileira. São Paulo: Boitempo, 2012.

PRANDI, Reginaldo. *O trabalhador por conta própria sob o capital.* São Paulo: Símbolo, 1978.

RAMALHO, José R.; RODRIGUES, Iram J. (Orgs.). *Trabalho e sindicato em antigos e novos territórios produtivos*: comparações entre o ABC Paulista e o Sul Fluminense. São Paulo: Annablume, 2007.

____; ____; CONCEIÇÃO, Jefferson J. Mercado de trabalho e ação sindical: novos dados, novas questões. *Revista de Direito do Trabalho*, v. 34, p. 108-118, 2008.

RAMOS, Lauro. A evolução da informalidade no Brasil metropolitano: 1991-2002. *Textos para Discussão*, Ipea, 2002.

____; FERREIRA, Valéria. Padrões espacial e setorial da informalidade no Brasil: 1991-2003. *Textos para Discussão*, Ipea, 2005.

RIANI, Juliana de L. R.; RIOS-NETO, Eduardo L. G. Análise do dividendo demográfico na matrícula escolar no Brasil em uma abordagem hierárquica e hierárquico-espacial. *Revista Brasileira de Estudos Populacionais*, v. 24, n. 1, p. 69-90, 2007.

RIBEIRO, Carlos A. C. *Estrutura de classe e mobilidade social no Brasil.* Bauru: Edusc/Anpocs, 2007.

____. *Desigualdade de oportunidade no Brasil.* Belo Horizonte, Argvmentvm, 2009.

____. Desigualdade de oportunidades e resultados educacionais no Brasil. *Dados*, Iuperj, v. 54, p. 41-88, 2011.

____. *Skin color continuum, social mobility and "whitening" in Brazil.* Rio de Janeiro: Iesp-Uerj, 2012. Mimeogr.

RIBEIRO, Luiz Cesar Q. (Org.). *O futuro das metrópoles*: desigualdades e governabilidade. Rio de Janeiro: Revan, 2000.

ROCHA, Fabiano O.; SIMONASSI, Andrei; ARRAES, Ronaldo; MENEZES, Francisca. *Retornos à educação e discriminação no mercado de trabalho brasileiro*: evidências por regressões quantílicas em categorias ocupacionais. Trabalho apresentado no XL Encontro Nacional de Economia da Anpec, 2012. Disponível em <www.anpec.org.br/encontro/2012/inscricao/files_I/i12-9bd24451207c55e0d6de0d1c714dc9ed.pdf>.

ROCHA, Sonia Maria Rodrigues da. *Pobreza no Brasil*: afinal, de que se trata? Rio de Janeiro: FGV, 2003.

RODRIGUES, Leôncio Martins. *Destino do sindicalismo*. São Paulo: Edusp, 1999.

ROSA, Marcelo C. *Engenho dos movimentos sociais*: reforma agrária e significação social na zona canavieira de Pernambuco. Rio de Janeiro: Garamond, 2011.

SABÓIA, João. Um novo índice para o mercado de trabalho urbano no Brasil. In: VI ENCONTRO NACIONAL DE ESTUDOS DO TRABALHO. *Anais...* Belo Horizonte, 6-8 out. 1999. p. 455-478.

_____. Desconcentração industrial no Brasil nos anos 90: um enfoque regional. *Pesquisa e Planejamento Econômico*, v. 30, n. 1, p. 69-116, 2000.

SANTOS, Wanderley G. dos. *Horizonte do desejo*: instabilidade, fracasso coletivo e inércia social. Rio de Janeiro: FGV, 2006.

SASSEN, Saskia. *The mobility of labor and capital*: a study in international investment and labor flow. 2. ed. Cambridge: Cambridge University Press, 1992 (1988).

SCANLON, Thomas M. *What we owe to each other*. Harvard: Belknap, 1998.

SCHNABEL, Claus. Determinants of trade union membership. In: ADDISON, John T.; SCHNABEL, Claus. *International handbook of trade unions*. Cheltenham, Northampton: Edward Elgar, 2003. p. 13-43.

_____; WAGNER, Joachim. Determinants of trade union membership in West Germany: evidence from microdata, 1980-2000. *Socio-Economic Review*, n. 3, p. 1-24, 2005.

SCHWEITZER, Sylvie. As mulheres e o acesso às profissões superiores: uma comparação europeia, séculos XIX e XX. In: COSTA, Albertina O. et al. (Org.). *Mercado de trabalho e gênero*: comparações internacionais. Rio de Janeiro: FGV, 2008.

SCOTT, Sam. The social morphology of skilled migration: the case of the British middle class in Paris. *Journal of Ethnic and Mi-*

gration Studies, v. 3232, n. 7, p. 1105-1129, 2006. Disponível em: <www.informaworld.com/smpp/title~db=all~conten t=t713433350~tab=issueslist~branches=32>.

SCRUGGS, Lyle; LANGE, Peter. Where have all the members gone? Globalization, institutions, and union density. *Journal of Politics*, v. 64, n. 1, p. 126-153, 2002.

SELIGMAN, Adam B. *The problem of trust*. Princeton: Princeton University Press, 1997.

SENNETT, Richard. *A corrosão do caráter*. Rio de Janeiro: Record, 1999.

SILVA, Adriana Fontes Rocha E.; PERO, Valéria. Segmentação do mercado de trabalho e mobilidade de renda entre 2002 e 2007. In: CONGRESSO DA ANPEC. *Anais...* 2008.

SILVA, Luiz A. Machado. O significado do botequim. *América Latina*, n. 3, p. 160-182, 1969.

SILVA, Mauro O. *Rio nacional, Rio local*: origens e especificidades da crise carioca e fluminense. Estratégias, instituições e desenvolvimento. Tese (doutorado em planejamento urbano) — Ippur-UFRJ, Rio de Janeiro, 2004.

SILVA, Nelson do V.; HASENBALG, Carlos A. Recursos familiares e transições educacionais. *Cadernos de Saúde Pública*, v. 18, p. 67-76, 2002. Suplemento.

SINGER, Paul I. *Desenvolvimento econômico e evolução urbana*: análise da evolução econômica de São Paulo, Blumenau, Porto Alegre, Belo Horizonte e Recife. 2. ed. São Paulo: Brasiliense, 1977a.

_____. *Economia política do trabalho*. São Paulo: Hucitec, 1977b.

_____. Migrações internas: considerações teóricas sobre seu estudo. In: MOURA, Hélio A. *Migração interna*: textos selecionados. Fortaleza: Banco do Nordeste do Brasil S.A., 1980 (1976).

SOARES, Rodrigo R.; GONZAGA, Gustavo. Determinação de salários no Brasil: dualidade ou não linearidade no retorno à educação? *Revista de Econometria*, v. 19, n. 2, p. 367-404, 1999.

SOARES, Serguei S. D. O perfil da discriminação no mercado de trabalho: homens negros, mulheres brancas e mulheres negras. *Texto para Discussão*, Ipea, n. 769, 2000.

SOUZA, Cristiano R. S. *O Brasil pegou a doença holandesa?* Tese (doutorado em economia) — USP, São Paulo, 2009.

SOUZA, Jessé. *Os batalhadores brasileiros*: nova classe média ou nova classe trabalhadora? Belo Horizonte: UFMG, 2010.

STANDING, Edward E.; LIM, Nelson. Does it matter who answers the race question? Racial classification and income inequality in Brazil. *Demography*, n. 35, 1998.

STANDING, Guy. *Global labour flexibility*: seeking distributive justice. Londres: Blackwell, 1999.

_____. *The precariat*: the new dangerous class. Londres: Bloomsbury, 2011.

SUPIOT, Alain (Org.). *Au-delà de l'emploi*. Paris: Flammarion, 1999.

TELLES, Edward E. Racial ambiguity among the Brazilian population. *Ethnic and Racial Studies*, v. 25, n. 3, maio 2002.

_____; LIM, Nelson. Does it matter who answers the race question? Racial classification and income inequality in Brazil. *Demography*, v. 35, n. 4, p. 465-474, 1998.

THIRKELL, John E. M.; PETKOV, Krŭsto; VICKERSTAFF, Sarah A. *The transformation of labour relations*: restructuring and privatization in eastern Europe and Russia. Oxford/Nova York: Oxford University Press, 1998.

THOMPSON, Edward P. *A formação da classe operária inglesa*. Rio de Janeiro: Paz e Terra, 1987. 3 v.

TILLY, Charles. *Trust and rule*. Cambridge: Cambridge University Press, 2005.

TILLY, Chris; TILLY, Charles. *Work under capitalism*. Boulder, Co.: Westview, 1998.

TOURAINE, Alain. Industrialisation et conscience ouvrière à São Paulo. *Sociologie du Travail*, v. 3, n. 4, out./dez. 1961.

TURNER, Brian. Outline of a theory of citizenship. *Sociology*: the journal of the British Sociological Association, v. 24, n. 2, 1990.

VAINER, Carlos B.; BRITO, Fausto. Migration and migrants shaping contemporary Brazil. In: 24th GENERAL POPULATION CONFERENCE OF THE IUSSP. *Annals...* Salvador, set. 2001. p. 18-24.

VARGAS, Getúlio D. *A nova política do Brasil*. Rio de Janeiro: José Olympio, 1938. v. 2.

VERÍSSIMO, Michele P. *Doença holandesa no Brasil*: ensaios sobre taxa de câmbio, perfil exportador, desindustrialização e crescimento econômico. Tese (doutorado em economia) — UFU, Uberlândia, 2010.

VISSER, Jelle. Union membership statistics in 24 countries. *Monthly Labor Review*, v. 129, n. 1, p. 38-49, 2006.

WADDOUPS, C. Jeffrey. Trade union decline and union wage effects in Australia. *Industrial Relations*, v. 44, n. 4, p. 607-624, 2005.

WAGNER, Anne-Catherine. *Les nouvelles élites de la mondialisation*: une immigration dorée en France. Paris: PUF, 1998.

WAJNMAN, Simone. O padrão de mobilidade ocupacional do ciclo de vida masculino no Brasil. *Anais da Abep*, 1996.

WALSH, Frank. Recent trends in trade union membership in Ireland. *The Economic and Social Review*, v. 40, n. 1, p. 117-138, 2009.

WEBER, Max. *A ética protestante e o espírito do capitalismo*. São Paulo: Pioneira, 1974.

WILLIAMS, Colin C.; WINDEBANK, Jan. Beyond profit-motivated exchange: some lessons from the study of paid informal work. *European Urban and Regional Studies*, v. 8, n. 1, p. 49-61, 2001.

WOOD, Charles. Categorias censitárias e classificações subjetivas de raça no Brasil. In: LOVELL, Peggy A. (Org.). *Desigualdade racial no Brasil contemporâneo*. Belo Horizonte: Cedeplar-UFMG, 1991.

ZARIFIAN, Philippe. *O modelo da competência*. São Paulo: Senac, 2004.